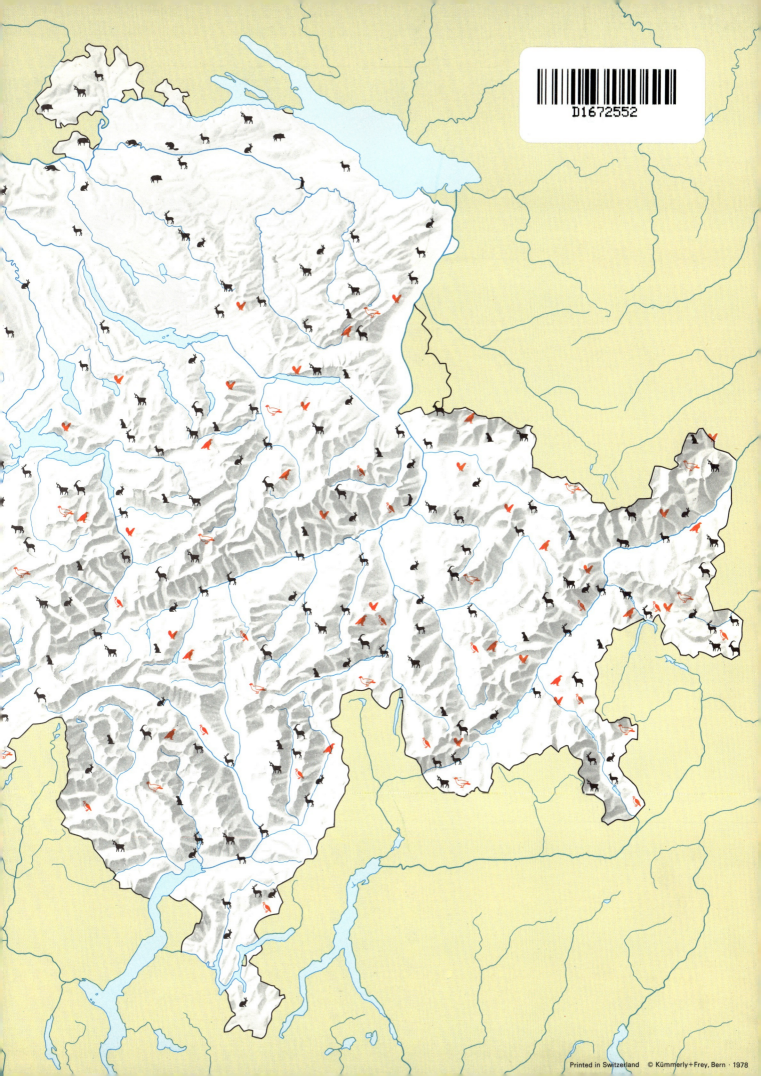

Tierparadies Schweiz

Robert Schloeth

Tierparadies Schweiz

RINGIER

Wissenschaftliche Beratung:
Dr. Bernhard Nievergelt,
Zoologisches Institut, Universität Zürich
Prof. Dr. Elisabeth Schmid,
Laboratorium für Urgeschichte, Universität Basel

© by Ringier & Co AG, Zürich
Alle Rechte vorbehalten
Ohne ausdrückliche schriftliche Genehmigung
des Verlages ist es nicht gestattet, das Buch
oder Teile daraus zu kopieren oder zu vervielfältigen

Gestaltung: Walter Voser
Gedruckt in der Schweiz bei C. J. Bucher AG, Luzern

ISBN 3 85859 057 6

Inhalt

Zum Geleit	7
Es war einmal – heute	8

Große Wildtiere

Erinnerungen an die Systematik	25
Hirsche erobern die Schweiz	26
Es wimmelt von Rehen	27
Die eigenartige Brunft des Steinbocks	28
Ein Teil unserer Tierwelt in Zahlen	29
Gemsen sind überall	30
Das wilde Schwein	31
Ein Paradies für die Wildbeobachtung	32

Unsere Kleinen

Was Tierspuren aussagen	57
Eine Lanze für Fleischfresser	58
Geheimnisvolle Fledertiere	59
Ein Volk von Nagern	60
Die schönen Reptilien – eine verkannte Gruppe	61
Sind unsere Amphibien bedroht?	62
Unter dem Wasserspiegel	63
Insektenwelt	64

Tiere unter uns

Schlittenhunde auf dem Jungfraujoch	81
Das Pferd und wir	82
Eine Kuh kämpft um Ehren	83
Wildtiere folgen dem Menschen	84
Von Haus- und Wildkatzen	85
Ein Leben für Tierforschung I	86
Ein Leben für Tierforschung II	87
Unsere Kinder möchten ein Tier	88

Unsere Vögel

Von Seglern und Schwalben	113
Gefahr für Greifvögel	114
Farbenprächtige Vogelgestalten	115
Ein Tag mit Raymond	116
Wo der Storch noch jagt	117
Am Steinadlerhorst	118
Reiches Vogelleben	119
Oben beim Auerhahn	120
Leben im Steinbruch	121

Einst und jetzt

Zottige Riesen	153
Vor 100 Jahren	154
Steinbockschicksal	155
Kulte, Heilmittel und Mären von Tieren	156
Ein Erfolg: Vogelwarte Sempach	157
Allerlei aus dem Tagebuch der Wildhüter	158
Wildforschung heute	159
Leben im Steinbruch	160

Der Weg zum Paradies

Ein Bär muß her!	177
Die Wahrheit über den Luchs	178
Der Biber ist wieder da	179
Wir leben mit der Wut	180
Pelzige Einwanderer	181
Fischotter	182
Raubwildgeschichten	183
Im Tierreservat	184

Wildtiere – nahe gesehen

Zoo – Paradies oder Gefängnis?	201
Im Zürcher Zoo	202
Basel und sein Zolli	203
Wildpark Langenberg	204
Berns Tierpark Dählhölzli	205
Zooleute und ihre Tiere	206
Zirkustiere	207
Gedanken über das Tierparadies	208

Ausklang	225
Literaturverzeichnis	226

Zum Geleit

Der Titel dieses Buches ist mehr als eine Feststellung: er ist ein Aufruf, und ich hoffe von Herzen, daß das schöne reiche Werk mithelfen werde zur Bewahrung, zur Rettung und Mehrung der Naturschätze unserer Heimat, von denen Text und Bilder in so vielseitiger Weise berichten.

Der Appell an Herz und Verstand, der von Schloeths Darstellung ausgeht, darf wohl heute auf erhöhte Bereitschaft zählen. Ich mußte beim Lesen immer wieder an meine Jugend zurückdenken, an die Zeit, da wir Basler Realschüler, unter dem anfeuernden Unterricht des Bündners Stefan Brunies in Bewegung versetzt, um 1911 durch einen ersten Naturschutztag mithelfen wollten, uns für die Bewahrung unserer Heimatnatur einzusetzen – in derselben Zeit, da in unablässiger Hingabe Paul Sarasin in Basel dem Gedanken des Naturschutzes seine ganze Kraft gewidmet hat. Damals ist von unserem geliebten Lehrer der in jenen Jahren gegründete Nationalpark im Engadin dem Schweizervolk erstmals in Buchform dargestellt worden, und ich hatte die bedeutsame Aufgabe, mit meinem verstorbenen Freund, dem späteren Minister Ernst Feißt, die Bilder zur ersten Auflage dieses Werks zu zeichnen. Der Ausbruch des Ersten Weltkriegs hat damals unseren gemeinsamen Besuch im Nationalpark allzurasch abgebrochen, der unsere Belohnung für diesen ersten Dienst im Sinne des Naturschutzes war.

Mit tiefster Bewegung blättere ich heute im alten Buch und denke an die Bilderpracht, mit denen in unseren Tagen solche Werke ausgestattet werden können. Im Rückblick auf diese Anfänge ist die Freude besonders groß, daß der wissenschaftliche Weg den Verfasser dieses Buches in die Verwaltung unseres Parks geführt hat und daß es mir vergönnt war, eine wichtige Strecke seines Weges als Biologe mit ihm gemeinsam zu erleben. Unvergeßlich bleibt unser Zusammensein in der wilden Camargue im Rhonedelta, wo Schloeth durch wesentliche Untersuchungen am dunklen Camargue-Rind seine kommende Berufung als Erforscher und Heger der Großtierwelt gründlich vorbereitet hat.

Sein Buch über unser heimisches Tierleben hilft eine Gesinnung zu verbreiten, die um die Bedeutung einer reichen natürlichen Umwelt weiß. Schloeths Werk ist aus tiefer Liebe und Verbundenheit mit der Natur unseres Landes entstanden. Es hilft durch die gründliche Erfassung der Lebensformen, um deren Fortbestand inmitten der Menschenwelt es geht, auch unser Verhalten in kritischen Situationen zu klären. So bestärkt es uns in der Hoffnung, daß sein Titel auch für die kommende Generation Geltung behalten wird, ist es doch ein Zeuge für den Reichtum, der uns trotz aller zerstörenden Eingriffe in die ursprüngliche Natur noch umgibt – und mehr noch: eine Forderung, alles zu tun, was dieses Leben der Heimat reicher macht.

Adolf Portmann

Prof. Dr. Adolf Portmann

Es war einmal – heute

Urgeschichte der Schweiz

Wir beginnen mit einem kurzen Abriß über die Entfaltung des Lebens und mit einer Darstellung der Schweiz und ihrer Fauna in den fernen Urzeiten. Ein Hauch der Ewigkeit weht zu uns herüber und mahnt uns an die Winzigkeit des Abschnitts, den wir ungefähr zu überblicken vermögen.

Nach der Jahrmilliarden dauernden Abkühlung des Erdkörpers und der Bildung von Kontinenten, nach den endlosen Regengüssen, welche langsam die Ozeane der Erdurzeit füllten, begann sich vor rund einer Milliarde Jahren das erste Leben auf unserem Planeten zu regen. Das Erdaltertum (Paläozoikum) setzte vor etwa 600 Millionen Jahren ein und dauerte fast 400 Millionen Jahre. Im Verlaufe seiner unvorstellbar langen Zeitabschnitte Kambrium, Silur, Devon, Karbon und Perm entwickelten sich allmählich die wirbellosen Tiere, dann Fische, Amphibien und Reptilien. Eine üppige Pflanzenwelt belebte die von schwülen Dünsten erfüllte Karbonlandschaft mit gewaltigen Farnen und Schachtelhalmen, die später zu Steinkohle wurden. Dann erschienen die Riesengestalten der Saurier und bildeten, im Verein mit vielen Weichtieren und ersten Fischen, eine ungemein reiche Urtierwelt. Im letzten Abschnitt traten jedoch bereits die ersten Nadelbäume auf.

Während des nachfolgenden Erdmittelalters (Mesozoikum), das vor 230 Millionen Jahren begann, wurden die alten Kontinente Mitteleuropas fast gänzlich vom Meer überflutet. Nur ein diagonales Band früher Alpenerhebungen blieb trocken: die ersten kleinen Säuger erschienen bei uns in der Triaszeit, die frühesten Vögel in der Juraepoche, und gegen Ende der Kreidezeit starben bereits die großen Saurier und die Ammoniten aus.

Vor etwa 60 Millionen Jahren begann das Tertiär. In seinem mittleren Teil (Miozän) wurden die Alpen aufgefaltet; an ihrem Rande kam es zur Bildung von Schuttmassen: der Nagelfluh. Im oberen Teil (Pliozän) erfolgte die Jura-Hauptfaltung; das Meer zog sich immer weiter aus unserem Lande zurück, die Laubbäume und einkeimblättrigen Pflanzen entfalteten sich vielfältig.

Das Tertiär war die hohe Zeit der Säugetiere und Vögel, die sich zu einem großen Artenreichtum emporschwingen konnten. Zu Beginn des Tertiärs bestanden noch Landverbindungen zwischen Europa und Nordamerika, später auch mit Asien. Unsere Säugerfauna von damals glich ungefähr derjenigen dieser zwei Kontinente, umfaßte jedoch Tiergattungen, die bei uns längst verschwunden sind, dort aber noch vorkommen (Tapire, Flughunde, Schuppentiere usw.). Ferner strebten bereits damals Tiergruppen zu uns, welche heute noch zur heimischen Fauna zählen: Marder, Wiesel, Spitzmäuse, Fledermäuse und andere.

Vor über zwei Millionen Jahren (Jungtertiär) war die Tierwelt Mitteleuropas – also auch die der Schweiz – noch von Vertretern exotischer Tierstämme durchsetzt: elefantenartigen Mastodonten, gibbon- und orangähnlichen Menschenaffen, von Erdferkeln, Flußpferden und Antilopen. Die Klimaverschlechterung, die vor etwa einer Million Jahren zur Eiszeit führte, machte der üppigen tropischen Fauna des südlichen Europas ein Ende, und die allmähliche Herausbildung der gegenwärtigen Tierwelt begann. Diese letzte Epoche bis zur Neuzeit wird Quartär genannt.

Und die ersten Schweizer? Als ältestes Zeugnis ihrer Anwesenheit gilt ein großer steinerner Faustkeil aus dem Deckenschotter bei Pratteln (BL). Sein Alter wird auf 300 000 bis 400 000 Jahre geschätzt. Bei St-Brais (JU) fand man den ältesten Menschenrest unseres Landes, den Schneidezahn eines Neandertalers, datiert auf rund 40 000 Jahre vor heute.

Erinnern Sie sich? Wenn man die lange Geschichte der Erde in einem Jahresablauf darstellte, würde das Zeitalter Mensch (etwa 600 000 Jahre) den letzten zweieinhalb Stunden entsprechen; seine zirka 6000jährige Geschichte wäre in den letzten eineinhalb Minuten des Kalenderjahres schon abgelaufen. Die Wirbeltiere lebten aber schon seit Anfang Oktober auf der Erde.

Versteinerte Zeugen der Urzeit

Wir beschreiben nun, weshalb wir den Ablauf unserer Urzeit einigermaßen zurückverfolgen können und welche Zeugnisse uns diese in unserem Lande überlassen hat – die Schweiz ist ungewöhnlich reich an Resten fossiler Tiere der unendlich fernen Epochen der Erdgeschichte.

Die zu Stein gewordenen Überreste von Tieren und Pflanzen sind aufschlußreiche Zeugen des urweltlichen Lebens und gestatten uns, die Entwicklungsgeschichte des Lebendigen weitgehend zu verfolgen. Der von 1672 bis 1733 lebende Zürcher Arzt und Naturforscher Johann Jakob Scheuchzer war einer der ersten, die erkannten, daß solche Versteinerungen nicht zufällige Spielereien der Natur sind, wie man bis dahin glaubte, sondern daß sie tatsächlich Kunde von vergangenem organischem Leben bringen.

Erst seit den letzten 600 Millionen Jahren sind die Aufzeichnungen über die Geschichte der Lebewesen im Buche der Gesteine bewahrt. Die frühesten Formen hatten keine Spuren hinterlassen; wahrscheinlich waren ihre Körper weich, ohne harte Teile, die sich hätten erhalten können. Gesteinsbildungen der Schweiz gehören vorwiegend dem Erdmittelalter und der Erdneuzeit

an. Die meisten der in ihnen entdeckten Fossilien sind ehemalige Meeresbewohner: prächtig geschwungene Schalen der Ammoniten (Tintenfischarten), mit ihnen verwandte Belemniten, dann Muscheln, Schnecken und die vielfältigen Stachelhäuter (See-Igel und Seelilien). Manche unserer Felsschichten bestehen praktisch vollständig aus den versteinerten Stielgliedern der Seelilien (der Name trügt: es sind Tiere!). Aus dem Jurameer sind bei uns außerdem Reste der riesigen saurierartigen Wirbeltiere, der langhalsigen Fischechsen und der merkwürdigen Flugechsen sowie der großen Schildkröten zu finden. In einem Steinbruch bei Solothurn lagerten die Reste von nicht weniger als 14 Arten von Schildkröten. Der Formenreichtum jener Zeit muß unermeßlich groß gewesen sein.

Die ältesten Fossilien der Schweiz sind Pflanzenreste aus dem Oberkarbon. Als ältestes tierisches Fossil gilt die vom Niederuzwiler Oswald Heer zwischen Kohlenfarn von Arbignon gefundene Küchenschabe *Blatta helvetica*. Man spricht ihr ein Alter von etwa 250 Millionen Jahren zu.

Auf eine umfassende Darstellung der wichtigsten Schweizer Fundstätten von Versteinerungen muß aus Platzmangel verzichtet werden. Außerdem wimmeln die Beschreibungen von lateinischen Tiernamen der Paläontologen, die für den Laien nichts aussagen. Man konnte den vielen Tierarten der Urzeit nicht auch noch deutsche Namen geben wie den gegenwärtigen. Aber ein Beispiel des Reichtums: aus der Schweizer Kreidezeit sind gegen 300 Arten von fossilen Tintenfischen bekannt geworden. Indessen seien drei bedeutende Fundstätten hervorgehoben:

Die berühmteste Fundstelle ist die vom Monte San Giorgio im Südtessin. Sie gilt als wichtigste der Erde für Reste mariner Saurier und Fische der Mittleren Trias. In den bituminösen Schiefern der Tessiner Kalkalpen lag eine große Zahl gut erhaltener versteinerter Skelette, die vor allem der schönen Gruppe der Fischsaurier angehören, welche in der Zeit vor 200 Millionen Jahren unser Urmeer bevölkerten.

Fast ebenso berühmt ist der sogenannte Glarner Vogel aus dem oligozänen Fischschiefer des Sernftales, dessen Alter auf etwa 30 Millionen Jahre geschätzt wird. Da der viel ältere Urvogel *Archaeopteryx* von Solnhofen (Bayern) 1839 noch nicht bekannt war, nannte man ihn *Protornis*, den ersten Vogel.

Die wichtigste Fundstelle eozäner Säugetiere befindet sich in den Bohnerzlagerstätten von Egerkingen (SO). Der Berner Ludwig Rütimeyer entdeckte dort nicht weniger als 97 Arten von fossilen Säugern, darunter acht Arten von primitiven Affen. Heute beträgt die Artenzahl unserer Säuger nur etwas mehr als die Hälfte davon!

Die großen Eiszeiten

Wir verlassen jetzt die versteinerten Reste früher Urfaunen und gelangen in die jüngeren Epochen des quartären Zeitalters. Riesige Eispanzer und wärmeres Klima wechselten mehrfach in unserem Land, formten Berge und Täler um und halfen mit, allmählich die Tierwelt unserer gegenwärtigen Landschaft zu gestalten.

Aus den fernen Nebeln der Urzeit treten wir nun in eine besonders bedeutungsvolle und besser erkennbare Epoche Mitteleuropas über: in das Pleistozän oder das Eiszeitalter mit seiner wechselnden Folge von Eiszeiten und Warmzeiten. Die Ursachen der periodischen Klimaveranderungen, welche die Vereisungen auf der Nordhalbkugel der Erde und im Alpengebiet auslösten, sind nicht völlig bekannt. Wir leben heute in der Warmzeit nach dem vierten Rückzug der großen Eisströme. Ein Teil der Eismasse, die sich während der letzten quartären Vergletscherung gebildet hatte, ist im Inlandeis Grönlands und der Antarktis sowie in den großen Gletschern zurückgeblieben. Die Gletscher der Schweiz umfassen gegenwärtig über 500 Quadratkilometer.

Vor über einer halben Million Jahren begann die *Günz*-Eiszeit, gefolgt von einer längeren wärmeren Periode. Danach regierte als längste die *Mindel*-Eiszeit. Aber erst die *Riß*-Eiszeit und als letzte die *Würm*-Eiszeit hinterließen gut unterscheidbare Spuren ihrer Bewegungen. Vor etwa 25 000 Jahren erreichte die Würm-Eiszeit ihren Höhepunkt. Die Alpengebiete waren eine einzige riesige Eiswüste, aus der nur hohe Gipfel herausragten. Sämtliche Gletscher reichten weit über das Mittelland und bis über den Bodensee hinaus. Gewaltige Eismassen hobelten allmählich U-förmige Täler aus dem Gestein und veränderten das Antlitz unserer Landschaft durch Moränenhügel und Schottermassen. An einigen Stellen – zum Beispiel am Reußgletscher – wies das Eis eine Mächtigkeit von bis zu 1000 Metern auf. Erst vor 10 000 Jahren hatten sich die Eiskappen in die Alpen zurückgezogen.

In Verlaufe der drei Zwischeneiszeiten unterschiedlicher Dauer, deren klimatische Verhältnisse wesentlich günstiger waren als heute, konnten mehrfach Tiere unsere Landschaft besiedeln, die heute längst ausgestorben sind. Wir werden dem Mammut und dem Fellnashorn im Kapitel «Einst und jetzt» (Seite 153) noch begegnen; sie haben uns Reste hinterlassen, welche eine Bestimmung weit besser ermöglichen als die alten Versteinerungen. Seit der letzten Zwischeneiszeit bis in die Mitte der Würm-Eiszeit waren in unserer Fauna auch der Höhlenbär und der Riesenhirsch vertreten.

In den Eiszeiten fegten eiskalte Stürme über das Gletschervorland hinweg. Moose, Flechten und niedere

Sträucher bildeten eine karge Tundra, deren tiefer Boden ganzjährig gefroren blieb, so daß nur an geschützten Stellen kleine Bäume kümmerliche Wurzeln fassen konnten. Weit vom Eis entfernt herrschte die Lößsteppe vor.

Nur widerstandsfähige Tierarten vermochten sich in der Eiszeit bei uns zu halten. Die wichtigsten Fundstellen der damaligen Tierwelt der Schweiz reihen sich in einer Linie an, die deutlich mit dem Saum des Vergletscherungsareals zusammenfällt (Keßlerloch, Schweizersbild u. a.). Dort wurden auch die Kulturreste der alten Rentierjäger gefunden.

Während sich von 8000 bis 4000 v.Chr. (Nacheiszeit) im warm gewordenen Klima unsere Landschaft langsam wieder bewaldete, bildete sich auch die heutige Zusammensetzung der Tierwelt heraus. Die Menschen von damals (Mittelsteinzeit) lebten als Jäger und Sammler in Höhlen, unter dem Dach von Felsnischen sowie an See- und Flußufern. Zur Jungsteinzeit kamen nun Menschengruppen, die den Wald rodeten, Dörfer bauten und als Ackerbauer und Viehzüchter lebten.

Mit dem Übergang des Frühmenschen zum Werkzeugmacher und Waffenhersteller begann auch seine eigentliche Herrschaft über die Tiere: das Tier als Feind und Konkurrent sowie als Nahrungslieferant, Gehilfe und Vergnügungsobjekt. Wir wurden Herren der Tiere und werden es wohl bleiben. Unser Ziel sei, die weitere Ausartung dieser Herrschaft einzudämmen, ja sie in würdigere Bahnen zu lenken.

Ausgestorben!

In diesem Abschnitt ist über bei uns ausgestorbene Tierarten zu lesen; dann über die Gründe des Aussterbens und über die Konsequenzen, die das Fehlen dieser Arten auf das natürliche Gleichgewicht hat, und schließlich über die «Rote Liste».

Das Wort «ausgestorben!» hat seit kurzer Zeit einen ganz neuen Klang erhalten: jenen des Bedauerns; einen Klang gar, der interessiert und Hilfsbereitschaft weckt. Früher enthielt er im Gegenteil meist die Note einer gewissen Befriedigung: endlich sind wir die bösen Viecher los!

Wenn man im Buch der Geschichte lange genug zurückblättert, gelangt man zu den Kapiteln, die von den altehrwürdigen Gestalten einer frühen schweizerischen Tierwelt handeln und die mit dem Auftritt der ersten Bewohner unserer Gefilde zusammenfallen. Das endgültige Verschwinden von Mastodonten, Nashörnern und Höhlenbären berührt indessen unser Gewissen nicht; beim Auerochsen setzt sein Pochen ein. Erst zu Beginn der menschlichen Zivilisation, mit unserem Loslösen von der Natur und dem Übertritt in eine neue Lebensart, nimmt eine Epoche der Vernichtung ihren Anfang, wie sie im natürlichen Geschehen vorher nicht denkbar war.

Seit dieser Zeit bleibt unser Gewissen belastet. Wir Schweizer waren weder besser noch schlechter als die übrigen Alpenbewohner. Aber der letzte Bär der Schweiz wurde 1904 erlegt, und der letzte Wolf gar 1957 – das sind nur rund 20 Jahre her, und dies gibt doch etwas zu denken. In Italien lebt der Braunbär heute noch am Südfuße der Alpen. Wie würden wir heute auf die natürliche Zuwanderung des Bären reagieren? Wie vor 20 Jahren?

Die massiven Störungen des Naturhaushalts, des natürlichen Gleichgewichts, waren gewiß nicht nur durch den Verlust der großen Fleischfresser bedingt; allgemeine Züge der neuen menschlichen Lebensäußerungen waren mit Sicherheit stärker beteiligt. Aber das Fehlen natürlicher wildregulierender Elemente wird auf die Dauer trotzdem spürbar, und alle jägerischen Anstrengungen haben nicht mehr ausgereicht, die massierten Bestände unserer Schalenwildarten in Schranken zu halten.

Nicht wenige Tierarten sind in der Schweiz während der letzten 100 Jahre ausgestorben: Wolf, Bär, Luchs, Storch, Bartgeier, Kornweihe, Fischadler, Große Rohrdommel, Rotschenkel und Sumpfohreule, sehr wahrscheinlich auch die Sumpfschildkröte, sicher der Lachs und die Groppe und noch einige andere. Es ist um jede einzelne Art schade!

Weit aufsehenerregender jedoch ist die alarmierende Feststellung in unserer «Roten Liste» der gefährdeten und seltenen Tiere der Schweiz: 20 Arten stehen unmittelbar vor der Ausrottung, und Dutzende weiterer Arten sind sehr selten, weil ihre Bestände stark zusammengeschrumpft und daher latent gefährdet sind. Verluste des Lebensraumes, gravierende Störungen, Verfolgung durch den Menschen und Umweltvergiftung sind die häufigsten Ursachen. In der 1977 erschienenen «Roten Liste» unserer Vogelarten liest man:

> *Aus dem Kapital unserer einheimischen Vogelwelt haben wir bereits 5 Prozent verloren, und 39 Prozent sind mehr oder weniger bedroht!*

Wir alle sind heute an der Buchhaltung über unsere natürliche Vielfalt beteiligt, denn die Zinsen dieses

Oben links: Dünnschliff aus einem Nummulitenkalk (etwa 65 Millionen Jahre alt) aus tertiären Schichten bei Einsiedeln: diese fossilen «Batzensteine» waren niedere Organismen von der Größe eines Frankenstückes und kamen in ungeheuren Mengen vor.

Links: Ceresiosaurus; versteinertes Skelett eines Fischsauriers von 2,30 Meter Länge. Es wurde am Monte San Giorgio im Kanton Tessin gefunden.

Stille Weiher von unberührter Schönheit sind jedes Menschen Freude – gleichzeitig sind sie die unersetzliche Lebensgrundlage für eine fast unvorstellbar große Zahl von Lebewesen.

Kapitals kommen uns direkt zugute. Die noch junge Bewußtseinsebene, auf der gewisse Wörter – wie «ausgestorben!» oder «Gefahr!» – den echten neuen Klang ertönen lassen, wird uns dazu befähigen, richtig zu handeln. Als wirklich erlösend – so scheint uns jetzt – wird uns wohl nur ein Wort in den Ohren klingen: «gerettet!».

Naturschutzgebiete

Es geht hier um die Frage, warum gefährdete Lebensräume samt ihrer natürlichen Vielfalt zu erhalten sind. Haben wir genügend Schutzgebiete, und bleiben sie so gut geschützt, wie wir es erwarten? Die Naturschutzvereinigungen spielen eine wichtige Rolle für die Instandhaltung unserer tierlichen Lebensgemeinschaften.

Es ist unserer Generation fast schlagartig bewußt geworden, daß es zum Beispiel «heikle Feuchtgebiete» und «fragile Lebensgemeinschaften» gibt; man weiß, daß sie unter allen Umständen zu bewahren sind. Früher waren wertvolle, naturnahe Gebiete häufiger und auch großflächiger. Ähnliche Lebensgemeinschaften waren schon aus diesem Grunde weniger heikel oder zerbrechlich, beinahe intakt. Man hat sich mittlerweile an das heute dringlich gewordene Schützen um jeden Preis ebenso gewöhnt wie an die Aufzählung der vielen Gründe für die Gefährdung der Natur.

Das Ziel des zoologischen Naturschutzes besteht in der langfristigen Erhaltung der in unserem Lande vorkommenden Tierarten und ihrer natürlichen Lebensräume – und zwar völlig unabhängig davon, was wir für diese Tiere empfinden, ob wir sie lieben oder verabscheuen. Auch gewisse menschliche Ansprüche mögen in den Hintergrund treten. So hat zum Beispiel ein Stadtwald mit einer Futterraufe für Rehlein weder mit echter Natur noch mit Schutzgebiet etwas zu tun.

Naturschutzräume haben Gebiete zu sein, wo alle Glieder einer zusammenhängenden Lebensgemeinschaft – mit Kraut und Laus, Wasseramsel und Steinbock – ein Leben führen können, das nicht auf seinen Zweck geprüft wird, das seinen Zweck in sich selber trägt. Für echte Schutzgebiete haben wir uns einzusetzen, als Bürger, Beauftragte oder Politiker. Werner Geißberger schrieb unlängst im «Schweizer Naturschutz»: «Politische Aufgabe des Naturfreundes ist es, an Gesetzen mitzuarbeiten, für ihre Durchsetzung zu sorgen, welche die ökologischen Kreisläufe vor dem Zusammenbruch bewahren, die Verschleißgesellschaft eindämmen und geselligere Lebensformen entwickeln.»

Die Schweiz verfügt über mehr als 200 Naturschutzgebiete in den verschiedensten Landschaftsformen, über einen Nationalpark von 16 870 Hektar, über 39 eidgenössische Bannbezirke und viele kantonale Wildasyle sowie an die 1000 kantonale Naturschutzgebiete. Die Schweiz steht damit aber nicht etwa an erster Stelle unter den europäischen Ländern und hat keinen Grund, sich auf ihren Lorbeeren auszuruhen. Sehr viele ihrer hart errungenen Schutzgebiete verdankt sie dem Einsatz ihrer privatrechtlich organisierten Naturschutzverbände, allen voran dem Schweizerischen Bund für Naturschutz (SBN), dessen weitsichtige und für unsere Tierwelt in höchstem Maße besorgte Initianten schon kurz nach der Jahrhundertwende damit begannen, an den maßgebenden Stellen ihre Stimme zu erheben.

Nicht eines unserer Naturschutzgebiete ist mit einem undurchlässigen Mantel aus Sicherheitsfaktoren versehen und daher für alle Zeiten restlos geschützt. Es braucht auch heute unablässigen Einsatz, sie vor Einflüssen von außen zu bewahren; der Schutz der Tiere verlangt von unserer Gesellschaft der bequemen Anpassung vielmehr dauerhafte Arbeit. Der fortschreitenden Entwirklichung von Schutzgebieten ist schwerer Herr zu werden, als diese sogleich im Keime zu ersticken; oder wie Horst Stern treffend formulierte: «Es ist wichtiger, die vielen Klagemauern aus Beton, die das anlagesüchtige Kapital uns in die Landschaft stellt, gar nicht erst entstehen zu lassen, als hinterher an ihnen zu weinen.»

Tierschutz heute

Die Gegner der Käfighaltung von Hühnern schreiben sich die Finger wund – wird es etwas nützen? Die Schweiz erwartet ein tiergerechtes Tierschutzgesetz. Es wird weltweit zur vermehrten Verantwortlichkeit gegenüber unsern Mitgeschöpfen aufgerufen, denn Tierschutz geht uns alle an.

Am 2. Dezember 1973 hat das tierfreundliche Schweizervolk mit großem Mehr (1 041 000 gegen 199 000 Stimmen) einen neuen Tierschutzartikel der Bundesverfassung angenommen. Mit diesem überwältigenden Ja wurde die Befugnis zur Gesetzgebung über den Tierschutz, die bis zu diesem Zeitpunkt Sache der Kantone gewesen und in viele Erlasse verzettelt war, an die Zuständigkeit des Bundes übertragen. Kürzlich hatte dasselbe Volk über ein Tierschutzgesetz zu befinden, dessen Zweckartikel lautet:

> *«Dieses Gesetz ordnet das Verhalten gegenüber dem Tier und dient dessen Schutz und Wohlbefinden. Tiere sind so zu behandeln, daß ihren Bedürfnissen in bestmöglicher Weise Rechnung getragen wird.»*

Mit dem Begriff Tier sind – nebenbei bemerkt – allerdings nur die Wirbeltiere gemeint. Weiter reicht unser Schutzdenken noch nicht. Damit stehen wir, zum

Beim Anblick schöner Landschaften wird uns oft schmerzlich bewußt, wie sehr unsere Naturschutzbestrebungen in der Schweiz zu einem wichtigen Kampf um die letzten noch einigermaßen intakten Lebensräume geworden sind.

Beispiel, im Gegensatz zu gewissen östlichen Religionen, die einen absoluten Schutz für Tiere im allgemeinen beziehungsweise für die Lebewesen fordern.

Im Alten Testament heißt es unter anderm im Buch des Predigers (Pred. 3, 18/19): «Der Menschenkinder wegen, sie zu prüfen, hat es Gott so gefügt, damit sie sehen, daß sie nicht mehr sind als das Tier. Der Mensch hat vor dem Tier keinen Vorrang.» Der biblische Humanismus verlangt, daß der Mensch sich zum Tier mitgeschöpflich verhalte, wie er sich Menschen gegenüber mitmenschlich zu benehmen habe. Welche Tiere damit gemeint sind, wird nicht näher erklärt.

Tierschützerische und wirtschaftlich orientierte Emotionen entfachen sich vor allem an den Problemen der Haltung von gewissen Massenhaustieren in Tierfabriken wie Geflügel, Kälbern und Ferkeln. Wenn die echten Tierfreunde wirklich konsequent bleiben wollen, dann müssen sie sich den Tierschutz wohl oder übel etwas kosten lassen, sonst ist er nur Heuchelei. Damit sei an die Bodenhaltungseier erinnert.

Tierversuche und Schächtverbot sind weitere heiße Eisen im Ofen des neuen Tierschutzgesetzes. Von den Wildtieren wird nur im Zusammenhang mit der Bewilligungspflicht für deren Haltung gesprochen. Die vieldiskutierten Jagdbelange des Tierschutzes – Tellereisen, Schwanenhals, Schrot und anderes – bleiben dem Jagdgesetz vorbehalten, das zurzeit revidiert wird.

Solange es auf unserer Erde so viele hungerleidende Menschen gibt, bleibt es verantwortungslos, derart aufdringlich vom Tierschutz zu sprechen – sagen gewisse Leute. Solange unsere westliche Wohlstandsgesellschaft in ihrer Edelfreßwelle schwelgt, ist es verantwortungslos, die Mitgeschöpflichkeit gegenüber dem wehrlosen Tier zu verleugnen – sagen wir andern. Unverkennbar nähern wir uns jedoch einer neuen Epoche der Sozialethik im Verhalten zur mitkreatürlichen Welt.

In bereits 30 Ländern bahnt sich eine konfliktlose und unblutige Revolution an: die Universelle Deklaration der Rechte der Tiere. Mit der Bekanntgabe dieser Deklaration vor der UNESCO bezweckten die Initianten eine weltweite Unterstützung ihrer Ziele, die Verantwortlichkeit gegenüber den Mitbewohnern unserer Erde zu festigen.

Unsere Umwelt

Es ist heute viel von Umwelt, Ökologie und Biotopzerstörung die Rede. Hier folgt ein Versuch zur Deutung derartiger Begriffe, die in diesem Buch immer wieder verwendet werden müssen.

Wir sprechen von der Umwelt und verstehen darunter alles, was um uns herum wirkt und lebt, was unbelebte und belebte Elemente für unser eigenes Dasein bedeuten. Damit setzen wir uns selbstbewußt ins Zentrum eines weiten Kreises komplizierter Einwirkungen und vergessen dabei gerne, daß auch dem Pilz, der Schnecke und dem Hasen das Recht auf einen solchen Mittelpunkt zusteht.

Seit nicht ganz 100 Jahren wird über die Bedeutung der Ökologie gesprochen, wird diese in Überlegungen einbezogen, welche die Natur zum Gegenstand haben. Der Begriff ist aus zwei griechischen Wörtern zusammengesetzt: oikos, der Haushalt, und logos, die Lehre. Ökologie bedeutet also die Lehre vom Haushalt der Natur oder die Wissenschaft der Beziehungen und Wechselwirkungen unter den verschiedenen Lebewesen sowie zwischen ihnen und ihrer gesamten Umwelt.

Jeder Organismus benötigt einen ihm zusagenden Lebensraum oder sein Biotop (bios, das Leben; topos, der Ort). Eine Lebensgemeinschaft aus Pflanzen und Tieren wird als Biozönose bezeichnet. Das Zusammenwirken von Biotop und Biozönose führt zu einem komplizierten Gefüge, welches vom Fachmann Ökosystem genannt wird. Man spricht also zum Beispiel vom Ökosystem Mischwald, Tümpel oder Bergwiese. Ökosysteme sind im Normalfall offen, das heißt: zwischen ihnen bestehen dauernde Wechselbeziehungen. Die Erhaltung einer bestimmten Tierart oder eines ganzen Ökosystems hängt von einer großen Zahl mitbestimmender Ursachen ab, welche sich im Verlaufe der Entwicklung verdichtet und stark miteinander verflochten haben.

Ein wesentlicher Grund, weshalb der Begriff Ökologie zum modernen Schlagwort aufgerückt ist, muß im drückenden Schuldgefühl der Menschheit gesucht werden. Wenn die Natur ihre Lebensgemeinschaften schädigt oder zerstört, sind die Schäden nicht derart verheerend, daß sie sich nicht auf natürliche Weise wieder selbst ausgleichen könnten. Erst wenn der Mensch ins Naturgefüge eingreift, weil er die Regeln des Naturhaushalts vergessen hat, ist die Natur meist nicht mehr fähig, den Schaden selbständig zu beheben.

Der Ökologe Josef Reichholf (München) schrieb unter dem Titel «Ökologische Naturschutz-Strategie» 1977: «Während in ungestörten Ökosystemen die bloße Seltenheit die Arten schützen konnte (zu seltene Beute lohnt sich nicht für den Räuber!), hat sich in neuester Zeit mit der Einflußnahme des Menschen, geradezu in Umkehrung der natürlichen Verhältnisse, der Druck auf Arten und Biotope um so mehr verstärkt, je seltener sie geworden sind. Dieser Prozeß hat bereits zum Aussterben und zum weiträumigen Verschwinden einer ganzen Reihe ökologisch wichtiger Arten geführt.»

Der Erschließung der Landschaft folgt der Verschleiß, der Zerstörung der Umwelt die Öde. Gewässer-

Unten: Vertreibung aus dem Paradies (Gemälde von Masaccio). Der Mensch wurde des Gartens Eden verwiesen; alle übrigen Lebewesen durften bleiben. Sie leben aber mit uns und um uns: der Mensch hat ihr Paradies in seiner Hand.

Rechts: Zeigt der Engel nicht auch direkt auf ein Bild wie diese Autobahnkreuzung bei Hunzenschwil AG? Wir tragen alle Verantwortung für die Gestaltung der Landschaft unseres Landes!

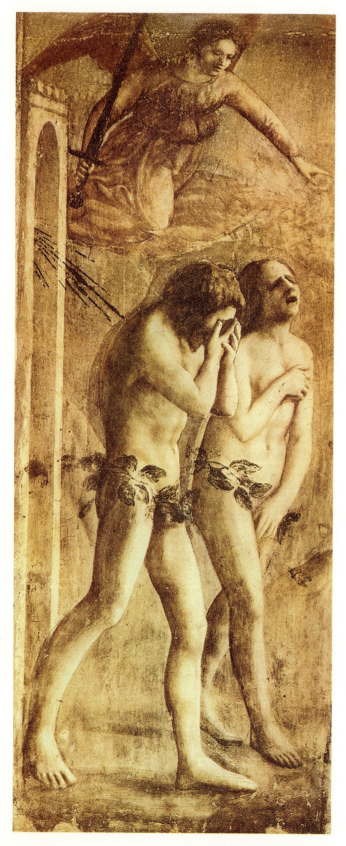

und Luftverschmutzung sind Störungen des Naturhaushalts, die katastrophale Formen anzunehmen drohen. Der Warnzeichen in der Natur gibt es heute so viele, daß wir sie hier nicht alle aufzählen können. Aber ein Beispiel eines Unheils, das noch bevorstehen mag, soll an ihrer Stelle stehen: die projektierte Autobahn durch unsern letzten großen Schilfgürtel am Südufer des Neuenburgersees. Schilf – eines der fragilsten der paradiesischen Lebensräume, die es überhaupt gibt!

Wolfgang Haber, ebenfalls ein bekannter Münchner Ökologe, schließt einen Aufsatz über «Unsere Landschaft zwischen Belastung und Überforderung» mit den bezeichnenden Worten: «Es kann die entmutigende Einsicht erwachsen, daß unsere Gesellschaft zwar nach einer Lösung für das Problem der ständig zunehmenden Landschaftsüberforderung und Umweltverschmutzung suchen mag, aber dabei eigentlich an eine magische Lösung denkt – die mehr oder weniger die ungestörte Fortsetzung aller Tätigkeiten zuläßt, die die Entstehung der heutigen alarmierenden Situation herbeigeführt haben.»

Bund und Kantone

Hier wird dargelegt, was der Bund und die Kantone für den Schutz und die langfristige Erhaltung unserer einheimischen Tierwelt vorkehren und auf welchen Grundlagen unsere entsprechenden Gesetze aufgebaut sind.

Acht Schweizer Kantone führen ein Tier im Wappen, der Gemeinden mögen es Hunderte sein. Diese Stammeszeichen wurden einst im stolzen Bewußtsein vorangetragen, daß der Mensch über die Tiere obsiegt hatte.

Es dauerte aber lange, bis sich der Schweizer auch auf das Recht der Tiere auf Leben zu besinnen begann. Die Grundidee unserer ersten Jagdgesetzgebung enthielt noch wenig davon, was wir heute unter dem Schutz der wildlebenden Tiere verstehen: der Schutz des Wildes war nur zur Erhaltung der Jagdvergnügen und zum Schutz der Jäger vor Wilddiebereien bestimmt. Doch sterben mußten die Tiere trotzdem, die Frage war nur: durch wen?

Erst sehr viel später zog man auch den Schutz vor Ausrottung in Betracht und erließ – angesichts von bereits verödeten Wäldern – allerhand Verordnungen, um das «Gewild zu hegen». Zwischen mehreren Kantonen wurden auch Konkordate abgeschlossen.

Im Jahre 1875 erhielten wir endlich unser erstes Bundesgesetz über Jagd und Vogelschutz, das 1891, 1904 und 1925 ergänzt und 1962 revidiert wurde. Eine weitere Revision steht unmittelbar bevor. Das Gesetz beschreibt die jagdbaren und die geschützten Tierarten,

die Aufgaben der Kantone in bezug auf das Jagdwesen sowie die Jagdzeiten. Ferner verfügen wir über 25 kantonale Jagdgesetze, die den Rahmen des Bundesgesetzes nicht erweitern, wohl aber einengen dürfen. So kann etwa der Katalog jagdbarer Tiere von den Kantonen noch weiter eingeschränkt werden. Im Kanton Zürich sind zum Beispiel alle Enten geschützt, mit Ausnahme der Stockente, ebenso Wiesel, Edelmarder, Iltis, Auerwild usw. sowie, als Kuriosum, Haus- und Feldsperlinge – alles Tiere also, die nach dem Bundesgesetz jagdbar sind. Die Gesetzgebung bei der Fischerei: ein «Bundesgesetz betreffend die Fischerei» von 1888 und 25 kantonale Fischereigesetze. Die im Bundesgesetz enthaltenen Schutzbestimmungen sind auch hier Minimalforderungen, an welche sich die kantonale Gesetzgebung in dem Sinne zu halten hat, daß sie keine milderen, höchstens strengere Verordnungen erlassen darf. So sind zum Beispiel die Fangmindestmaße und Schonzeiten durch die Kantone im Sinne eines vermehrten Schutzes der Fische vielfach abgeändert worden.

Und die Tiere, welche weder gejagt noch gefischt werden, aber trotzdem auf vielerlei Art und Weise bedroht sind (panierte Froschschenkel, Weinbergschnecken an Knoblauchsauce ...)? Ihrer wurde im Bundesgesetz über den Natur- und Heimatschutz von 1966 gedacht: Schutz der einheimischen Tier- und Pflanzenwelt. Artikel 24 der Vollziehungsverordnung lautet:

> Zusätzlich zu den im Bundesgesetz über Jagd und Vogelschutz vom 10. Juni 1925 genannten Tierarten gelten als geschützt:
> – alle Fledermäuse
> – alle Kriechtiere (Schlangen, Eidechsen, Blindschleichen)
> – alle Lurche (Frösche, Unken, Kröten, Salamander und Molche)
> – die Gruppe der Roten Waldameisen

Im Artikel 20 des Bundesgesetzes ist auch der nicht namentlich erwähnten Tierarten gedacht, also jener, die unmittelbar gefährdet sein könnten: «... Ebenso kann der Bundesrat entsprechende Maßnahmen zum Schutze bestimmter bedrohter oder sonst schützenswerter Tierarten treffen. Die Kantone können solche Verbote für weitere Arten erlassen.»

Unsere Bundesverfassung umschreibt die Grundartikel, auf die sich die wichtigsten Gesetze über den Schutz der Tierwelt stützen, folgendermaßen (Artikel 24sexies):

Einer vernünftigen Nutzung gewisser Tierbestände ist nichts entgegenzuhalten. Wenn die Jäger Anspruch auf die Bezeichnung «Hüter der Wildbahn» erheben, sollten sie eng mit Ökologen und Naturschützern zusammenarbeiten und bei der Erhaltung der Lebensräume mithelfen.

Der Natur- und Heimatschutz ist Sache der Kantone.
Ferner (abgekürzt):
Der Bund ist dafür zuständig,
a) die Natur- und Kulturdenkmäler zu schonen,
b) die Kantone in der Erfüllung ihrer Aufgabe des Natur- und Heimatschutzes zu unterstützen und die Zusammenarbeit mit ihnen zu sichern,
c) die Bestrebungen von Vereinigungen zum Schutze von Natur und Heimat zu unterstützen,
e) *die einheimische Tier- und Pflanzenwelt und ihren natürlichen Lebensraum zu schützen.*

Unsere gesetzlichen Bestimmungen sind im Grunde so schlecht nicht – es fehlt nur oft am Willen zur richtigen Anwendung.

Soll gejagt werden?

Unsere Schalenwildbestände nehmen überhand und schädigen unsere Wälder – wer tut etwas dagegen? 300 geschützte Steinböcke geschossen – muß so etwas sein? Jagd ist nicht nur Vergnügen, sondern bedeutet eine Aufgabe. Jäger, Förster und Naturschützer gehören heute gemeinsam an den grünen Tisch der Natur.

Bis zu den Rodungen und späteren Landschaftsveränderungen durch den Menschen war Mitteleuropa in der Nacheiszeit fast völlig von Wald bedeckt. Der geschlossene Urwald bot den großen Pflanzenfressern weniger Nahrung, weshalb sie seltener vorkamen als heute; außerdem übten die großen Fleischfresser auf ihre Dichte und Verteilung erheblichen Einfluß aus. Menschen spielten noch eine höchst untergeordnete Rolle.

Anders in der Neuzeit. Nationalrat Teuscher soll von seinen waadtländischen Jägern 200 Todesdrohungen erhalten haben, weil er sich 1976 für die Abschaffung der Jagd einzusetzen wagte. Die Jagd wurde aber in der Waadt nicht abgeschafft, und der erwähnte Nationalrat lebt heute noch. Im Kanton Genf dagegen dürfen die Jäger seit 1974 kein Wild mehr schießen.

Ob die Jagd mehr Leidenschaft oder eher Pflicht ist, mag an anderer Stelle diskutiert werden; die Wahrheit liegt irgendwo dazwischen. Ob die 30 000 Schweizer Jäger nun Ordnungshüter unserer Wälder sind und der Hege den Vorrang geben oder ob sie ihr Geld nicht nur für Öffentlichkeitsarbeit, sondern auch aus ganz andern Gründen ausgeben, mögen sie selbst entscheiden. Bedeutungsvoller als haarspalterische Diskussionen über die privaten Beweggründe für die Jagd bleibt für unser Land aber die Tatsache, daß wir heute auf die Jägerei angewiesen sind. Im Interesse der Erhaltung einer gesunden Lebensgemeinschaft von Wald und Wild kommen wir nunmehr leider ohne Büchsenknall nicht aus, denn es laufen beide Teile Gefahr, Schaden zu erleiden, sofern der Mensch diese Lebensgemeinschaft nicht sinnvoll und nachhaltig pflegt.

Massive Beeinträchtigungen des funktionsgerechten Aufbaus vieler Wälder sowie selbstschädigende Überpopulationen bei Rehen und Hirschen sind die Tatsachen von heute. Unsere Naturschützer wissen über diese heiklen Zustände wohl Bescheid und lehnen deshalb die Jagd nicht einfach ab, wenn auch das Interesse an der Erhaltung der Tierwelt hüben und drüben vielleicht nicht den gleichen Motiven entspringen mag. Für einen Teil unserer Gesellschaft hat die Jagd einen gewissen Nützlichkeitswert und ist so lange vertretbar, als andere Werte der Gesellschaft (Artenschutz, Erhaltung der Ökosysteme, Tierschutz, öffentliche Sicherheit) durch sie nicht in Frage gestellt werden.

Dr. Augustin Krämer (Zoologe, Jagdverwalter des Kantons Thurgau) zieht im Schweizer Naturschutz (1977) die Schlußfolgerung: «Wenn die (jagdliche) Nutzung unserer Wildtiere ökologisch unbedenklich und nicht tierquälerisch ist, darf sie der Naturschützer sogar begrüßen. Wer ein Naturgut nachhaltig nutzen will, wird wohl kaum das Huhn schlachten, das ihm goldene Eier legt, sondern wird sich im Gegenteil dafür einsetzen, daß ihm dieses Naturgut möglichst ungeschmälert erhalten bleibt.» So mögen sich Jäger, Förster und Naturschützer gemeinsam für die Erhaltung einer artenreichen, gesunden Tierwelt und ihres optimalen Lebensraumes einsetzen sowie, im Hinblick auf eine koordinierte Zielsetzung, ihre Meinungsverschiedenheiten abbauen.

Unsere Tiere und der Verkehr

Moderne Technik und Wildtiere – eine Situation, die anscheinend unausweichlich zu Konflikten führt. Rund 15 Prozent der bei uns erfaßten Wildsterblichkeit entfallen auf die Opfer von Straße und Bahn. Was unternimmt man in der Schweiz gegen die steigende Zahl von Wildunfällen?

61 500 Kilometer National-, Haupt- und Verbindungsstraßen durchziehen kreuz und quer unser Land. Wälder, Felder und Wiesen werden von ihnen roh durchschnitten. Hinzu kommen 5000 Kilometer Bahngeleise als weitere Fremdkörper in unserer Landschaft. Durch verschiedene Maßnahmen der Landwirtschaft, durch Bauten aller Art, durch Verkehr und die Schaffung

Überfahrene Igel, verunglückte Rehe und arg verschmutzte Gewässer sind nur einige der Mahnmale unserer Zeit. Die Entwicklung der Technik ging zu schnell voran, als daß sich die Tierwelt den neuen Verhältnisssen hätte anpassen können. – Es ist Aufgabe der Fachleute, die Bedürfnisse unserer Fauna schon in die Planung mit einzubeziehen.

ausgedehnter Erholungsräume für Menschen wird der Wohnraum unserer Tierwelt immer mehr eingeengt und zerstückelt.

Tiere sind in der Regel nicht fähig, sich den Regeln des Molochs Verkehr anzupassen, und von Natur aus wandernde Arten geraten deshalb allzuoft in dessen Klauen. Der fahrende Mensch nimmt seinerseits wenig Rücksicht auf seine Mitgeschöpfe: Warntafeln mit dem springenden Reh werden nur von etwa einem Prozent der Autolenker beachtet, obwohl heute allgemein bekannt ist, daß sich die Gefahr für Wildunfälle bei Geschwindigkeiten unter 60 Stundenkilometern sehr wesentlich reduziert.

In Zeitungen und Jagdzeitschriften werden periodisch unglaublich hohe Zahlen über Verkehrsunfälle mit Wild veröffentlicht. Wir nehmen diese Tatsachen bedauernd zur Kenntnis und fahren weiter. Wir haben Vortritt. Menschenwechsel zählen mehr als Tierwechsel, selbst wenn diese von einem Teil des von einer Straße durchschnittenen Reviers in den anderen führen. Laut schweizerischer Unfallstatistik machen Wildunfälle nur ein bis zwei Prozent der Gesamtunfallzahl aus. Aber eben nur ein Teil der Unfälle mit Tieren wird gemeldet und erfaßt, denn wer reagiert schon mit mehr als einem Achselzucken, wenn er einen Igel oder einen Bussard überrollt hat. Auch viele größere Tiere müssen schwer verletzt und ungemeldet im Gebüsch neben der Straße ihr Leben lassen; die Dunkelziffer ist bei Kollisionen mit Wildtieren ungewöhnlich hoch.

Motorfahrzeuge werden heute zu den großen Tötern gezählt. Fragt man sich ratlos, ob man die Zahl von jährlich 1300 verkehrstoten Personen noch senken kann oder ob es die Schweizer schicksalergeben hinnehmen, daß unser modernes Leben einen so hohen Tribut fordert, so darf man sich ähnliche Fragen auch in bezug auf die verkehrstoten Tiere stellen. Jährlich werden in der Schweiz 42 000 Rehe geschossen, 9000 (21 Prozent) werden gemäß offiziellen Angaben überfahren. Gegen 1000 Stück Wild kommen allein in Graubünden unter die Räder, und in der ganzen Schweiz sind es um die 13 000 jagdbare Tiere. Geschützte Tiere – Igel, Greifvögel, Reptilien, Amphibien – werden nicht oder nur streckenweise erfaßt; ihre Todesrate auf dem Asphalt ist jedenfalls ungeheuerlich groß.

Es gibt indessen einige Möglichkeiten, geeignete Vorkehrungen zu treffen. Eine Wildschutzkommission der «Vereinigung schweizerischer Straßenfachmänner» hat in Zusammenarbeit mit Zoologen, Jäger- und Automobilverbänden sowie dem Naturschutz Systeme von Schutzzäunen, Warnfolien und Wildspiegeln entwickelt, denen man gewisse Chancen einräumt, die Unfallzahlen zu senken. Aber sie sind kostspielig: ein Laufmeter Hirschzaun kostet etwa 40 Franken, da er 2,3 Meter

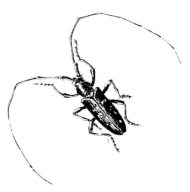

hoch sein muß, wenn er nicht übersprungen werden soll. Gibt man unten noch den einen halben Meter hohen Schutzzaun aus feinem Maschengitter für Kleintiere wie Hasen und Igel dazu, verteuert sich das Bauwerk wesentlich. Die Zäune weisen eine Reihe von Nachteilen auf, sind aber die bislang sicherste Maßnahme geblieben. Aus Kostengründen können sie jedoch nur an Teilen wichtiger Hauptstraßen errichtet werden.

Die eidgenössischen Planungsstellen bemühen sich erfreulicherweise recht intensiv um die Entwicklung geeigneter Maßnahmen. Es scheint indessen, daß die Senkung der Unfallquote durch die Steigerung der Verkehrsfrequenzen annähernd aufgewogen wird. Mensch und Tier haben es nicht leicht in unserer heutigen Welt.

Das Tier in Erziehung und Erholung

Die meisten Menschen stehen heute auf der Seite ihrer Mitgeschöpfe. Ob die gegenwärtige Pro-Tier-Welle nur eine Mode ist oder einen echten Start bedeutet? Ein vernünftiges Rezept für die Erholung mit dem Tier gibt es nicht. Nur Vernunft.

Die Mehrheit bekennt sich zu den Tieren – selbst wenn sie menschliches Gut vernichten – und lacht die Geschädigten noch aus. Die Mehrheit hat entschieden, daß Tierliebe «in» ist. Noch nicht entschieden hat sie, ob die moderne Tierliebe von Fernsehreklamen, fernem Robbenalarm oder Käfighühnern gelenkt oder ob sie auf natürliche Weise in den Kindern geweckt wird. Schule und Elternhaus haben es im Moment nicht schwer, die Tierliebe zu fördern, wohl aber, die echte von der unechten zu sondern.

Alle haben in der Schule etwas über Tiere gelernt. Man hat zuletzt in guter Erinnerung behalten, daß es schöne Tiere gibt und auch unscheinbare, und läßt sich nicht mehr gerne davon abbringen. Aber Tiere sind nicht nur pelzige Wesen mit sanften Augen oder imposanten Hörnern. Es gibt auch noch zwei- und sechs- und achtbeinige Geschöpfe, die ebensoviel Zuneigung verdienen wie die Vierbeiner. Wenn der Erzieher es fertigbringt, die versteckten Wunder der Schöpfung so nachhaltig zu beschreiben, daß sich Staunen in Respekt und gar Liebe verwandelt, hat er gewonnen.

Tierliebe *kann* nicht nur Mode sein. Unsere Zeit hat Forscher hervorgebracht, die unser zoologisches Wissen unerhört bereichert haben. Die moderne Verhaltensforschung lehrt uns zudem, die Geheimnisse des Lebendigen besser zu verstehen, und die Ökologie weckt unsere Achtung für die Bedürfnisse der Tierwelt. Die Wissenschaft, welche uns vor der Versuchung bewahrt, der modernen Tiervermenschlichung und der faden Nützlichkeitslehre zu erliegen, steht erst am Beginn ihres noch namenlosen Wirkens. Unser Tierweltbild ist mehr denn je von Freude geprägt. Das Tier verhilft uns zum schönen Erlebnis, ziert unser naturentfremdetes Heim, spielt für uns Kamerad und belebt die Ferienlandschaft. Mehr denn je müssen wir aber auf der Hut sein, das Tier in der Erholung nicht zu mißbrauchen und unsere Tierliebe stets auf Herz und Nieren zu prüfen. Gefühlsmäßige Tierliebe allein wirkt noch keine Wunder – weder für uns noch für das Tier; Tierschutz findet nicht nur am Sonntag statt!

Dr. Paul Sarasin forderte die Jugend schon zu Beginn dieses Jahrhunderts auf, die Kreatur um ihrer selbst willen zu achten und zu verteidigen; damit berührte er den ethischen Kernpunkt des Naturschutzes überhaupt. Franz von Assisi predigte die Liebe zu den Tieren, gleich welcher Art. Der Philosoph Aristoteles räumte vor über 2000 Jahren mit den Tieranekdoten seiner Zeit auf und vertrat als erster eine systematische Ordnung der lebendigen Wesen. Und wenn die alten Ägypter von ihrem Sonnengott glaubten, daß er schaffe, wovon die Mücken leben und die Würmer und was die Mäuse brauchen in ihren Löchern, so spiegelt sich in diesem Glauben eine Tierliebe ergreifender Art. Wir nehmen zwar in Anspruch, eine bessere, modernere Liebe zum Tier gefunden zu haben, aber wir stellen fest, daß sie gleichzeitig uralt ist und der Tierwelt trotzdem noch nicht zum Heil gereichte.

Nun spreche ich mein Anliegen aus, das ich hier vertreten will: möge die Lektüre dieses Buches echte Freude, Achtung und Liebe für unsere gesamte heimische Tierwelt wachrufen und wachhalten!

Wie weit sind wir vom Paradies entfernt?

Das Wort Paradies erweckt unser Wunschdenken nach natürlicher Vollkommenheit und friedlicher Existenz zwischen Mensch und Tier. In unserem Buchtitel «Tierparadies» liegt vielleicht ein Anstoß zu fruchtbarem Nachdenken über unser derzeitiges Verhältnis zum Tier verborgen.

Tief in unserem Innern wurzelt das unbewußte Sehnen nach dem paradiesischen Urzustand, nach der Zeit, als das Lamm und der Löwe auf dem Felde nebeneinander ihr Kraut aßen und der Mensch von «allerlei fruchtbaren Bäumen» lebte. Nach dem Sündenfall erlischt das friedliche Bild, denn Mensch und Löwe beginnen sich um das Lamm zu streiten. Trotzdem bleibt in uns der Wunsch nach dem erlösenden Paradies zurück, wenngleich er sich heute vorwiegend im Glauben äußert, es wäre um uns herum alles bestens bestellt, wenn wir nur die Natur walten lassen könnten.

Noch ist das paradiesische Licht nicht überall erloschen. Jedes Lebewesen – ob groß oder klein – hat ein volles Recht auf seine eigentümliche Lebensweise.

Nächste Seite: Laßt uns natürlichen Reichtum erhalten, wo immer er sich noch offenbart – mit allen uns zur Verfügung stehenden Möglichkeiten!

Die auf der Menschheit lastende Schuld, jenen nachparadiesischen Zustand zum Nachteil der Tierwelt empfindlich verletzt zu haben, fördert nunmehr eine neue Art der Zuwendung zum Tier und führt nicht selten auch zur überbordenden Suche nach dem verlorengeglaubten letzten Paradies auf Erden. Unser Schuldgefühl weckt aber auch das Nachdenken über das Schicksal unserer heimischen Tierwelt. Bevor wir aber die Natur walten lassen könnten, müßte sich erst der Mensch grundlegend ändern.

Wir sind leider weiter vom Paradies der Tiere entfernt, als wir es in der Schweiz wahrhaben möchten. Es gibt wohl noch die Kleinparadiese in unserer Natur, im verhältnismäßig ungestörten natürlichen Gleichgewicht existierende Teile größerer Lebensgemeinschaften, deren Erkennen oder gar Bewahren jedoch ökologische Grundkenntnisse erfordert. Versucht man gar, die tierliche Existenz mit den unausweichlichen Bedürfnissen der modernen Menschenwelt rücksichtsvoll zu vereinen, so stößt man bereits auf die größten Schwierigkeiten.

Die vielgepriesene Wildbesichtigung hat weder mit Tierliebe noch mit Naturschutz oder Verantwortungsgefühl etwas zu tun, sondern bleibt meist unbequemen Gedanken ausweichender Naturkonsum. Schüchterne Versuche, in Form von Nationalparks und Schutzgebieten Ersatzparadiese zu schaffen, mit denen man belehrend das Verhältnis Mensch–Tier vertiefen möchte, scheitern nicht zuletzt an der Vermassung.

Auch härteste Optimisten rechnen heute nicht damit, aus unserem Lande in absehbarer Zeit einen Garten Eden machen zu können. Die Front der redlichen Naturschutzkämpfer bleibt vorderhand außerhalb dieses Bereichs, denn die Gefechte werden noch immer auf der Stufe des Aufhaltens weiterer Zerstörungen ausgetragen. Aber sie wissen, daß es jetzt nur wieder der Mensch ist, der den Tieren eine friedliche Zukunft sichern kann. Ob unsere Nachkommen je wieder vom Paradies reden können, hängt wesentlich von unserer Generation ab.

Noch quakt und zirpt und pfeift eine riesige Zahl vielfältigster Lebewesen auf unsern Wiesen und Auen, die – verglichen mit Erosionswüsten und stummen Wäldern – beinahe paradiesischen Reichtum vorgaukelt. Aber die Warnzeichen sind nicht zu übersehen. Die Erkenntnis und die Freude über diese gegenwärtige Vielfalt sollen unseren Mut beflügeln, sich auf allen Ebenen für ihre Bewahrung einzusetzen. «Dann», so schreibt Joachim Illies, «bleibt doch die Hoffnung, daß wenigstens für uns Menschen eines fernen Tages gelten wird, was Gott seinem alten Propheten als Zukunft für Mensch *und* Tier verheißen hat: ‹Sie schaden nicht und richten kein Verderben an auf meinem heiligen Berg.›»

Große Wildtiere

Erinnerungen an die Systematik

Zwischen einem Tierliebhaber und einem Zoologen gibt es einen wichtigen Unterschied: der eine gliedert die Tiere nach ihrer Schönheit, ihrem imposanten Aussehen oder ihrem jagdlichen, wenn nicht gar kulinarischen Wert, der andere teilt sie nach streng biologischen Regeln in eine systematische Ordnung ein. In der Tat, eine Aufteilung in schädliche oder nützliche, große oder kleine, gefährliche oder harmlose, schmackhafte oder ungenießbare, anziehende oder abstoßende Arten wäre ein echt menschlicher, der vielfältigen Tierwelt gegenüber aber äußerst ungerechter Maßstab. Deshalb verwendet der Zoologe eine wertfreie Systematik, die von der stammesgeschichtlichen Verwandtschaft der Tiere ausgeht.

Der Tierfreund braucht keinesfalls ein Zoologe zu werden, aber er kommt um die Auffrischung einiger Grundkenntnisse aus der fernen Schulzeit nicht herum, sofern er sich ein echtes Bild von unserer einheimischen Fauna machen möchte. Vielleicht erinnert er sich wieder daran, was ein Säuger ist, ein Wirbeltier oder ein Insekt, und auch daran, wie reichhaltig unser Tierleben im Grunde genommen ist, wenn man alle tierischen Formen einbezieht und nicht einfach nur an Geschöpfe mit Pelzen, langen Hörnern oder vier Beinen denkt.

Vielfältiges Tierreich

Der Leser findet auf der rechten Seitenhälfte einen auf das Wesentlichste vereinfachten Überblick über die gegenwärtige freilebende Fauna der Schweiz mit der Zahl der vorkommenden Arten für den Stamm der Wirbeltiere (Gruppe der Lebewesen mit einer Wirbelsäule). Aus Platzgründen sind nur die Säuger in die bei uns lebenden sechs Ordnungen aufgeteilt (im ganzen gibt es auf der Erde 23 Ordnungen von Säugern mit rund 4150 Arten). In systematischer Hinsicht werden hier weder die Haustiere noch die fremdländischen Insassen unserer zoologischen Gärten berücksichtigt.

Am wenigsten vertraut ist für den Leser vielleicht der Begriff Insektenfresser. Obwohl Katzen nicht selten eine Spitzmaus heimbringen, der Bauer über die Maulwürfe schimpft und der Autofahrer plattgewalzte Igel auf der Fahrbahn bemerkt, wissen die meisten Leute nicht, wie man diese interessante Tiergruppe nennt.

Die Vertreter aller Tiergruppen sollen in der Folge mehr oder weniger eingehend beschrieben werden. Allein schon die Artenzahlen lassen erkennen, daß unser Land zu einem wichtigen Wohnraum für viele auffällige, aber auch sehr heimlich lebende Tiergestalten Europas gehört, die zu kennen und zu bewundern sich lohnt.

Das Tierreich

Vereinfachte systematische Gliederung der freilebenden Tiere der Schweiz.

I. Urtiere (Einzeller)

II. Gewebetiere (Vielzeller)

Wirbellose

Würmer

Weichtiere

Gliederfüßler

Wirbeltiere — Arten in der Schweiz:

1. Fische	 50
2. Amphibien	 18
3. Reptilien	 14
4. Vögel	 370
5. Säugetiere	62
a) Insektenfresser	 8
b) Fledermäuse	 18
c) Hasentiere	 3
d) Nager	 17
e) Fleischfresser	 11
f) Paarhufer	 5

Hirsche erobern die Schweiz

Seit rund 15 Jahren ist der Hirsch in unserem Lande ein beliebtes Politikum und ein Zankapfel, vor allem bei Journalisten und Fernsehleuten: Hirsche fressen den Nationalpark kahl! Rotwildmisere im Engadin: den Wäldern des Unterengadins droht Zusammenbruch! Füttern oder verhungern lassen? Katastrophales Hirschsterben! Zu viele Hirsche auch im Prättigau! – So lauteten die Schlagzeilen. Was war in der kurzen Zeit seit dem Verschwinden des Hirschwildes in der Mitte des letzten Jahrhunderts geschehen?

Während vieler Jahrhunderte galt der edle Hirsch als Charaktertier der einstigen Waldfauna und der sich bildenden Weidegesellschaft. Geschont wurde er in der Schweiz aber weder im Mittelalter noch zu späteren Zeiten, so daß er eigentlich nie zahlreich war. Wir dürfen vielmehr vermuten, daß der heutige Bestand von rund 21 000 Tieren wesentlich höher ist als derjenige vor 200 bis 300 Jahren.

Verschwunden – wieso?

Tschudi berichtete anno 1867: «Die Edelhirsche, in der Periode der Pfahlbauten weit zahlreicher als die Rehe und in ungeheurer Größe (höher als ein starkes Pferd) in unserem Lande vorhanden, verloren sich seit Beginn dieses Jahrhunderts.» Und Philipp Schmidt (1976) begründet das Aussterben des Rotwildes mit dem Auftreten des Rindes und den zahlreichen kriegerischen Ereignissen. Als Nahrungskonkurrenten der Hausrinder auf den dem Walde abgerungenen Weiden wurden die Hirsche gnadenlos beseitigt; dazu kam die Freude aller Stände am Jagen, denn die Hirschjagd war nicht nur Privilegierten vorbehalten. Schon damals – wie auch heute noch – war der Hirsch jene Wildart, die an Weide und Frucht den größten Schaden anrichtete.

Um 1800 beschlossen die Jagdbehörden des Kantons Bern, den Hirsch zu schonen, doch vergebens. Durch Hungersnot in der Bevölkerung, fremde Truppen, Hetzjagden auf die letzten Vorkommen und allgemeine Wirren war jedes Fortbestehen der damaligen Hirschpopulation bereits verunmöglicht worden. Es klingt beinahe unglaublich, daß eine so starke und zähe Tierart selbst in den verstecktesten Winkeln unseres Landes ausgerottet werden konnte. Alle Schutzmaßnahmen kamen zu spät – Hirsche waren keine mehr da.

Wieder da – woher?

Im Jahresbericht 1915 der Eidgenössischen Nationalparkkommission werden die ersten Hirsche erwähnt – damals mit ungetrübtem Stolz und Frohlocken. Diese Tiere stammten offensichtlich aus Österreich, so daß allgemein angenommen wurde, sie seien vom nahen Tirol her zugewandert. Aufgrund genauer Prüfungen der ersten Berichte wurde aber schon vor 20 Jahren von Oberst Luchsinger klargestellt, daß dem nicht so war. Philipp Schmidt vertritt heute dieselbe Ansicht.

Es ist bekannt, daß die Prättigauer Bauern schon Anfang des Jahrhunderts über Weideschäden der Vorarlberger Hirsche jammerten. Später blieb es aber nicht bei den periodischen Wanderungen vom Montafon ins Rätikon, sondern das Hirschwild begann das Prättigau wie auch das Schanfigg zu besiedeln, wanderte talabwärts und faßte in der Herrschaft und später im Vorderrheintal Fuß. Fast gleichzeitig setzte der Zug über Wiesen-Schmitten auch gegen den Albula ein – und von hier aus war der Sprung ins Engadin nicht mehr weit, wo sich das Rotwild vorerst einmal talabwärts bewegte. Heute zählt man im Unterengadin bereits zwischen 4000 und 5000 Hirsche!

Vom Montafon hatten die Hirsche auch bis ins Sanktgaller Land keinen weiten Weg, und bald wurden die Innerschweizer Kantone wieder zurückerobert. Der Hirsch ist heute auf dem Weg, die Schweiz von Osten her allmählich zu erwandern und zu besiedeln. Mit einzelnen Aussetzungen – wie 1926 im Unterwallis – wurde dabei etwas nachgeholfen. Im Jahre 1976 wurden aus 15 Kantonen Abschüsse von Rotwild bekannt.

So wandert der Hirsch

Im Nationalpark konnten wir die Wandergewohnheiten unserer Edelhirsche gut verfolgen. Man unterscheidet zwischen Tageswanderungen im Äsungsraum, jahreszeitlichen Wanderungen im Frühjahr und Herbst sowie Auswanderungen in neue Besiedlungsräume.

Dank der Beobachtungen an individuell markierten Hirschen konnten Auswanderer und Rückkehrer erstmals voneinander unterschieden werden. Auswanderer legen innert kurzer Zeit 100 und mehr Kilometer zurück und kehren nicht mehr wieder, während die Sommergäste des Nationalparks im Frühjahr von ihren Wintereinständen aufbrechen und Distanzen zwischen 30 und 50 Kilometern bewältigen. Es gibt beim Hirsch offenbar ein gewisses Pionierzeit- oder «Pfadfinder»-Alter; ist dies überschritten, werden die Tiere in der jeweiligen Region seßhaft. Alle von uns beobachteten Auswanderer wiesen nämlich ein Alter von zweieinhalb Jahren auf. Zudem handelte es sich in den meisten Fällen um Tiere, die auf irgendeine Weise den Kontakt mit der Mutter verloren hatten, welche ihre Nachkommen gewöhnlich drei Jahre bei sich duldet. Auf ihren Wanderzügen treffen solche Tiere dann zusammen und bilden an ihnen zusagenden Orten neue Kolonien.

Es wimmelt von Rehen

Felix Salten setzte dem Reh ein literarisches Denkmal, wie es kaum einem Tier zuteil wurde: Bambi ist in der ganzen Welt bestens bekannt. Aber wer hätte geglaubt, daß man die hübschen Tierchen dereinst Sündenböcke schimpfen würde und daß sich Equipen von Wildforschern mit einer doch so bekannten «einheimischen» Wildgattung zu befassen hätten? Anno 1914 meinte Emil Göldi, daß ein Rehbestand von gegen 20000 Tieren für die Schweiz wohl zu hoch gegriffen sei. Heute mag ihre Zahl das Sechsfache davon betragen.

Leise und beharrlich

Um die Mitte des letzten Jahrhunderts war auch das Reh fast völlig aus unserem Lande verschwunden. Auf kleinen, schwarzen Hufen eroberte es sich aber Kanton um Kanton wieder zurück, leise, heimlich, aber beharrlich – und dazu überraschend schnell. Baumann (1949) nahm an, die völlig andere Nutzung der Wälder sei von grundsätzlicher Bedeutung für die Wiederkehr des Rehs geworden. Als weitere begünstigende Umstände für sein rasches Vordringen seien ferner erwähnt: jahrzehntelange Schonung in manchen Kantonen, das Fehlen großer Raubfeinde und das Ausbleiben von kräftigen Nahrungskonkurrenten (z. B. Hirsch).

Als sich rasch fortpflanzende Tierart ist das Reh der anhaltenden und starken Dezimierung durch Raubtiere gut angepaßt; denn Zwillingsgeburten sind der Normalfall, Drillinge gar nicht eben selten. Bleiben die obengenannten starken Eingriffe in einer sich aufbauenden Population lange aus, so kann diese – sofern es an Nahrung und Raum nicht mangelt – unerhört ins Kraut schießen. Und genau das haben inzwischen die Rehe in der Schweiz getan.

Bambis Sünden

Gar zu bald machte sich das Reh unliebsam bemerkbar, da es bei uns für seinen Geschmack beinahe paradiesische Zustände antraf. Die Waldbesitzer und Förster klagen es nun an, die Wälder zu zerstören. Die Landwirte jammern über Schäden an den Kulturen. Jäger wiederum bedauern, daß dem Wild dauernd Lebensraum weggenommen wird. Alle haben sich zu guter Letzt auch noch gegen falsch verstandene Tierliebe, gegen den wachsenden Bambi-Komplex, zu wehren.

Bekanntlich ist das Reh ein Nascher: da ein Knöspchen, dort ein Kräutlein, hier ein Blättchen oder ein frisches Trieblein. Naschen mehr als zehn Tiere derart auf 100 Hektar Waldfläche, so läppert sich das schließlich zum Wildschaden zusammen. Ferner zerstören die Böcke manches Bäumchen beim Fegen ihres Gehörns. Es gibt heute in manchem Kanton Bezirke mit 30 oder gar 40 Rehen pro 100 Hektar Wald – eine Wilddichte, die schlicht und einfach untragbar ist. Nicht zuletzt im Interesse der Tiere selbst!

Das Volk will Rehe

Sonntagsfahrer sind es gewohnt, Rehe zu sehen; vom Zug oder Auto aus ist der Anblick dieser Tiere längst keine Seltenheit mehr. Und man möchte, daß dies so bleibt, vor allem in städtischen Kreisen. Viele Naturfreunde reagieren deshalb im Wald – ähnlich wie im Stadtpark – äußerst sensibel auf das Fällen eines Baumes oder gar den Schuß auf ein Reh. In Stadtnähe darf sich ein Jäger kaum mehr öffentlich zeigen, ohne angepöbelt zu werden.

Wir sollten aber trotz aller Tierliebe eines nicht vergessen: der für das Rehwild geeignete Lebensraum ist in den letzten Jahrzehnten ganz enorm eingeengt, zerschnitten und entwertet worden. Dennoch hat die Zahl der Rehe stark zugenommen. Tierliebhaber aller Art kommen somit auf ihre Rechnung, müssen jedoch die Tatsache anerkennen, daß solche Rehvorkommen nicht zum Beispiel der Dezimierung durch den Straßenverkehr überlassen werden dürfen, sondern fachgerecht zu bejagen sind.

Gut beobachten

In kupierten Waldpartien ist es oft gar nicht so einfach, an die Rehe heranzukommen; oder man geht verhältnismäßig nahe an ihnen vorbei, ohne die schlauen Tiere zu bemerken. Als Ruheplätze suchen sie sich nämlich mit Vorliebe kleine Anhöhen aus, von wo weite Waldteile und so auch Spazierwege nach allen Richtungen überblickt werden können.

Wenn man Rehe einmal in aller Ruhe beobachten will, sollte man vor allem am frühen Morgen ruhig an einer versteckten Waldwiese sitzen. Man hat damit aber sicher nicht auf Anhieb den größten Erfolg, sondern dieser stellt sich erst mit der Erfahrung ein. Sehr hübsche Beobachtungsobjekte bieten auch die sogenannten Feldrehe; diese halten sich in Maisfeldern, Fruchtäckern, Obstkulturen und ausgedehnten Wiesen auf, ohne die schützende Deckung des Waldes zu beanspruchen. Und hat man einmal das Glück, eine Rehgeiß mit Zwillingen längere Zeit beobachten zu können, wird man dieses Erlebnis nicht so schnell vergessen.

Die eigenartige Brunft des Steinbocks

Wer sich im Sommer darüber wundert, warum Steinbockrudel und -geißen meist getrennte Wege gehen, müßte eigentlich eine kleine rechnerische Überlegung anstellen: Ziegen und Schafe haben eine Tragzeit von rund fünfeinhalb Monaten. Tierarten des Hochgebirges sind, wie kaum andere, darauf angewiesen, daß ihre Jungen in der günstigsten Jahreszeit zur Welt kommen, damit sie eine möglichst lange Zeitspanne guter Lebensbedingungen vor sich haben, bevor die entbehrungsreiche Winterzeit beginnt. Der beste Zeitpunkt hiefür ist die erste Junihälfte. Rechnet man nun rückwärts, kann man feststellen, daß die Brunft des mit den Ziegen nahe verwandten Steinbocks auf Ende Dezember/Anfang Januar fallen muß – eine Jahreszeit, wo wir vom Steinwildleben gewöhnlich nicht viel sehen.

Da der Schnee unser Steinwild auf oft nur knapp vorhandene schneearme Flächen zwingt, vermischen sich Geißen- und Bockrudel gegen Jahresende ohnehin für einige Wochen. Kräftig und wohlgenährt kehren die prächtigen Tiere jetzt von ihren Sommeralpen zurück, um in den Felswänden mit harten Vorderlaufschlägen zugeschneite Grasbänder und Pflanzenbüschel freizulegen: ihre einzigen Nahrungsreserven während der strengen Wintermonate.

Es gibt zum Beispiel am oberen Dorfende von Pontresina einige ausgezeichnete Beobachtungspunkte. Wir wollen uns dort etwas einrichten.

Hart im Geben — und im Nehmen

Im November herrscht Ruhe im Revier. Die großen Böcke liegen in ihren Schneelöchern und sind mit Wiederkauen beschäftigt. Ich zähle 16 Böcke; weiter drüben halten sich Geißen und jüngere Tiere auf. Ein dumpfes Schlagen läßt mich das Fernrohr verschieben: zwei mächtige Herren haben vom Dösen genug und lassen ihre gewaltigen Hörner aufeinanderkrachen. Schon im Sommer waren nach kleinen Ruheperioden gelegentlich solche spielerischen Zweikämpfe ausgebrochen, aber die Gesellen kennen einander gut und wissen um die Kräfteverhältnisse im Rudel ausgezeichnet Bescheid. Man wird sich also auch in der nahen Brunftzeit respektieren.

Ein Wildhüter aus dem italienischen Gran Paradiso erzählte mir einmal von einer ungewöhnlichen, ja seltenen Auseinandersetzung. Zwei riesige Böcke waren unweit seiner Hütte ernsthaft in Konflikt geraten und droschen eine ganze Nacht lang – er konnte deswegen kaum schlafen – fürchterlich aufeinander ein. Anderntags war keiner der Böcke ernstlich verletzt, doch der Schnee zertrampelt und voller Blut, das nach den Schlägen unter den Hörnern hervorgequollen war.

Die altehrwürdigen Kämpen zeigen unter sich weniger sozialen Ehrgeiz, als man, nach ihren fast einmeterlangen Hörnern zu schließen, annehmen möchte. Sie wissen jedoch unter den Jünglingen höchst respektgebietend aufzutreten. Eine leichte Veränderung der Haltung, ein paar Winke mit dem breiten Gehörn, und schon stiebt alles Aufsässige auseinander. Zur Brunftzeit verlieren die Kerle jedoch von ihrer Würde.

Jetzt befiehlt die Geiß

Drei Wochen später beobachten wir ein völlig verändertes Bild. Auf einem kleinen Buckel steht einer der imposanten Böcke in der typischen Brunfthaltung wie eine Bildsäule und macht das «Brunftgesicht»: weit vorgestreckter Kopf, das Gehörn gegen hinten umgelegt, den Wedel steil nach oben geklappt; mit raschen Bewegungen tritt die Zunge aus dem Maul; hie und da führt der Bock mit einem Vorderlauf scharrende Bewegungen in Richtung einer gelassen äsenden Geiß aus.

Plötzlich macht der verliebte Bock drei rasche Schritte auf die Geiß zu – fährt aber erschrocken zurück, als diese eine blitzschnelle Kehrtwendung vollführt und die spitzen Hörnchen senkt. Wieder blädert er mit der Zunge, nimmt kurze Anläufe, aber jedesmal weist ihn die unwillige Geiß gehörig in die Schranken. Schließlich stößt sie dem Wehrlosen ihr dünnes Gehörn in die Flanke, so daß er sich rasch zurückzieht. Andern Böcken in der Nähe geht es nicht besser. Die Geißen verhalten sich geradezu herzlos.

Die Pantoffelhelden

Stundenlang verharren die Böcke in dieser Haltung, ängstlich bedacht, der Geiß nahe, aber nicht zu nahe zu kommen. Nichts mehr von stolzer Kraft und von Draufgängertum, denn ein mißmutiges Kopfwerfen der Geiß verjagt den zaghaften Liebhaber augenblicklich. Die Aggression des Stärkeren ist beim Steinwild bis aufs Äußerste gehemmt, weshalb wir aber nicht vergessen dürfen, daß wir hier einem hochentwickelten Brunftzeremoniell beiwohnen. Nur das Familienleben kommt zu kurz, denn jeder Bock liebt jede Geiß.

Endlich werden die Ausfälle der Geiß zaghafter. Dafür verdoppelt jetzt der Bock seine ruckartigen Anläufe von hinten, bis schließlich die Geiß still steht und sich ruhig decken läßt. Der erfahrene Bock hat es längst gewußt: auf die Dauer führt hier die Geduld zum Ziel! Wüßte man nicht um das feine Zusammenwirken dieser Verhaltensweisen, müßte man den Steinbock wahrlich einen Pantoffelhelden heißen.

Ein Teil unserer Tierwelt in Zahlen

Seit den dreißiger Jahren wird über die Erlegungszahlen und die Wildbestände der Schweiz Buch geführt. Das Eidg. Jagdinspektorat ist dabei auf die Angaben der Kantone angewiesen. Alle Kenner wissen, daß die Meldungen über Tierbestände auf ziemlich groben Schätzungen beruhen, da es unmöglich ist, Wildtiere eines größeren Gebiets oder gar Kantons auch nur annähernd genau zu zählen. Es wäre zwar wünschbar, die Bestände verläßlich zu kennen; wesentlich ist aber, zu wissen, ob die Stückzahlen zunehmen, gleichbleiben oder abnehmen. Bei den meisten Tierarten dürfte es möglich sein, anhand der Bestandesmeldungen solche Tendenzen zu erkennen.

Bessere Anhaltspunkte dafür liefern die jährlichen Jagdstrecken: nehmen sie bei gleichen Abschußbedingungen zu, muß auch der entsprechende Tierbestand angestiegen sein. Die Bestandesangaben der Tabelle stammen aus der schweizerischen Jagdstatistik und umfassen die Paarhufer. Für Füchse, Dachse, Marder, Murmeltiere und Hasen sowie jagdbare Vögel liegen nur die Abschußzahlen vor.

Wir erkennen sofort: beim Großwild haben die Bestände aller Arten in den letzten 40 Jahren bedeutend zugenommen, manche gar um ein Vielfaches. Beim Hasen bleibt die Bestandesentwicklung indessen anhaltend ungünstig, denn die Abschüsse sind von 70 000 (1946) auf 20 000 (1976) zurückgegangen.

Die starke Vermehrung der Paarhufer ist um so erstaunlicher, als seit 1936 die gesamte Biotopfläche in steigendem Masse eingeengt worden ist. Indessen besteht kein Grund, über diesen Zuwachs zu frohlocken, denn gleichzeitig wachsen auch die Wildschadenprobleme. Die Annahme, es müßten bei uns paradiesische Zustände herrschen, ist daher übertrieben; unsere Wildbestände sind vielmehr zu Warnzeichen für gestörte natürliche Verhältnisse geworden. Die Überwachung der Wildbestände und der Umweltbedingungen bleibt daher eine wichtige Aufgabe der Öffentlichkeit.

A Abschuß B Bestand	1936		1956		1976		Tendenz in den letzten 40 Jahren
	A	B	A	B	A	B	
	282	1 500	717	3 600	5 587	21 000	
	18 785	75 000	21 628	85 000	42 257	112 000	
	3 654	20 000	5 400	26 000	15 601	70 000	
	–	700	–	1 500	–	9 000	
	31	200	70	400	360	1 800	

Gemsen sind überall

Als es vor etwa 150 Jahren in der Schweiz noch hauptberufliche Gemsjäger gab, bangten redliche Wildkenner um das Fortbestehen dieses Gebirgstieres. Einer der Jäger soll damals gewettet haben – so berichtet uns Philipp Schmidt –, er könne innerhalb eines Jahres 100 Gemsen erlegen. Der Jäger brachte es aber «nur» auf 99.

Viele Kantone erließen bereits im letzten Jahrhundert Bannbestimmungen zum Schutze des Hochwildes und schufen ausgedehnte alpine Wildasyle. Friedrich von Tschudi war anno 1865 sehr optimistisch: «Die oft ausgesprochene Befürchtung, es möchten die Gemsen in einigen Jahrzehnten wie die Steinböcke ausgerottet sein, ist durchaus unbegründet. Wir möchten vielmehr sagen, so lange die Alpen leben, werden sie auch Gemsen beherbergen!»

Die Schweiz: ein Gemsenland

Die Gesamtfläche der eidgenössischen und kantonalen Banngebiete umfaßt mit rund 4000 Quadratkilometer beinahe den zehnten Teil der Schweiz. Dank geeigneter Jagdeinschränkungen ist die Zahl der Gemsen wieder angestiegen, und ihre Verbreitung ist nicht mehr auf die Alpen- und Voralpenregion beschränkt, sondern erstreckt sich auch auf das Mittelland und den Jura.

Knochenreste bezeugen, daß die Gemse auch im Jura als Beute der steinzeitlichen Jäger galt. Zwischen 1950 und 1962 wurden durch die Jagdbehörden in fünf Jurakantonen über 80 Gemsen ausgesetzt, die im Berner Oberland eingefangen worden waren. Ihr Verbreitungsgebiet reicht nun von der Einmündung der Aare in den Rhein bis gegen Genf, denn sie haben sich so wacker fortgepflanzt, daß im Jura 1978 um die 3000 Stück lebten.

Im Mittelland kennt man auch mehrere Kolonien von sogenannten Waldgemsen. Ferner leben z.B. an heimlichen Orten der Sandsteinschluchten von Saane, Schwarzwasser und Sense stattliche Rudel. Nach der Jagdstatistik 1977 wurden nur in den Kantonen Zug, Basel-Stadt, Genf und Schaffhausen keine Gemsen erlegt.

Im Kindergarten für Gemsen

Letzthin war ich begeisterter Zeuge des bunten Treibens in einem solchen Kindergarten: nicht weniger als 14 muntere Kitze von etwa zwei Monaten hatten sich zu einem übermütigen Haufen zusammengerottet, um sich am gemeinsamen Spiel zu ergötzen. Die äsenden Mütter beobachteten ihr Tun aus der weiteren Umgebung.

Mittelpunkt des turbulenten Geschehens war ein kleiner Felskopf. Drei, vier Jungtiere erstürmten gleichzeitig den dicken Stein, stießen mitten ins Gewimmel hinein, warfen ein paar andere hinunter, die mit überaus drolligen Sprüngen weghüpften und ihrerseits wieder zum vollen Angriff übergingen. Kurzum, die quirligen Kerlchen gaben keinen Moment Ruhe. Aber es sollte noch besser kommen, denn in einer schattigen Runse war ein Rest Lawinenschnee übriggeblieben. Plötzlich stürmte die ganze Bande auf den Schneefleck und begann ein Gehüpfe und Getue, daß man mit dem Schauen kaum nachkam: Verrenkungen, Kapriolen, Luftsprünge mit Rückenlandung, Drohgesten gegen niemanden, übermütiges Auskeilen und Schlittelpartien bis zuunterst.

Zwei Geißen – wohl die Kindergärtnerinnen – hielten sich stets in der Nähe auf. Eine davon vollführte urplötzlich einen wilden Tanz mit mehreren Sprüngen an Ort, wie angesteckt vom übermütigen Trubel. Nach einer halben Stunde brachen einige Geißen auf, und das junge Volk hüpfte hinterdrein.

Gamsbrunft

Den ganzen Sommer über waren die alten Böcke alleingeblieben. Im Spätherbst nun ist ihr Fell dunkel, und entlang des Rückens sprießt eine langhaarige Mähne, die der Jäger Gamsbart nennt. Stundenlang stehen die Böcke jetzt auf einer Felskante und spähen nach den Geißenrudeln aus, die im November zu den alten Brunftplätzen zu ziehen pflegen.

Wehe, wenn ein anderer Bock in das Revier eindringt: dann stürmt der Platzherr wie ein schwarzer Blitz von seiner Warte herab, sträubt imponierend seinen mächtigen Rückenbart und verfolgt den Rivalen in rasender Jagd über Hunderte von Metern über den verschneiten Hang. Keuchend hetzt der Platzbock zum Rudel zurück, wo bereits ein jüngerer Bock sein Unwesen treibt. Mit aufgerichteten Mähnen umkreisen sich die zwei und streichen ihre Kopfdrüsen wechselweise an einer Legföhre ab – ein Vorgang ähnlich der Harnmarkierung beim Hund. Sie tun so, als sähen sie den Gegner nicht, aber auf einmal greift der Ansässige an und verjagt den Jüngling mühelos.

Nun hat der Schwarze Zeit, seine Geißen zu prüfen. Ruckartig stelzt er auf die ruhig Äsenden zu, Kopf und Hals steil in die Höhe gereckt, so daß die weiße Kehle aufleuchtet. Die erste Geiß springt weg, ebenso die andern, nachdem sie sich kurz zum Harnen niedergekauert haben. Erst die fünfte Geiß läßt den Bock ruhig herankommen, macht eine spröde kurze Flucht und erwartet ihn dann: gelassen, ohne sichtbare Erregung läßt sie sich von ihm beschlagen.

In rund fünf Monaten wird man Näheres darüber erfahren!

Das wilde Schwein

«Achtung, sie kommen, ich höre sie!» flüsterte mein Freund. Wir lagen im Mondschein am Rande eines Sumpfes und hörten tatsächlich ein deutliches Schmatzen und Planschen. Jeden Augenblick mußten die Wildschweine auf die offene Fläche treten. Mir war, als striche ein kühler Luftzug um meine Ohren – da ertönte aus dem Sumpf ein rauhes «O-ochch», dann ein sich entfernendes Platschen; daraufhin Stille. Die Viecher hatten uns leider sofort gewittert und waren abgezogen. Als ich dann später – in Frankreich – trotzdem Sauen beobachten konnte, ging ein alter Wunsch in Erfüllung, und meine Meinung stand fest: es gibt kein herrlicheres und aufregenderes Wild als das wilde Schwein.

Waffen, Schild und Schwarte

Nach dem siebten Lebensjahr heißt der Keiler «Hauptschwein». Seine dreikantigen, spitzen Waffen – die unteren Eckzähne – können dann eine totale Länge von 2,5 Zentimetern aufweisen, wahrlich eine Respekt gebietende Bewaffnung. Bei Rivalenkämpfen sind diese Tiere jedoch vor gefährlichen Hauerverletzungen geschützt, denn die Schwarte des Hauptschweins ist auf den Brustseiten stark verdickt zum sogenannten Schild. Diese bis zu sechs Zentimeter dicke Wucherung der Bindegewebsfasern wird zur Brunftzeit noch verstärkt, indem sich die Keiler nach dem Suhlen an harzreichen Bäumen reiben, so daß sich Harz und an den Borsten haftende Erde zu einer zusätzlichen Kruste verbinden. Derart gerüstet, ziehen die Keiler in den Kampf um die heißen Bachen.

Nach der Rauschzeit im November sondern sich die trächtigen Sauen ab und graben im Dickicht einen tiefen Kessel. Während der ersten zwei Wochen bleiben die Frischlinge im Kessel verborgen, dann werden sie von der Alten geführt. In mageren Jahren mag die Jungenzahl oft nur drei Stück betragen, doch in günstigen Mastjahren sind 11 bis 13 gestreifte Frischlinge pro Wurf möglich; außerdem kann ein zweiter Wurf erfolgen. Dann wundern sich die Bauern, woher die vielen gefräßigen Wildschweine kommen.

Allesfresser

Der ursprüngliche Lebensraum der Wildschweine waren die dichten Buchen- und Eichenwälder, wo sie ihre «Mast» fanden, wie Eicheln und Bucheckern genannt werden. Dichte Nadelwälder boten ihnen zusätzlichen Schutz. Neben diesen nahrhaften Waldfrüchten, die freilich nicht jedes Jahr geerntet werden können, nimmt das Wildschwein als typischer Allesfresser weitere pflanzliche und gerne auch tierische Kost zu sich. So frißt es Nestmäuse, Junghasen, Fallwild, Reptilien, Insekten und deren Larven, darunter vor allem die fetten Engerlinge.

Seit einiger Zeit, mit dem Abbau der schönen Buchen- und Eichenwälder, suchen diese Tiere in vermehrtem Maße Kulturland auf, wo sie in den Wiesen, in Mais- und Kartoffelfeldern bedeutende Schäden anrichten. Damit machen sich die flinken Kerle natürlich unbeliebt, so daß manche Jagdverwaltung geschworen hat, ihnen auf die Schwarte zu rücken. 1976 mußte der Staat Genf 67 000 Franken Schadenersatz an die Landwirte ausrichten, da viele Maisfelder verwüstet waren. Ausgerechnet in Genf, wo es keine Jagd mehr gibt.

Achtmal Wildschwein

Was mit Wildschweinen ferner passieren kann, stand neulich in der Zeitung: auf der N 4 geriet ein Autolenker unversehens in eine starke Rotte von Wildschweinen, die sich mitten auf der Fahrbahn tummelten. Trotz Notbremsung prallte er mitten in die Tiere hinein. Resultat: acht tote Wildschweine und Totalschaden am Wagen; der Lenker blieb unverletzt.

Doch das Schwarzwild gehört halt in den Wald und nicht auf die Autobahn. Der Förster wird es dort weniger scheel ansehen, da man den Sauen einen günstigen Einfluß auf den Waldboden nicht absprechen kann. Das Erdreich wird von ihnen aufgelockert und von mancher Puppe nadelfressender Schmetterlinge befreit.

Wo in der Schweiz?

Mehr als die Hälfte unserer Kantone gibt Abschußzahlen von Wildschweinen bekannt. Es sind die Grenzkantone des Mittellandes, denn in höhere Regionen dringt das Tier nicht vor. Einzig in der Waadt darf das Schwein als Standwild bezeichnet werden; dort wurden auch in den letzten 15 Jahren gegen 900 Stück erlegt, davon allein 217 im Jahre 1975. In den Kantonen Waadt, Wallis, Neuenburg, Genf und Thurgau mußten besondere Abschußmaßnahmen getroffen werden.

Für viele bedeutet der Schwarzkittel noch die Erscheinung eines urigen Wildes, das viel zum natürlichen Charakter unserer heutigen Wildfauna beiträgt und bei dessen unverhofftem Anblick man sich unwillkürlich in viel frühere Zeiten zurückversetzt fühlt. Das Wildschwein ist ja auch noch die einzige heimische Großtierart, die uns Menschen allenfalls gefährlich werden könnte; alle übrigen «Bösewichte» wurden bekanntlich seit langem fein säuberlich aus unseren Wäldern verbannt. Zum Glück wandern aber die Sauen immer wieder über die Landesgrenzen zu.

Ein Paradies für die Wildbeobachtung

Es ist nicht einmal besonders früh, halb neun Uhr nämlich. Wir trösten uns mit dem Gedanken, daß man im wildreichen Val Trupchun des Nationalparks noch stets auf seine Rechnung gekommen ist. Mein Freund reibt sich erwartungsvoll die Hände, denn ein prachtvoller Herbsttag kündet sich an, nachdem es gestern ununterbrochen gegossen hat. Letzte Nebelfetzen streichen um den Spih d'Esan, die Luft ist klar und würzig, wie frisch gereinigt durch das viele Regenwasser.

Wir wählen natürlich den Höhenweg. Kurz nach der Parkgrenze von Tegiatscha stellen wir das Fernrohr auf und lassen die Feldstecher über die jetzt bräunlichen Hänge wandern. Gewohnheitsmäßig merke ich mir die Standorte des ruhig äsenden Wildes, dann richte ich das 30fache kurz darauf ein: eine Gemse, drei Gemsen, noch eine – das sind jetzt drei Steingeißen mit ihren hellgelben Kitzen, abermals ein Gemsbock und zuhinterst bereits der erste Hirsch. Gut, die Beobachtung kann beginnen. Während mein Freund und seine Frau die Steintiere bewundern, streift mein Blick wie immer den scharfen Kreten entlang, denn im Hohlicht ist jedes kleinste Detail sofort erkennbar, etwa das Ende einer Geweihstange oder eine Gamskrucke – manchmal aber auch ein dürrer Legföhrenast. Bei einer auffälligen Erhebung stutze ich: Stein oder Tier? Ich vermute... ich vermute – und richtig, im Fernrohr erscheint tatsächlich ein sitzender Steinadler. Welch glücklicher Beginn! Wie aus Fels gemeißelt, hockt er auf der höchsten Spitze; würde er nicht ab und zu den scharfen Kopf drehen, hielte man ihn für ein Denkmal. Mein Freund ruft: «Da kommt noch einer!» Tatsächlich, mit weit ausladenden Flügeln kreist ein weiterer Adler um den Berg. An seiner weißen Schwanzwurzel und den hellen Flügelfenstern erkennen wir sofort den diesjährigen Jungvogel. Langsam nähert er sich dem Sitzenden, dann sticht er mit einem eleganten Schwenker herunter und läßt sich dicht neben dem Alten nieder. Die Nebelschleier verwischen hie und da den herrlichen Anblick, so daß wir schnell noch ein Auge auf den nahen Adlerhorst werfen können. «Ist er bewohnt?» flüstert die Frau. Wieder einmal muß ich erklären, daß ein Horst nie «bewohnt» ist; er wird nur zur Brutzeit besetzt. Wie alle Vogelnester dient auch der Adlerhorst nicht als Dauerwohnstätte, sondern allein zur Aufzucht von Jungen.

Unterdessen sind die zwei Adler weggeflogen. Wir ziehen dem Höhenweg entlang. Mein Freund ist ein guter Beobachter; eben hat er auf der andern Talseite einen schnürenden Fuchs entdeckt. Es bleibt uns genügend Zeit, auch auf ihn das Fernrohr einzustellen und sein emsiges Schnüffeln und Spüren genau zu beobachten. Wie üblich, nehmen ein paar nicht weit von ihm äsende Hirschkühe keine große Notiz von dem kleinen Schelm, sondern behalten ihn ruhig, aber aufmerksam im Auge.

Doch nun müssen wir weiter, dem wildreichen Talgrund entgegen. Schon am Val Müschauns werden wir indes abermals aufgehalten, da der weite, grünbraune Hang von Rotwild übersät ist. Nun haben wir gute Gelegenheit, das interessante Verteilungsmuster der Hirsche während der Brunftzeit zu studieren. Vor wenigen Wochen standen die starken Hirsche noch in größeren Verbänden einträchtig und ruhig beisammen, doch jetzt ist Schluß mit dem friedlichen Getue. Jeder Stier hat einen kleinen Harem von zwei bis vier Tieren um sich versammelt, den er mit großem stimmlichem Aufwand, wenn nötig auch mit körperlichem Einsatz zu verteidigen sucht. Wir zählen fünf derartige Grüpplein, die in Abständen von etwa 200 bis 300 Metern über den Hang verteilt stehen. Eine Hirschkuh hat sich niedergelassen, und der große Stier küßt sie zärtlich auf den hoch aufgereckten Kopf. Da es inzwischen etwas wärmer geworden ist, sind die Tiere ruhiger. Sie werfen nur einmal noch auf, als ein Rudel Gemsen quer über den ganzen Hang jagt.

Endlich erreichen wir den arenaförmigen Talkessel. Sämtliche Spitzen und Zacken der eindrücklichen Bergkette sind seit einigen Tagen bereits mit Schnee bedeckt. Nicht weit von uns hockt mißmutig und fett, vielleicht schon etwas schläfrig, ein Murmeltier vor seinem Loch. Aufgeregtes Rufen der andern Parkbesucher kündet die Ankunft eines mächtigen Sechzehnenders am Gegenhang. Majestätisch präsentiert er seinen massigen Körper und das vielendige Geweih, hebt das Haupt und läßt seinen gewaltigen Brunftruf über sein Tal erschallen. Sofort antwortet ihm der tiefe Baß eines starken Nebenbuhlers; zaghaft äugen die Beihirsche herüber.

Allmählich verstummt auch hier das Röhren, nur gelegentlich meldet ein Hirsch seinen Standort. Mit dem Fernglas suche ich jetzt das Gelände unter dem Piz Fier ab. Ja, hier sind die Steinböcke, ein volles Dutzend älterer Herren, würdevoll kauend; ihre runzligen Hörner bewegen sich leise im Takt der unermüdlich mahlenden Kiefer. Eine Schar Alpendohlen kreist mehrmals über dem prächtigen Rudel und läßt sich dann bei den letzten goldenen Lärchen nieder. Auch wir richten uns einen gemütlichen Platz her, um noch einige Zeit dieses ungestörte Tierparadies so recht bewundern zu können.

Oben: Die Brunftzeit naht; nun sondern sich die starken Hirsche von ihresgleichen ab und werden zu Einzelgängern. Vor einem kühlen Bad schöpft der Hirsch gerne einen kurzen Trunk.

Rechts: Suhlen und Planschen im Schlamm gehören ebenfalls zu den Lieblingsbeschäftigungen eines Brunfthirsches. Dreckstarrend und imponierend kehrt er alsdann zu seinem Rudel zurück. In der Nähe jedes Brunftplatzes befindet sich gewöhnlich eine Suhle.

Vorhergehende Seite: Mit dem Schlagen von Bäumen unserer Wälder machen sich die Hirsche bei den Förstern oft sehr unbeliebt, da jüngere Bäume Schäden erleiden oder nach der Mißhandlung sogar eingehen können.

Oben: Noch gilt es nicht besonders ernst. Im herbstlichen Morgennebel erproben die Kämpen ihre Kräfte – und auch ihre künftigen Rivalen! Hirschkämpfe sind ähnlich Turnieren: Verletzungen sind selten.

Links: Neugeborene Hirschkälbchen sind hervorragend getarnt: Schutzfärbung, Bewegungslosigkeit («Sichdrücken») und vermutlich Geruchlosigkeit schützen sie in den ersten Lebensstunden vor Feinden. Nach kurzer Zeit können sie auf ihren langen Beinchen der Mutter folgen.

Nächste Doppelseite: Friedliches Rudelleben. Die Kälbchen sind bereits mehrere Wochen alt, tragen aber noch das getupfte Jugendkleid, das beim «Sichdrükken» ihre Umrisse weitgehend auflöst. Meist saugen Hirschkälber bis in den Winter hinein am Alttier.

Oben: Im April fegt der Rehbock sein Bastgehörn an niederen Büschen. Dieser junge Bock hat erst halbe Arbeit verrichtet: noch hängt die blutige Schutzhaut teilweise um die weißlichen Stangen. Bald werden sich diese aber braun verfärben. (Der Hirsch fegt sein Geweih erst im August.)

Unten: Während eines schneereichen Winters haben es die Rehe nicht leicht! Jeder Schritt kostet wertvolle Kräfte.

Unten: Rehe sind Meister darin, sich zu verbergen. Von sicheren Warten aus – oft an den unglaublichsten Stellen – verfolgen sie aufmerksam ihre Umgebung. Sie brauchen ruhige Orte fürs Wiederkäuen.

Rechts: Der Frühling ist wieder da! Haselkätzchen und Krokus wachsen in Fülle. An der sogenannten Schürze, einem sieben Zentimeter langen Haarbüschel, erkennt man die Rehgeiß; Rehe haben nämlich keinen Wedel!

Links: Echte Rehliebe! Im August findet die Paarung statt, die Entwicklung dauert etwa fünf Monate, aber die Kitze werden erst Ende Mai geboren. Wie kommt das? Zwei Wochen nach der Befruchtung steht das Wachstum viereinhalb Monate still. Im Dezember setzt sich die Keimblase fest, und die Austragzeit beginnt. Keimruhe kommt auch bei Dachs, Marder und Wiesel vor.

Rechts: Durch den Bau ihrer Hufe sind Gemsen ans Leben im Fels angepaßt.

Unten: Rehkitze drücken sich gerne ins hohe Gras. Solche Kitze sind aber nicht verlassen – ihre Mütter wachen in der Nähe! Viele Rehkitze werden durch Mähmaschinen verstümmelt oder getötet. Jeder Bauer weiß, daß er Mähwiesen durch Aufstellen von abschreckenden Signalen rehfrei machen sollte.

Ganz oben: Säugende Gemsgeiß. Nur ganz selten gibt es Zwillinge.

Oben: Kraftvoll scharrt der Gemsbock seine Nahrung unter dem harten Schnee hervor. Aber er muß aufpassen: hier droht große Lawinengefahr!

Rechts: Es gibt kaum etwas Drolligeres als eine Kinderstube von Gemsen. Die wirbligen Kerlchen sind ständig zu Spielen und Kapriolen bereit und tollen über die Hänge. Doch das aufmerksame Auge einer Mutter überwacht stets das bunte Treiben.

Links: Ein sechsjähriger Steinbock mit herrlichen Schmuckwülsten. Durchschnittlich werden zwei solcher Wülste im Jahr gebildet. Nach dem zehnten Jahr nimmt das Wachstum der Hörner merklich ab, Wülste fehlen.

Rechts: Steinböcke werden bis zu 100 kg schwer, und ihr Horn kann bis einen Meter lang werden. Am Gehörn dieses 15jährigen sind die jährlichen Zuwachsringe deutlich zu erkennen.

Unten: Die Hörner des Steinbocks sind Imponierschmuck und Turnierwaffe zugleich. Gelegentliches Aufreiten unter Böcken gilt als Ausdruck der Überlegenheit.

Vorhergehende Doppelseite: Ein Rudel mächtiger Steinböcke am Parpaner Rothorn. Im Sommer ziehen sich die Tiere auf die windumspielten Kreten zurück. Ihr Zusammenleben verläuft friedlich; nur selten findet man einen einzelnen Steinbock. Geißen und Kitze leben von den Böcken getrennt, doch im November vermischen sich die Rudel.

Oben: Nicht selten führt das Steinwild im Sommer ein geruhsames Faulenzerleben. Dieser dreieinhalbjährige Bock gähnt ausgiebig.

Unten: Ein niedliches Tierchen als einen neugeborenen Frischling kann man sich kaum vorstellen.

Ganz unten: Eine große Bache kann im Jahr zweimal bis zu zwölf Junge werfen.

Rechts: Im verschneiten Buchen-Mischwald suchen sich zwei mächtige Wildschweinkeiler ihre Mast. Das einzige uns noch verbleibende wehrhafte Wild dieser Größe wird wegen seiner Wühlarbeit hart gejagt.

Links: Spielerisches Gerangel bei Familie Murmeltier. Keine Angst – es ist nicht böse gemeint. Nach einem halben Jahr Winterschlaf ist das Leben am sonnigen Berg noch einmal so schön! Murmeltiere schätzen enge Körperkontakte.

Oben: Wo ist denn hier das nächste Grün? Nach dem Erwachen sind die Nager struppig, abgemagert und hungrig. Auf den Schneeflächen müssen sie sich vor dem Adler noch viel mehr in acht nehmen als gewöhnlich.

Mitte links: An den Wangen der Murmeltiere sitzt eine Duftdrüse, deren Sekret im Territorium abgestreift wird. Die orange farbenen Nagezähne wachsen zeitlebens weiter.

Mitte rechts: Oft müssen sich die Munggen durch eine dicke Schneedecke graben, wenn sie im April erstmals wieder aus ihrem Bau an die Sonne wollen.

Rechts: Ein entfernter Vetter des Murmeltiers ist das flinke Eichhörnchen. Sie kommen sich nicht in die Quere, denn sie bewohnen die gegensätzlichsten Lebensräume: ausschließlich den Boden das eine Tier, fast nur die Waldbäume das andere.

Links: Der Dachs ist der größte Vertreter unserer Marderartigen: er wird bis zu 20 Kilogramm schwer. Sein gedrungener Körper ist dem Bodenleben angepaßt. Den dunklen Augenstreif im hellen Gesicht teilt er mit – der Gemse! Leider ist bei uns der Bestand dieses fast tropisch anmutenden Nachttieres ziemlich gefährdet.

Rechts: In der oberen Etage des Waldes lebt der schmucke Baummarder. Sein Wohnrevier kann mehrere Quadratkilometer umfassen, deshalb sieht man den vorwiegend nachtaktiven Gesellen nur selten. Im Winter verraten ihn seine Spuren: paarige Sprünge in Abständen von je etwa einem halben Meter, die Pfoten nur leicht versetzt.

Unten: Der Steinmarder lebt mehr bodengebunden und fühlt sich auch in Gebieten ohne dichten Baumbestand heimisch. Als Kulturfolger wagt er sich in den Bereich menschlicher Siedlungen, bewohnt alte Dachböden und sucht gelegentlich Hühnerställe und Taubenschläge heim. Steinmarder sind etwas häufiger als Baummarder.

Linke Seite: Unser Mauswiesel oder Kleines Wiesel hat eine Körperlänge von 18 bis 23 und eine Schwanzlänge von sechs Zentimetern. Das niedliche Tierchen bewegt sich unerhört geschmeidig und schnell. Im Winter ist es weiß, aber ohne dunkle Schwanzquaste wie das «königliche» Hermelin.

Oben: Als heimlichster – und auch seltenster – Marderartiger gilt der Iltis. Er hält sich mit Vorliebe in der Nähe des Wassers auf und verzehrt gerne Frösche, von denen er sich Vorratdepots anlegt – aber sein Wohnbereich schrumpft immer mehr zusammen.

Links: Das Hermelin oder Große Wiesel im Winterkleid. Es kann mit dem Schwanz bis 40 Zentimeter lang werden. Wiesel gelten als äußerst geschickte Mausjäger mit präzisem Tötungsbiß. Sie sind indes keine Blutsauger, wie früher behauptet wurde.

Nächste Seite: Ein prachtvolles Exemplar des Steinadlers im Engadin. Am König der Lüfte scheint uns alles perfekt – und er ist es auch, bis zur letzten Feder seines hochspezialisierten Körpers. Früher war das edle Tier als niederträchtiger Räuber verschrien – heute ist es geschützt.

Unsere Kleinen

Was Tierspuren aussagen

Es ist für den heutigen Menschen sicher nicht lebenswichtig, die Spurenzeichen verschiedener Tiere deuten zu können. Hingegen müssen Naturvölker und Jäger mit den von Tieren in der Natur zurückgelassenen Zeichen völlig vertraut sein, da sie sich entweder mit Beutetieren oder Feinden auseinanderzusetzen haben. Ohne Kenntnis des Verhaltens, des Baues und der übrigen Eigenheiten der verschiedenen Tierarten ist der Mensch in der Wildnis nicht imstande zu überleben.

Ganz anders der moderne Wanderer. Immer mehr Menschen verbringen immer mehr Freizeit in den Bergen, im Wald oder am Wasser; sie suchen nach den Spuren eines verloren geglaubten Paradieses und bemühen sich, alte Beziehungen zur Natur wiederherzustellen, um Erholung vom Alltag zu finden. Sie spüren, daß es nicht so sehr die flüchtige Tierbeobachtung ist, die zum beglückenden Erlebnis führt, sondern das verfeinerte Erkennen der heimlichen Lebenszeichen einer Vielfalt von sonderbaren, zum Teil sogar oft unsichtbaren Lebewesen in unserer Umgebung. Dies bringt ein wachsendes Verständnis für die Existenz und die Daseinsberechtigung von allen Tiergeschöpfen mit sich und führt zu neuen, wichtigen Kräften des lebensnotwendigen Naturschutzes.

Das sichere Deuten von Fußabdrücken, Fraßspuren und Losungen, somit das Eindringen in verborgene Lebensweisen und die Freude am Suchen und Entdecken, erhöhen die von vielen angestrebte «Rentabilität» einer Wanderung ohne Zweifel in entscheidendem Maße.

Abdrücke von Füßen

Zuerst merken wir uns ein paar Namen; wir unterscheiden: Hufe (Pferd), Klauen oder Schalen (Hirsch, Reh, Gemse, Wildschwein usw.), Pfoten (Fuchs, Dachs, Luchs, Marder, Hase usf.); Pfötchen (Eichhörnchen, Igel, Maus usw.) sowie die Vogelfüße, deren Spuren man auch Geläufe nennt.

Nun zu den verschiedenen Gangarten: Schritt, Trab, Galopp und Sprung; ruhige Gangart (Ziehen, Trollen, leichter Galopp); flüchtige Gangart (scharfer Trab, schneller Galopp, Absprung). Im letzteren Falle sind die Abdrücke ausgeprägter und tiefer, bei den Paarhufern sind hinter den Schalen auch die Vertiefungen der sogenannten Afterklauen sichtbar.

Aus den Gangarten kann man allerhand über die augenblickliche Verfassung des betreffenden Tieres ablesen: ruhiges Äsen oder Ziehen, oder Schreck, Überraschung, tolle Flucht. Zuweilen finden wir auch Hinweise über den momentanen Körperzustand: gute Verfassung, Müdigkeit, Schwäche, Krankheit oder Verletzungen (Beinbrüche, Schußverletzungen, Steinschlag- oder Absturzwunden, Lähmungen).

Trittsiegel und Pfotenabdrücke sind am besten dort zu erkennen und zu deuten, wo der Boden mit einer Schneeschicht von wenigen Zentimetern bedeckt ist, in dem alle Details klar und scharf hervortreten. Weitere gute Ablesemöglichkeiten bieten sich auf feuchten Waldwegen, nassem Sand oder ganz feinem Straßenstaub.

Typische Fraßspuren

Manche Menschen sind über Fraßspuren von Tieren wenig erbaut: die Hausfrau entdeckt im Keller von Mäusen angefressene Äpfel; der Gärtner steht erbost vor seinen von Hasen zernagten Rüben; im Wald haben die Hirsche des Försters beste Fichten geschält, und auf der Suche nach Engerlingen hat der Dachs im Obstgarten die Wiese aufgewühlt. Es müssen aber nicht nur Schäden sein.

Auf einem Sonntagsspaziergang finden die Kinder angenagte Tannzapfen; wer war es: die Waldmaus, das Eichhörnchen, der Kreuzschnabel oder der Specht? In der dicken Baumrinde stecken Kiefernzapfen, und am Boden ringsum liegen Schuppen und Reste: wir haben die Schmiede des großen Buntspechtes vor uns. Im Obstgarten entdeckt man drei Sorten von geöffneten Kirschkernen: der Kernbeißer halbiert sie rundwegs mit seinem starken Schnabel; die Waldmaus nagt ein Löchlein hinein und hinterläßt dabei deutliche Zahnspuren; die Rötelmaus tut dasselbe, jedoch ohne daß Spuren von Nagezähnchen zurückbleiben.

Von allerhand Losungen

Kotrückstände geben uns eine Fülle von Hinweisen über die Nahrung der Tiere und die arttypischen Gewohnheiten ihrer Ablage. Auffälliges Plazieren von Exkrementen dient in der Regel der optischen und Geruchsmarkierung. Mein kleiner Hund wählt für diesen Zweck beispielsweise in umständlichem Zeremoniell stets eine kleine Bodenerhebung. Auffällige Merkmale bei Losungen sind ferner: Form und Beschaffenheit, gezielte oder wahllose Abgabe, Farbe und Größe, Jahreszeit und Ort, erkennbarer Inhalt, Geruch und Konsistenz. Kenner vermögen in den meisten Fällen die Tierart, zum mindesten aber die Gruppe zu bestimmen. Findet man auf einem Grenzstein etwa einen fingerdicken, braungrauen Kot, mag er vom Fuchs stammen. Ist der Kot am selben Ort jedoch dünn, schwärzlich und gedreht, kommt er vom Marder. Ausgezeichnete Bestimmungsliteratur erleichtert heute das Finden und Deuten sämtlicher Tierzeichen.

Eine Lanze für Fleischfresser

Wir haben die Bezeichnung Fleischfresser anstelle derjenigen von Räubern oder Raubtieren gewählt, da moderne Menschen es vorziehen, die alten, oft diskriminierenden Namen der Tiere auszutilgen. Gewiß, keines davon ist so genügsam wie ein braver Pflanzenfresser; doch soll man die ökologisch wichtige Rolle der Fleischfressenden nicht deswegen vergessen, weil sie andere Tiere verzehren. Seit den Zeiten Vater Brehms läßt sich manches aus anderem Blickwinkel betrachten beziehungsweise sind alle sogenannten Räuber besser als ihr früherer Ruf.

Der rote Schelm

Kein anderes Tier unserer Fauna ist je mit solchen Schimpfnamen bedacht und so unerbittlich verfolgt worden wie Meister Reineke, der Fuchs: Strauchdieb, Raubritter, Spitzbube, Freibeuter und Erzhalunke sind nur einige wenige seiner Namen. Eine Unzahl von Fabeln, Märchen und anderen Heldengeschichten rühmen sein listiges Wesen, haben eine unnachgiebige Haltung des Menschen ihm gegenüber geprägt und bis zum Rufe nach seiner völligen Austilgung geführt.

Der alte Geßner schrieb noch über den Fuchs: «...ist ein listig, boszhafftig und fürwitzig thier; den ygel kehrt er sattlich umb und beseicht jm den kopff, von welchem er dann ersticket; den hasen betrieget er mit schimpff mit jm ze gopen; die vögel inden dz er sich besudelt und als ob er todt seye sich auf den wasen streckt; die fischly facht er mit seinem Schwantz, den er in das wasser streckt, etc. etc.» Allen Anfeindungen zum Trotz hat es der hübsche Schlingel in seiner Unnachgiebigkeit aber fertiggebracht, seinen angestammten Platz in unserer zusammengeschrumpften Tierwelt zu behaupten. Zwei schöne Beobachtungen sind mir in bester Erinnerung geblieben.

Als Zwölfjähriger streifte ich oft durch einen Wald in der Nähe Basels. Einmal stieß ich auf einen Fuchsbau, der offensichtlich bewohnt war, und setzte mich sogleich auf die Lauer. Nach einer halben Stunde erschienen kleine spitze Köpfchen, und bald purzelten fünf allerliebste Jungfüchslein in einem spielenden Knäuel heraus. Ich konnte mich kaum satt sehen an dem lustigen Treiben und beschloß, ein paar Aufnahmen zu machen, da ich eine kleine Box besaß. Am nächsten Morgen war ich zeitig da und die Füchslein auch. Im Sucher waren sie gut zu sehen, so daß ich es kaum erwarten konnte, den entwickelten Film in Händen zu halten. Aber, o weh: ich sah nur Wald! Durch eine zehnfach vergrößernde Lupe ließen sich mit Mühe ein paar winzige Punkte ausmachen. Die Distanz war ohne Teleobjektiv zu groß gewesen, und aus war der Traum vom Superfoto!

Eines frühen Maimorgens sah ich auf einer Mähwiese einen wunderschönen Fuchs. Aber sein Kopf schien mir unnatürlich verdickt. Mein Fernrohr belehrte mich, daß aus seinem Fang mindestens ein halbes Dutzend Mäuse baumelte. Im selben Moment legte er sie ab, machte geduckt zwei kleine Schritte, dann einen gewaltigen Satz – und schon hatte er wieder eine erwischt. Sorgfältig sammelte er die seinen Kindern zugedachte Beute wieder ein und wiederholte das gleiche später nochmals, bis ein Bauer erschien und das eifrige Tun jäh unterbrach.

«Schaden» und «Nutzen» halten sich beim Fuchs etwa die Waage. Schrieb Brehm noch von der Vertilgung, so gewann doch im letzten Jahrzehnt allmählich die Einsicht an Boden, der Fuchs sei ein zu schonendes Glied unserer Fauna. Aber da kam 1967 die Tollwut in unser Land, und damit begann ein neues Kapitel im traurigen Schicksalsbuch unseres letzten größeren Vertreters aus der Sippe der Fleischfresser.

Meister Grimbart, der Dachs

Unter den früheren Begriff Raubgesindel fielen auch die Marderartigen, von denen bei uns der Dachs der größte Vertreter ist. Verhalten und sogar auch die Färbung des Dachses sind auf nächtliche Pirsch ausgerichtet. Gegen alle Normalregeln ist der Dachs nämlich am Bauch dunkler gefärbt als am Rücken, und seine markante Kopfzeichnung mutet beinahe exotisch an.

Kurz nach Sonnenuntergang macht sich der speckschwartige Geselle auf die Suche nach fetten Regenwürmern, Engerlingen, Schnecken, Käfern, Wespen, Mäusen und anderem Kleingetier. Auf der vegetarischen Seite seines vielfältigen Menüs stehen außerdem noch Früchte aller Art, Pilze, Wurzeln und Mais. Im Frühsommer ist sein Kot dick mit Kirschkernen gespickt. Manche Bauern schimpfen etwas über den Dachs. Wer ihn aber näher kennt, kann ihm aber einfach nicht gram sein.

Bedauerlicherweise leiden die Dachse, deren Lebensweise sowohl von Jägern als auch von Landwirten einigermaßen gnädig beurteilt wird, jetzt ebenfalls stark unter der verschärften Bejagung im Zuge der Tollwutprophylaxe. Ihre überaus großen, weitverzweigten Baue, teilweise sogar seit vielen Generationen benutzt, weisen nicht selten mehrere Dutzend Einschlupflöcher auf, und es ist deshalb – zu ihrem Glück – sehr schwierig, sie zu vergasen.

Wir wollen hoffen, daß uns der Dachs, den man lange Zeit zu Unrecht einen übellaunischen und unnützen Kerl schalt, erhalten bleibt.

Geheimnisvolle Fledertiere

Unsere Fledermäuse gehören zu einer Tiergruppe, die vom Durchschnittsbürger meist nur oberflächlich, wenn nicht gar widerwillig zur Kenntnis genommen wird. Was «nützen» uns denn die eigenartig gaukelnden Flieger am Abendhimmel? Und vernesteln sie sich nicht gerne im Frauenhaar? Gut, sie vertilgen ein paar Insekten, machen die Zoologen vom geheimnisvollen Radarsinn reden und überraschen durch ausgeprägten Ortssinn und weite Wanderungen. Im übrigen erinnern sie aber an bösartige, blutsaugende Vampire und gelten als Zeichen des gespenstischen Hexenwesens.

Diese Denkweise könnte einen verstimmen. Die rund 20 verschiedenen Arten von Fledertieren unserer Heimat bieten eine so unglaubliche Fülle an interessanten Lebenserscheinungen, daß jemand, der sich im Paradies der Tiere wähnt, nicht darum herumkommt, diese Wesen zu bewundern und sie als natürlichen Reichtum unserer Fauna zu schätzen.

Sie sehen mit den Ohren

Der italienische Forscher Spallanzani spannte Fäden von Wand zu Wand und beobachtete mit Erstaunen, wie die Fledermäuse diesen geschickt auswichen. Man dachte lange Zeit an einen besonderen Sinn oder an die Druckempfindlichkeit der Flughäute, denn die Tierchen flogen auch fehlerfrei, wenn man ihnen die Augen zuklebte. Verstopfte man ihnen jedoch die Ohren, stießen sie an. Erst 1943 fand der Holländer Dijkgraaf die Lösung: er legte den Tieren einen kleinen Maulkorb um und hinderte sie derart am Ausstoßen von Lauten. Augenblicklich stießen sich die Fledermäuse an allen Hindernissen. Bald fand man heraus, daß die Rufe im Bereich des Ultraschalls liegen, für unser Ohr also nicht wahrnehmbar sind. Die von Gegenständen zurückgeworfenen Töne – Echos – werden mit den übergroßen Ohrmuscheln aufgefangen.

Alle Fledermausarten fliegen mit dieser Echolot-Orientierung, von der es aber verschiedene Typen gibt. Die Glattnase zum Beispiel – eine Fledermaus mit besonders großen Ohren – sendet im freien Raum pro Sekunde acht bis zehn Schreie von je rund zehn Tausendstelsekunden aus, um sich zurechtzufinden. Nähert sie sich nun einem Hindernis oder einem fliegenden Beutetier, steigern sich die Rufe auf die fast unfaßbare Zahl von 200 pro Sekunde. Gleichzeitig atmet sie!

Die schlauen Nachtfalter

Ununterbrochen keckernd ortet also die Fledermaus ein Insekt in raschem Fluge. Sie ist in der Lage, auf wenige Meter Distanz Flugobjekte von einem Millimeter anzupeilen, zu erkennen und zu haschen. Unter einem Meter Distanz hat ein Beutetier wenig Chancen, dem weitaufgerissenen Mäulchen mit dem scharfen Gebiß zu entkommen. Eine Fledermaus frißt pro Nacht eine Menge, die etwa einem Viertel ihres Gewichtes entspricht. Der Große Abendsegler erbeutet im Verlaufe eines Sommers um die 1,8 Kilo Insekten, dann begibt er sich wohlgenährt in eine Höhle zum Winterschlaf.

Indessen sind nicht alle Fluginsekten den Angriffen unserer gewandten Peilflieger gleichermaßen schutzlos ausgesetzt. Einzelne Arten von Nachtfaltern haben ihrerseits Abwehrmaßnahmen entwickelt, die es ihnen gestatten, den Strahl der Ultraschallwellen ihrer Feinde festzustellen. Spüren sie, daß sie derart angepeilt werden, lassen sie sich augenblicklich wie tot zu Boden fallen, um dem bevorstehenden Überfall zu entgehen. Käferarten hingegen haben im Schallbereich ihrer Feinde besondere Hörvorrichtungen entwickelt. Waffen und Abwehrwaffen, Maßnahmen und Gegenmaßnahmen: jedem Lebewesen bleibt eine Chance, auf daß keines zu üppig werde.

In den Wochenstuben

Wenn auch der Geburtsvorgang selten beobachtet werden kann, weiß man heute, daß sich die Weibchen dabei ausnahmsweise an den Daumenkrallen festhaken, während sie sonst kopfüber hängen. Mit der Schwanzflughaut formen sie eine weiche Tasche, in die das Neugeborene gleiten kann. Wenig später klettert das winzige Ding im Bauchfell der Mutter nach oben und saugt sich an einer Zitze fest. Derart angeklammert wird das Junge während einiger Tage auf allen Jagdflügen mitgetragen. Sobald es jedoch schwerer wird, hat es mit den übrigen Jungen der Kolonie im Quartier auszuharren, bis die Mutter zurückkehrt. Mit etwa 45 Tagen sind die Jungen flugfähig und ziehen nun allein auf Beutefang.

Des Seltsamen im Leben der Fledertiere ist damit aber noch nicht genug. In der Regel werden die Weibchen im Herbst begattet, und die Jungen kommen im Juni zur Welt. Hingegen beträgt die Tragzeit nicht neun Monate, sondern acht bis zehn Wochen. Wie kommt das? Nach der Paarung findet zunächst gar keine Befruchtung statt, sondern die Samen werden in einem speziellen Täschchen im Bauch des Weibchens aufbewahrt. Erst nach Abschluß der langen Winterruhe – die Tiere fallen dabei in eine Kältestarre und leben ausschließlich von ihren eigenen Fettvorräten – werden endlich die weiblichen Eizellen befruchtet, und die Entwicklung der Keimlinge beginnt. Die angehenden Mütter sammeln sich an geschützten Orten zu gemütlichen Wochenstubenkolonien.

Ein Volk von Nagern

Von den rund 75 Säugetierarten unseres Landes gehört ein Drittel den Vertretern mit den scharfen Nagezähnen an. Viele unter ihnen sind bei jung und alt sehr beliebt, so die Eichhörnchen, Murmeltiere, Hasen und Kaninchen; andere stoßen hingegen auf heftige Ablehnung und füllen deshalb beträchtliche Teile von Witzblättern: die Mäuse und die Ratten. Zudem richten sie an menschlichem Gut oft großen Schaden an.

Die Nager sind aus unserer Tierwelt nicht wegzudenken, bilden sie doch – vor allem durch ihre Vermehrungsfreudigkeit – einen sehr wichtigen Teil der Nahrungsgrundlage für viele Arten von Säugern, Vögeln und Kriechtieren. Was über den Hasen einst gedichtet worden ist, mag stellvertretend auch für die übrigen Nagetiere stehen:

> *Menschen, Hunde, Wölfe, Lüchse,*
> *Katzen, Marder, Wiesel, Füchse,*
> *Adler, Uhu, Raben, Krähen,*
> *jeder Habicht, den wir sehen,*
> *Elstern auch nicht zu vergessen:*
> *alles, alles will ihn fressen!*

Mein Name ist Hase

Streng zoologisch gesehen ist der Hase zwar kein echter Nager, da er oben vier Nagezähne besitzt. Hoppeln ist die normale Gangart des Hasen; wer aber Gelegenheit hatte, den Hasen auf Zehenspitzen gehend zu beobachten, der wußte vielleicht im ersten Moment nicht einmal, um was für ein komisches Tier es sich handelte. Im Galopp ist der Hase übrigens mit gegen 70 Stundenkilometer schneller als ein Pferd.

Die Fruchtbarkeit des Feldhasen ist früher stark überschätzt worden. Er wurde als Lieblingstier der germanischen Fruchtbarkeitsgöttin Ostara (Osterhase!) angesehen, in welcher Eigenschaft er Eier brachte, die als Zeichen der Fruchtbarkeit galten. Auch wurde von ihm behauptet, daß er «im Frühjahr selbander zu Felde ziehe und im Herbst zu sechszehnt wieder zurückkehre». Theoretisch wäre dies nur unter außergewöhnlich günstigen Umständen möglich. In Tat und Wahrheit wird wegen der vielen Umwelteinflüsse (Gifte, Straßenverkehr, Hunde, Freßfeinde, Intensiv-Landwirtschaft, Mähmaschinen, Wetter usw.) knapp eine Verdoppelung auftreten. Und dann kommt im Herbst noch die Jagd dazu, und im Winter der Schnee...

Man kann dem Hasen bescheinigen, daß er sich – wie die echten Nager – als außerordentlich widerstandsfähig erwiesen hat: längst bevor der Mensch erschien, hatte er sich auf die Verluste durch natürliche Feinde eingestellt; auch den menschlichen Nachstellungen und Einflüssen vermochte er bis jetzt mit Erfolg zu trotzen. Der gegenwärtigen Beeinträchtigung seines Lebensraums kann er sich nicht mehr völlig erwehren.

Eine Maus im Schnee

Weißen Labormäusen verdankt die Menschheit wichtigste Erkenntnisse in der Medizin. Sie sind Zuchtformen der dunkelgrauen Hausmaus.

Unsere Schneemaus ist der größte Vertreter der sogenannten Wühlmäuse, lebt hoch oben in den Alpen bis gegen 4000 Meter über Meer und ist eines der anmutigsten Tierchen überhaupt. Selbst die «eine-Maus!»-kreischende Hausfrau hätte ihre helle Freude an dem sauberen, hellgrau bepelzten Geschöpf mit dem kurzen Schwanz. Als Reliktform aus den Eiszeiten findet man sie sogar auf einigen isolierten Voralpengipfeln wie Stockhorn und Säntis. In der Alpenregion steigt sie so hoch, als es Pflanzen, Triebe und Würzelchen zu finden gibt. Mit etwas Geduld kann man das überraschend große Tierchen in einsamer Höhe gut beobachten. Besonders eng ist die Schneemaus aber an die Alpenrosenbestände gebunden. Im dichten Humus unter diesen Sträuchern gräbt sie ihre Gänge und kann dort überwintern, ohne einen echten Winterschlaf zu halten.

Gartenschläfer

Wer je in einer Alphütte nachts von emsigem Getrappel, kreischenden und fauchenden Lauten oder gar von einem übers Gesicht huschenden Wesen geweckt worden ist, hat bereits Bekanntschaft mit dem Gartenschläfer gemacht. Man kann ihn mitunter auch abends beobachten, wenn er mit erstaunlicher Behendigkeit an der Hüttenwand auf und ab rennt, wobei seine weiße Schwanzquaste lustig aufleuchtet.

Der etwa 15 Zentimeter lange Geselle – mit Schwanz sogar 25 Zentimeter – bewohnt mit Vorliebe alte Gebäude und hohle Bäume in höheren Regionen. Wie sein Vetter aus dem Tiefland, der Siebenschläfer, gehört er zu den echten Schläfern, die sich dank guter Fettpolster einen Winterschlaf von sieben Monaten leisten können. Vorräte werden nicht eingetragen. Dagegen können die Schläfer im Herbst an den Obstkulturen empfindliche Schäden anrichten, da sie die üble Gewohnheit haben, wahllos Früchte anzubeißen.

Als Nachttier erhascht der Gartenschläfer auch allerhand Falter, Käfer und andere Kerbtiere, verschmäht sogar junge Mäuse nicht und vergreift sich – zum Leidwesen der Vogelfreunde – manchmal auch an Nistkästen, wo er Eier raubt und Nestlinge tötet.

Die schönen Reptilien – eine verkannte Gruppe

«Keiner Tierklasse der Erde hat der Mensch von jeher so feindlich gegenübergestanden wie den Reptilien. Die giftige Waffe einiger Arten ist für die gesamte Gruppe zum Fluche geworden, denn der Herr der Erde fühlte sich – getreu dem alten Bibelworte – berechtigt, denen ‹so ihn in die Ferse stechen, den Kopf zu zertreten›. Die Unkenntnis des Volkes, das in jedem harmlosen Kriechtier die gefährliche Viper zu erblicken glaubt, und das Fehlen eines besonders in die Augen fallenden Nutzens hat einer Anschauung Vorschub geleistet, die den Menschen mit seiner Reptilienfurcht geradezu lächerlich erscheinen läßt. Hier winkt dem Forscher wie dem Erzieher der Jugend die dankbare Aufgabe, durch Aufklärung und Belehrung einer Ansicht Geltung zu verschaffen, die im Interesse der Erhaltung unserer Tierwelt gefordert werden muß.»

Diese trefflichen Zeilen hätten gestern geschrieben worden sein können. Sie stammen jedoch aus dem Reptilienbuch von Richard Sternfeld, das vor 65 Jahren erschienen ist. Unser Stolz darüber, daß seit 1962 alle unsere Reptilienarten streng geschützt sind, wird jedoch durch die augenfällige Tatsache getrübt, daß heute noch viele Schlangen getötet werden, ohne daß deswegen jemand eingreift.

Sind Schlangen gefährlich?

So lange man sie in Ruhe läßt, heißt die Antwort: nein!

All die Märchen über gefährliches Angreifen, Giftspucken und plötzliches Anspringen unserer zwei Vipernarten dürfen getrost in die Fabelwelt verbannt werden. Und 90 Prozent der restlichen Schlangenberichte – inklusive jener über das ominöse Milchtrinken – können ebenso getrost hinterhergeschickt werden. Kreuzotter und Juraviper beißen nur dann zu, wenn man sie fangen will oder auf eine andere Art ernsthaft behelligt. In jedem andern Falle verziehen sich die Tiere in ihre Verstecke, da die gehörlosen Wesen feinste Erschütterungen der Unterlage wahrnehmen können.

Wer kennt schon die Schlangen? Ich wette, daß zwei von drei Schweizern eine Blindschleiche mit einer Schlange – wenn nicht gar Giftschlange – verwechseln würden. Wie viele dieser völlig harmlosen und nützlichen Geschöpfe aus Angst, Mutwillen oder Aberglauben auch heute noch getötet werden, darf man kaum sagen. Manchen beherzten Bürger schüttelt es geradezu, wenn er unvermutet auf ein schlangenähnliches Wesen trifft; Abneigung und Abscheu sind Reaktionen, die es in Schule und Heim nun endlich abzubauen gilt.

Wie man Reptilien beobachtet

Am häufigsten mag der Spaziergänger einer Zierde unserer Landschaft begegnen: den Eidechsen. Im steinigen Gelände, mit Vorliebe aber an lotrechten Steilwänden, bewegt sich die flinke Mauereidechse fort, während sich die Zauneidechse mehr an Wegböschungen und im Heidekraut aufhält. Die lebendgebärende Bergeidechse, ihrer Standortwahl wegen auch Waldeidechse genannt, steigt im Gebirge höher empor als alle ihre Verwandten, wurde sie doch auf über 2000 Meter Höhe, ja bis hin zur Baumgrenze beobachtet.

Ein Tip für alle, die einmal verschiedene Farbvarianten der Blindschleiche sehen möchten: man legt im Schatten eines großen Busches oder im alten Gartenlaub eine ausgediente Fußmatte aus und hebt diese ab und zu sorgfältig auf: fast jedesmal entdeckt man eine oder zwei dieser hübschen, beinlosen Wühlechsen von rötlicher, brauner, grauer oder gelber Farbe. Am schönsten sind die ganz dunklen Exemplare mit ihrem hellblauen Fleckenmuster auf dem Rücken. Aber bitte: um jeden Preis am Leben lassen, denn es gibt kaum einen emsigeren Vertilger von Salatschnecken Ihres Gemüsegartens! Eltern sollten auch darüber wachen, daß die Tierlein nach der Bewunderung wieder an ihren Platz zurückgebracht werden und nicht etwa im Einmachglas ein Kümmerdasein fristen müssen.

Wer in den Genuß ungestörter Beobachtung einer der prächtigen Natternarten kommt, darf sich glücklich schätzen. Über die Länge der hellgrauen Ringelnatter ist viel Unsinn verbreitet worden, aber Belege für 137 Zentimeter sind vorhanden. Ihr Wohngebiet liegt im wasserreichen Gelände tieferer Zonen, da sie fast ausschließlich Amphibien und Fischen nachstellt.

Schützt unsere Reptilien!

Die Nützlichkeit der meisten Kriechtiere als fleißiger Vertilger von Mäusen, Kerbtieren und vielen Schneckenarten ist zuwenig bekannt. Aber der Artenschutz allein genügt nicht für die Erhaltung unserer schuppigen Freunde, denn ihre Zahl hat seit der ausgedehnten Zerstörung, Entwässerung und Vergiftung ihrer Lebensräume mancherorts bereits erschreckend abgenommen. Nur durch eine nachhaltige Biotoppflege können wir noch mehr für diese schönen Geschöpfe tun.

Ein sehr wichtiges Feld für eine verbesserte Beziehung zu den Echsen und ihrer faszinierenden Lebensweise in unserer Landschaft liegt vielfach noch brach: die Schule. Schon im frühen Kindesalter müssen alte Vorurteile abgebaut und natürliche Beziehungen zum Reptilienvolk eingepflanzt werden, damit dieser so verkannten Tiergruppe nicht noch mehr Unrecht geschieht.

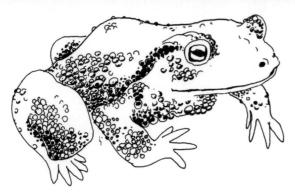

Sind unsere Amphibien bedroht?

Tierfreund: Sind unsere Frösche, Kröten und Molche wirklich ernsthaft bedroht?

Fachmann: Darüber bestehen nicht die geringsten Zweifel! Rund die Hälfte aller Amphibienarten gilt heute als gefährdet. Selbst wenn man berücksichtigt, daß in den letzten fünf Jahren viel mehr für den Amphibienschutz getan wurde als je zuvor, bleiben die Folgen der Entleerung unserer Landschaft, der Intensiv-Landwirtschaft und der steigenden Verwendung von Giftstoffen sehr schwerwiegend.

Tierfreund: Welche Lebensräume sind am stärksten betroffen?

Fachmann: Wir unterscheiden zwischen allgemeinem Lebensbereich, dem Beutefanggebiet und dem Fortpflanzungsraum der Lurche. Der erstere ist weniger stark berührt worden, da sich viele Arten im Walde aufhalten. Hingegen bedarf die gesamte Amphibienwelt stehender Gewässer für die Eiablage und die Entwicklung der Jungen. Durch Entwässerung, Grundwassersenkung, Überdüngung und Zuschüttung sind heute viele dieser wichtigen Fortpflanzungsorte verschwunden.

Tierfreund: Stimmt es, daß die Lurche ausgesprochen standorttreu sind?

Fachmann: Zum Teil ja. Alle Arten, die sich durch Quaken und Rufen verständigen können (z.B. Laubfrosch, Unken, Kreuzkröte und Wasserfrosch), sind weniger standortfixiert. Die Erdkröte, der Grasfrosch und die Molche kehren jedoch unweigerlich an den Ort ihrer Jugendentwicklung zurück, und zwar so präzis, daß etwa nur eine bestimmte Bucht eines Gewässers aufgesucht wird.

Tierfreund: Wie reagieren die Lurche nach der Zerstörung eines solchen Fortpflanzungsraumes?

Fachmann: Man kennt heute die unglaublichsten Beispiele. Beim Bau der N 13 mußten einige Auentümpel überdeckt werden. Was geschah im folgenden Jahr? Die Frösche erschienen in großen Massen, versuchten ihre Laichtümpel wiederzufinden und hockten sich somit zum Teil mitten auf dieses Stück stark befahrene Straße – eben den genauen Ort ihrer Entstehung. Sie wurden zu Hunderten überfahren. Dies dauert oft so lange, bis die ganze heimische Amphibienbevölkerung ausgerottet ist, da die Tierchen nicht mehr umlernen können.

Tierfreund: Also begeben sich die Amphibien nur während einer bestimmten Jahreszeit in Gefahr?

Fachmann: Die Wanderungen nach dem Gewässer sind äußerst riskant geworden. Bei warmem Feuchtwetter, Anfang März, ziehen die Tiere los, nachdem sie am Waldrand auf die Dämmerung gewartet haben. Viele von ihnen haben bereits zwei bis drei Kilometer zurückgelegt, über Felder und Wiesen, durch Wälder und Höfe, aber nun kommt in zahlreichen Fällen das Haupthindernis: die Autostraße! Diese bedeutet für sie größte Gefahr.

Tierfreund: Frösche und Kröten können sich doch schnell genug fortbewegen?

Fachmann: Eben leider nicht. Ein Krötenpaar im sogenannten Huckepack – das größere Weibchen trägt schon oft während der Wanderschaft ein festgeklammertes Männchen auf dem Rücken – braucht für 12 Meter Landstraße etwa 15 Minuten. Hüpfende Frösche legen in der Minute nur etwa einen Meter zurück.

Tierfreund: Was können wir tun, um die Amphibien vor der Gefahr des Überfahrenwerdens zu bewahren?

Fachmann: Leider zuwenig! In den letzten Jahren ist zwar einiges erreicht worden: Mit Plastikzäunen, Abfangbehältern, Warntafeln und Unterführungen konnten Tausende von Amphibien auf ihrem Frühlingszug vor dem Straßentod bewahrt werden. Auch viele Freiwillige halfen bei diesen Rettungsarbeiten mit.

Leider hat die Zahl der Amphibienvölker trotzdem weiter abgenommen, denn die Lurche kehren nicht mehr so konzentriert nach ihrem Wohngebiet zurück, sondern über Wochen und Monate verteilt. Auch die winzigen Jungtiere setzen sich beim Verlassen der Laichgewässer sehr großen Gefahren aus.

Tierfreund: Wie kann man denn die Amphibien noch retten?

Fachmann: Wo immer möglich durch eine definitive Umsiedlung der Tiere und durch den Bau neuer Weiheranlagen außerhalb der Gefahrenzone «Straße». Ferner werden heute Amphibientunnel unter die Landstraßen gebaut. Feinmaschige Zäune hindern die Lurche am Betreten der Straße und leiten sie zu Röhren, durch die sie gefahrlos die andere Seite gewinnen können, hin oder zurück. Der Mensch braucht nur für den Erhalt der Einrichtungen zu sorgen.

Tierfreund: Sind solche wartungsfreie Maßnahmen bei uns schon verwirklicht worden und, wenn ja, wo zum Beispiel?

Fachmann: Meines Wissens bestehen bis jetzt derartige Amphibientunnel schon an verschiedenen Orten, so an der N 1 in der Romandie, im Neeracherriet und am Türlersee bei Zürich wie auch an Straßen des Fürstentums Liechtenstein. Durch dieses erfreuliche Zusammenwirken tierverständiger Fachleute mit den maßgebenden Behörden konnten Amphibienwege von den Autowegen getrennt werden.

Unter dem Wasserspiegel

Ich kann nicht ganz genau sagen, wie viele Tierarten das schweizerische Wasser als ihren Lebensbereich betrachten, doch dürfte es ein Vielfaches mehr sein, als gemeinhin angenommen wird. Mit Sicherheit weiß ich allerdings, daß eine erkleckliche Reihe von ihnen – könnte man sie befragen – das unsaubere Wasser unseres Landes nicht mehr als Paradies, sondern als verpestetes Wohnreich bezeichnen würde, in welchem es um das nackte Leben zu kämpfen gilt.

Stille Wasser

Viele Menschen fühlen sich auf geheimnisvolle Weise zur Wasserwelt hingezogen. Ein stiller Waldtümpel, ein Weiher, auf dem sich sanft die Seerosen wiegen, oder ein einsames Bergseelein runden das Bild einer schönen Landschaft erst so richtig ab.

Setzen wir uns einen Moment hin. Auf der Oberfläche des Tümpels eilen die Wasserläufer emsig hin und her. Ein dicker Frosch hängt unbeweglich im Wasser, farbenprächtige Libellen schwirren pfeilschnell dahin, am seichten Ufer drängen quirlend die dunkeln Kaulquappen durcheinander. Ein Taumelkäfer zockelt ziellos umher. Nahe am Grund steht unbeweglich ein bläulicher Molch.

Doch das friedliche Bild täuscht; unter dem stillen Wasserspiegel lauern Gefahren für viele der Wasserbewohner. An den Pflanzenstengeln sitzen regungslos die mordgierigen Libellenlarven, bereit, alles was in den Bereich ihrer mächtigen Fangapparate kommt, blitzschnell zu packen. Wir sehen auch einen dicken schwarzen Käfer mit hellem Saum auftauchen, mit dem Hinterleib kurz die Wasseroberfläche durchstoßen und sofort wieder verschwinden. Es ist der lufttankende Gelbrandkäfer, ein Unterwasserräuber erster Klasse, der junge Frösche und selbst Fischlein zu ergreifen vermag. Seine längliche, stets hungrige Larve steht ihm in dieser Hinsicht keineswegs nach.

Das Leben im Tümpel ist natürlich nicht eine einzige Tragödie, denn die friedlichen Arten sind – wie anderswo – glücklicherweise in der Überzahl. Im ungestörten Gleichgewicht bietet sich uns am stillen Wasser eine reiche Fülle hübscher Kleinbeobachtungen in ein Element, das uns gleichzeitig fremd und doch so vertraut ist.

Rauschendes Wasser

Eine Wasseramsel fliegt vor uns auf und schwirrt mit schrillem Schrei bachaufwärts davon. Das Rauschen des herrlichen Bergbaches übertönt alles andere, belebt zusammen mit der Kühle des frischen Wassers unsere Sinne und lädt uns zum Verweilen ein.

In Ufernähe sitzen unzählige kleine Köcherfliegenlarven in langen Reihen auf den rundgeschliffenen Steinen. Da wir wissen, daß in reinen Gewässern bis zu 2000 Kleintiere pro Quadratmeter leben, drehen wir neugierig einen Bachkiesel um: welch ein Gewimmel von erschreckten, sich rettenden Lebewesen! Bevor wir sie recht erkennen, sind die meisten schon weggeschlüpft. Nur eine gelbe Steinbeißerlarve bleibt sitzen, und zwei dicke, aus vielen winzigen Steinchen zusammengefügte Gehäuse von sich verpuppenden Köcherfliegen kleben fest am Stein. Wir setzen das Ganze sorgfältig wieder an seinen Platz. Am nächsten Stein zappelt eine grünliche Raupe, auch sie eine besondere Larvenform der Köcherfliegen. Und schließlich flitzt uns eine ganz junge Forelle zwischen den Fingern hindurch.

Forellen, Äschen und Saiblinge bevölkern die schönen, sich langsam drehenden Tiefstellen des lebendigen Baches. Wie wir eben sahen, ist ihre Unterwassertafel ja reichlich gedeckt. Auf der Lauer nach abgetriebenen Wassertierchen oder herabschwebenden Insekten behaupten sie feste Standorte in ihrem kühlen Element – die größten und dicksten an den günstigsten Plätzen, wie es eben so Brauch ist auf dieser Welt.

An weiten Wassern

Zahlenmäßig nehmen unsere Fischarten unter den Wirbeltieren die dritte Stelle ein. Die meisten der etwa 50 Arten beleben die rund 2000 Quadratkilometer bedeckenden schweizerischen Seegewässer. Diese Fischgesellschaft trägt das Gepräge einer erd- und tiergeschichtlich nicht sehr weit zurückliegenden Zusammensetzung, die sich erst kurz vor oder während der Eiszeit herausgebildet hat. Als Binnenland verfügen wir natürlich nur über eine Süßwasserfauna.

Von den Gewässerverunreinigungen und den kostspieligen Abwassersanierungen soll jetzt nicht die Rede sein. Aber was sieht «man» überhaupt von unseren Fischen? Auf den ersten Blick und außer im Fachgeschäft: herzlich wenig. Träge dösende Barsche in der flimmernden Sommerhitze, heftig schwadernde Schulen von blaugrünen «Wingeren» oder «Läugeli», scheu davonpfeilende «Hasli» und am Ufer die kleinen Schwärme hübscher Elritzen. Der größte Teil des Fischlebens spielt sich in den dunkelgrünen Tiefen des Seewassers ab, in die unsere Blicke leider nicht vordringen können, höchstens eine vorwitzige Angelschnur. Wer möchte nicht ab und zu unbemerkter Zeuge all des geheimnisvollen Treibens in jenen kühlen Dämmerzonen sein!

Insektenwelt

Man konnte auf der Erde bislang etwa eine Million Arten von Insekten bestimmen; Kenner schätzen ihre wahre Zahl indessen auf mehrere Millionen. Nicht nur in der Artenzahl, sondern auch durch ihr Totalgewicht übertreffen die Kerbtiere sämtliche restlichen Tierarten zusammen bei weitem, inbegriffen über vier Milliarden von Menschen! Wahrlich eine mächtige Tiergruppe.

Auch bei uns entfallen 90 Prozent der Tierarten auf die sechsbeinigen Wesen, die man Insekten nennt. Es ist somit keine Kunst, sie zu sehen – wohl ist es aber manchmal eine, ihnen zu entgehen. Stechende, beißende, saugende und zwickende Kerbtiere auf der einen, stinkende, spritzende und kribbelnde auf der andern Seite vermögen manchen Menschen für immer jede Freude an dieser wunderbaren und geheimnisvollen Tiergruppe zu nehmen.

Einverstanden, längst nicht alle Insekten verdienen unsere Zuneigung, fast alle aber unser Interesse. Wer einmal so richtig staunen möchte, wer sich an den Kopf greifen will, weil er nicht mehr weiß, ob sich nun Wunder oder Intelligenz, Instinkt oder gezielte Schöpfung im Verhalten dieser ungewöhnlichen Lebewesen offenbaren, der vertiefe sich ein wenig in das Leben dieser Kleinsten.

Bombardierkäfer

Drehen Sie einen Kalkstein oder ein altes Holz um. Oft finden Sie hier einen kleinen, halbzentimeterlangen, Käfer mit orangefarbenem Kopf und von schwarzbläulicher Farbe, der voller Hast nach einem neuen Versteck sucht. Falls Sie ihn berühren, dreht er sich aber wie der Blitz um, hebt sein kleines Hinterteil und stößt – «puff» – mit hörbarem Knällchen eine winzige hellblaue, stechend riechende Gaswolke aus. Seine Kanonade ist weniger gegen den Menschen als gegen seine natürlichen Feinde gerichtet, die er damit auch wirklich zu vertreiben versteht.

Ameisenlöwen

Auf sandigen, von der Sonne stark bestrahlten Wegen bemerkt man nicht selten kleine, ebenmäßige Trichterlein, auf deren Grund zwei schwarze Klauenspitzen glänzen: es sind die Fanggruben des Ameisenlöwen. Gerät eine Ameise an den Trichterrand, wird sie durch kleine Sandfontänen bespritzt, bis die Unglückliche nach unten kollert, wo starke Zangen sie sogleich packen und in Stücke reißen. Dieser Löwe – in Wirklichkeit die Larve der sogenannten Ameisenjungfer – verwandelt sich nach etwa zwei Jahren in ein metallisch glänzendes Insekt, das stark an eine Libelle erinnert.

Motorbootkäfer

In Ufernähe kleiner Flüßchen lebt ein kaum zentimetergroßer Kurzflügelkäfer namens Stenus. Es ist für ihn eine lebenswichtige Sache, so rasch wie möglich wieder aufs Land zu gelangen. Sobald er aus den überhängenden Pflanzen aufs Wasser fällt, stößt er hinten einen kleinen Tropfen eines Alkaloids aus, das sich so rasch ausbreitet, daß er, wie von einem starken Außenbordmotor angetrieben, an Land befördert wird.

Totengräber

Ein Knabe fand in seinem Garten eine tote Schermaus. Bevor er sie beerdigen konnte, wurde er gerufen und vergaß dann das Tier bis zum nächsten Morgen. Als er aber an die Stelle kam, war die Maus verschwunden, doch bemerkte er etwas frisch aufgeworfene Erde. Neugierig begann er an dieser Stelle zu graben und fand schließlich seine Maus in einer Tiefe von fast zehn Zentimeter, daneben zwei dunkle Käfer mit gelben Querbinden: die Totengräber. Mit immensem Fleiß scharren diese selbst größere Tierleichen in Rekordzeit vollständig ein und legen ihre Eier dazu, die sich im Aas entwickeln.

Leuchtende Insekten

In warmen Juninächten kommt die Zeit des Johanniswürmchens oder Leuchtkäfers. Aus Moos und Gras oder von kleinen Büschen herab blinzelt eine Schar grüner Lichtlein, leuchtet auf und erlischt wieder. Noch keinem Forscher ist es bisher gelungen, den Mechanismus dieser Lichterzeugung völlig zu klären. Das Gefunkel dient der Anknüpfung von Liebesbeziehungen. Damit sich die verschiedenen Arten auch richtig finden, werden die anlockenden Lichtzeichen von den Weibchen in regelmäßigen Intervallen ausgestrahlt, welche auf Sekundenbruchteile genau auf die jeweilige Art abgestimmt sind.

Altweibersommer

Verzeihen Sie, daß jetzt ein wenig geschummelt wird, denn die achtbeinigen Spinnen sind gar keine Insekten. Aber junge Spinnen können so hübsch fliegen, obwohl jedermann weiß, daß sie keine Flügel haben. Im Herbst sieht man häufig weiße Fäden durch die Luft schweben: es sind die Tragkörper ganz junger Spinnlein, welche die leichten Fädchen gerade so weit austreten lassen, daß der Wind das ganze Gebilde forttragen kann. Sind dann die winzigen Tierchen nach einiger Zeit des Fliegens müde, rollen sie ihre Schwebeeinrichtung einfach wieder ein und sinken zu Boden. Derart besiedeln sie – «wohin der Wind sie trägt» – neue Gebiete, weitab von ihrem ursprünglichen Heimatort.

Oben: Der Fuchs legt seinen Kot weit sicht- und riechbar an auffälligen Stellen ab: da war ich – und ich komme wieder!

Mitte: Etwas vom Seltsamsten sind die riesigen Gewölle des Steinadlers. Unverdaute Haare und Knochen werden in einem dicken Ballen ausgewürgt, häufig an denselben Stellen.

Birkhahnkot unten – und Auerhahnkot rechts. Rauhfußhühner sind Pflanzenfresser und haben deshalb einen sehr regen Stoffwechsel; die Produktion einer Nacht ergibt ein ansehnliches Häufchen.

Vorhergehende Doppelseite: Wer mit offenen Augen durch die Landschaft streift, wird auch die vielen Zeichen und Spuren bemerken, die von großen und kleinen Tieren hinterlassen werden.

Links: Weithin leuchtet im Wald die frische Fegstelle des Hirsches. Hier hat ein Kapitaler die Basthaut von seinem neuen Geweih gerieben. Diese Haut bleibt aber nicht lange hängen, sondern wird von Vögeln oder Kleintieren verzehrt.

Unten: Hier wechselte eine Hirschkuh von der andern Bachseite herüber, um dem Ruf des Hirsches zu folgen – es ist Herbst!

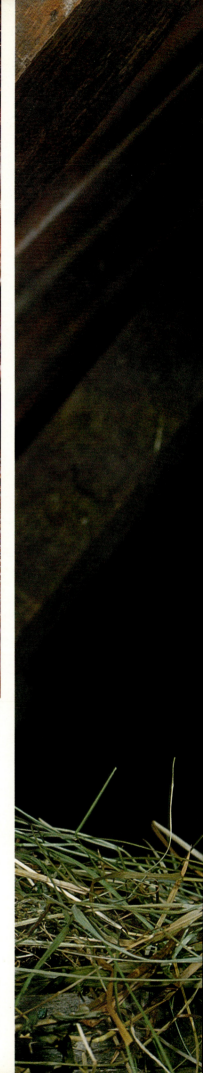

Oben: Schlafkolonie der Mausohrfledermaus im Gebälk einer dunklen Scheune. Man liebt hier kein Licht, sondern flieht es sofort.

Links: Auch der graue Bilch oder Siebenschläfer hält sich nicht ungerne in Scheunen und Hütten auf. Von da bis zum Obstgarten ist es nicht weit...

Rechts: Bei Einbruch der Dämmerung begibt sich die Zwergfledermaus auf Beutefang. Fledermausflügel sind kleine Wunder: in der Mitte oben erkennen wir die Daumenkralle; die drei nächsten Finger sind stark verlängert, um die weiche Flughaut aufzuspannen, Beine und Schwanz vervollkommnen die große Flugfläche. Radarsender (geöffnetes Mäulchen) und -empfänger (vergrößerte Ohrmuscheln) sind in voller Aktion!

Links: Erdmaus – ein Vertreter der Kleinwühlmäuse. Sie ist etwas dunkler und struppiger als die Feldmaus und kann oft auch am Tage beobachtet werden.

Oben: Recht putzig sieht hier die Feldmaus aus. Von den Landleuten wird sie indes heftig verfolgt, da sie sich unheimlich rasch vermehrt: ein Paar kann jährlich über 20 Junge haben, die ihrerseits mit einem Monat schon geschlechtsreif sind!

Rechts: An den großen Augen verrät sich die Waldmaus als Nachttier. Sie gehört zu den Langschwanzmäusen, bewohnt nebst den Waldrändern auch Feldgehölze und wagt sich selbst in unsere Häuser vor, wo sie Hausmäuse verdrängt.

Vorhergehende Doppelseite: Das Auto gilt heute als größter Feind des Igels. Diese nächtlich aktiven Gesellen lassen sich besonders gerne Regenwürmer und Nacktschnecken munden, gehören aber zur Gruppe der sogenannten Insektenfresser.

Links: Von den acht in der Schweiz vorkommenden Spitzmausarten ist hier die Hausspitzmaus abgebildet. Spitzmäuse gehören stammesgeschichtlich zu unseren ältesten Säugern. Diese Tierchen müssen täglich ihr Eigengewicht an Nahrung zu sich nehmen.

Rechts: Äskulapnatter. Sie kommt in den Kantonen Tessin, Wallis, Genf und Waadt bis auf 1250 Meter vor, wird bis zu zwei Meter lang und hält sich als Kletterschlange gerne im Gezweig von Büschen auf.

Unten: Wie ein fremdes Fabelwesen mutet diese Vergrößerung unseres Maulwurfs an. In Wirklichkeit ist er nur etwa 15 Zentimeter lang. Sein bevorzugter Wohnraum ist das dunkle Erdreich, wo er sich dank seiner starken Grabfüße unglaublich schnell fortbewegen kann.

Ungiftige Schlangen
(keine Schuppenreihen zwischen Mundschuppen und Auge; runde Pupille)

Links: Vergrößerter Kopf der harmlosen Ringelnatter. Die gespaltene Zunge tritt aus der ausgesparten Öffnung des Oberkiefers. Durch das häufige Züngeln können sich Schlangen in bezug auf den Geruch sehr gut orientieren.

Giftschlangen
(Schuppenreihen zwischen Mundschuppen und Auge; senkrechte Spaltpupille)

Rechts: An der leicht aufgeworfenen Schnauze erkennen wird die Aspisviper, bei uns auch Juraviper genannt. Wie ihr Name aussagt (Viper = vivipar), ist sie lebend gebärend. Sie wird bis 85 Zentimeter lang.

Unten: Kreuzotter in Abwehrstellung. Wenn immer möglich fliehen Giftschlangen uns Menschen; sie beißen ausschließlich aus Notwehr. Meist stehlen sie sich aber unbemerkt davon.

Linke Seite: Was für prächtige Tiere sind unsere Smaragdeidechsen! Sie leben im Tessin und im Wallis bis auf 1300 Meter sowie möglicherweise am Rhein zwischen Basel und Koblenz.

Oben: Blindschleichen sind Echsen ohne Beine – also keine Schlangen! – und völlig harmlos.

Links: Eine Zauneidechse im Wasser? Eidechsen retten sich häufiger ins Wasser, als man meint, und sind geschickte Schwimmer.

Nächste Seite:
Oben: Der lange Hinterleibstachel dient dem Wasserskorpion zum Atmen an der Wasseroberfläche.

Unten: Gaukler, ein naher Verwandter des Gelbrandkäfers. Er ist ein Schwimmkünstler: seine langen Beine sind zu Ruderorganen umgebaut.

Tiere unter uns

Schlittenhunde auf dem Jungfraujoch

Der erste Vorstoß zum Südpol durch den harten Norweger Roald Amundsen im Jahre 1911 war nur mit Hilfe der tapferen Schlittenhunde möglich. Heute gelangt man per Flugzeug dorthin. Allen technischen Hilfsmitteln mit Motoren und Raupen zum Trotz haben die bewährten Schlittenhunde des Nordens aber ihre Stellung auf dem Eis bestens behauptet. Sie sind einfach durch nichts zu ersetzen. Außerdem ist ja bekannt, daß Amundsen nach halber Distanz die Hälfte seiner getreuen Helfer schlachten ließ – nachdem sie Tagesleistungen bis zu 50 Kilometer erbracht hatten –, um sie zu verzehren und den übrigen Hunden zu verfüttern. Snowmobils eignen sich dazu weniger gut.

Hunde im Einsatz

Die Vielseitigkeit der Aufgaben des Hundes in seiner Stellung als «bester Freund» des Menschen ist ganz ungewöhnlich. Ich erinnere mich gut der Milchwägelchen-Hunde als Ferienerlebnis im Berner Oberland, wenn sie von allen Seiten der Molkerei zutrabten. Den Bernhardiner mit dem Weinbrandfäßchen habe ich leider nicht persönlich erlebt.

Aber wir alle kennen die Leistungen der Polizei- und Wachhunde, der Zoll-, Sanitäts- und Armeehunde, der getreuen Lenker von Blinden im dichten Straßenverkehr sowie der neuerdings eingesetzten Katastrophenhunde als wertvolle Helfer im Trümmerfeld. Besonders zu erwähnen bleiben ferner die unentbehrlichen Lawinenhunde, durch deren rechtzeitigen Einsatz schon manches Menschenleben gerettet wurde. Als besonders treuer Begleiter des Försters galt von jeher der «Waldi». Heute kann der Jäger einen ausgebildeten Schweißhund anfordern, um die für uns unmerklichen Fährten eines waidwunden Tieres verfolgen zu können. Und zu guter Letzt sei all der ungezählten Hunde von reiner oder vermischter Rasse gedacht, die Freude und Leben in den Alltag vieler Menschen bringen.

Hundeleben in Schnee und Eis

Doch jetzt aufs Jungfraujoch, den höchstgelegenen Bahnhof Europas, auf 3454 Metern über Meer. Jeden Morgen zwischen Mai und Oktober erfüllt vielstimmiges Hundegebell die kalte Luft. Manierlich oder ungeduldig entsteigt ein Rudel pelziger Schlittenhunde einem Spezialabteil der Jungfraubahn. Diese stolzen Grönlandhunde lassen sich nur ungern dressieren; was aber Hundeführer Karl Werren gleichwohl mit diesen zum Teil recht eigensinnigen Gesellen fertiggebracht hat, ist erstaunlich.

Wohin unser Blick in die Runde reicht, von überall blinken uns glänzendweiße Alpengipfel, Gletscher und ewiges Eis entgegen. Gipfelhungrigen Touristen stand schon 1898 eine Eigergletscher-Bahn zur Verfügung. Seit 1912 besteht die berühmte Verbindung von der Kleinen Scheidegg zum Jungfraujoch, und seit damals leben auch Schlittenhunde dort oben. Die ausgedehnte Zwingeranlage für ein Rudel von 27 Hunden befindet sich an einer etwas tieferen Stelle. Trotzdem kommt es oft vor, daß der gesamte Komplex unter großen Neuschneemengen begraben wird, was aber den kälteliebenden Tieren nichts ausmacht. Ihr Element ist der Schnee, und bei minus 40 Grad fühlen sie sich richtig wohl. Es erstaunt daher etwas, daß jetzt auch im Tiefland Polarhunde gehalten werden, wo sie unter der starken Hitzebelastung zu leiden haben. Im Engadin und in Splügen finden im Winter neuerdings Rennen für Schlittenhunde statt, zu welchen die Gespanne in speziell hergerichteten Zwingerautos gebracht werden.

Hundeschlitten für Touristen

Man kann sich dem wilden Charme dieser eigenwilligen und selbstbewußten Hundegesichter nur schwer entziehen. Die nahe Verwandtschaft mit dem Wolf fällt sofort auf. Im Gegensatz zu diesem zeigen Grönländer aber oft ein feines Lächeln – und wenn sie erst einmal mit dem Schlitten lossausen dürfen, lachen sie über das ganze temperamentvolle Gesicht.

Nach der Pflege der Hunde und der kurzen Bahnfahrt erreicht das Gespann den Startplatz bei der Schlittenpiste. Diese wird vor den Fahrten mit dem Snowmobil präpariert, damit die Hunde bei ihren fünf Dutzend Schlittenfahrten pro Tag nicht zu sehr im Schnee einsinken. Inzwischen warten die stämmigen Tiere jaulend auf ihren Einsatz. Wer sich als Tourist einmal zum Polarhelden aufschwingen möchte, kann sich in Begleitung des stämmigen Hundeführers auf der rund 1000 Meter langen Schlittenpiste durch die herrliche Eislandschaft ziehen lassen, die auch im Hochsommer ihr tiefwinterliches Aussehen keineswegs ablegt.

Die unermüdlichen Hunde laufen zügig in einer langgezogenen Linie, also nicht in der sonst bekannten Fächerformation der arktischen Eiswüste. Diese Art des Einspannens – unter anderem auch von den Eskimos angewandt – hat sich unter den besonderen Bedingungen des Jochs für die «Jungfrauhunde» als sehr zweckmäßig erwiesen. Für die vielen Touristen bedeutet es ein Erlebnis, diesen prächtigen Geschöpfen in der imposanten Eiswelt mitten in Europa zu begegnen, wo sie sich so wohl fühlen wie in ihrer fernen Heimat.

Das Pferd und wir

Kein Geringerer als Winston Churchill sagte schon vor über 20 Jahren, dadurch, daß das Pferd immer schneller durch die Maschine – vorab durch den Explosionsmotor – aus unseren Ländern verdrängt werde, entstehe eine besonders schwarze Seite im Geschichtsbuch der Menschheit. Wie recht er damals schon hatte, zeigt sich heute: Vor 20 Jahren gab es in unsern Dörfern noch viele Pferde, aber heute fährt man lieber auf zwei Tonnen Stahl röhrend und Luft verpestend auf seinem Acker herum und verbraucht dazu knapp werdende, unersetzliche Rohstoffe, während Pferde vom Ertrag der Wiesen und Felder selbst leben können.

Kamerad Pferd

Im 16. Jahrhundert nahm die bäuerliche Pferdezucht in der Schweiz stärker zu, und das 17. Jahrhundert darf gar als Blütezeit der eidgenössischen Pferdezucht bezeichnet werden. Ein umfangreicher Export von Karossier-, Bast- und Militärpferden setzte ein, bis in den Jahren 1800 bis 1802 ein völliger Ausverkauf der guten Schweizer Pferde für die vielen Kriegszüge Napoleons folgte, was unsere guten Zuchtgrundlagen zerstörte.

Man besann sich wieder auf das eigene Land, denn noch Anfang dieses Jahrhunderts hatten die Pferde den gesamten schweizerischen Straßenverkehr zu bewältigen, und auch die Landwirtschaft blieb vollumfänglich auf Pferde angewiesen: rund 130 000 dieser Tiere arbeiteten für uns. Dann aber kamen Autos, Lastwagen und Traktoren auf, und dementsprechend nahm die Zahl der Vierbeiner ab. 1976 gab es bei uns nur noch 47 000 Pferde und 2 201 221 Motorfahrzeuge.

Neuerdings kommen Pferde wieder in Mode – eindeutiges Zeichen unserer Wohlstandsgesellschaft. Nicht weil man bereits eingesehen hätte, daß der Wirkungsgrad beim Pferd beinahe 100 Prozent beträgt (und beim Motor nur gegen 20 Prozent), sondern weil man sich auf dem Pferderücken naturnäher zu fühlen glaubt. Teure Reitschulen sprießen aus dem Boden, Ponyanlagen mit Futterautomaten werden angeboten, und die Fernsehsportler verlangen nach kitzelnden Pferdespringen und gefährlichen Hindernisrennen. Aber – das muß jetzt doch auch gesagt werden – es hat in unserem Lande noch die echten alten Pferdenarren, die ihren Lieblingen beste Pflege und Liebe geben und ihnen guten Schweizer Boden zur Verfügung stellen.

Das Eidgenössische Gestüt

Selbst nach der Auflösung unserer stolzen Kavallerie im Jahre 1973 ist die Zukunft des Eidgenössischen Gestüts in Avenches gesichert. Der Bund fördert damit die Zucht und Aufzucht des Warmblutpferdes, des Freiberger Pferdes sowie des Haflingers. Während die beiden erstgenannten Rassen seit der Gründung des Gestüts vor 75 Jahren gezüchtet werden, kam das Haflinger Pferd erst 1952 in die Schweiz. Der heute jedem Rekruten bekannte Namensvetter auf vier Rädern stammt ebenfalls aus Österreich, ist beinahe so geländegängig wie das Pferd, aber bedeutend lärmiger als dieses.

Das Gestüt dient ausschließlich der Landespferdezucht. Es steht im Dienste einer zielbewußten Zuchtwahl und sorgt für die Erhaltung bewährter Blutlinien. So werden im ganzen Lande 60 Deckstationen mit bundeseigenen Hengsten beliefert, während um die 90 Hengste bei privaten Haltern eingestellt sind. Hektor Leuenberger, Direktor des Gestüts, schrieb 1976 sehr treffend: «Avenches hat die große und schöne Aufgabe, die inländische Pferdezucht zu verbessern und das Interesse am Pferd wachzuhalten. Wir hoffen nicht ohne Grund, daß die Pferde auch in Zukunft ihre Aufgabe erfüllen werden, die Menschen zum Menschen zu machen, denn das Pferd war dem Menschen seit jeher ein vorzüglicher Lehrmeister.» Wer während Jahren berufshalber täglich mehrere Stunden geritten ist, kann dies nur unterschreiben.

Ein Paradies für Pferde

Seit nun bald 20 Jahren bemüht sich die «Stiftung für das Pferd», in möglichst vielen Menschen die Liebe zu diesen Tieren, die an den Aufbau unserer Kultur einen so entscheidenden Beitrag geleistet haben, wachzuhalten. Zuerst auf der Petersinsel im Bielersee, später in Le Roselet im Berner Jura zwischen schönen Wäldern und Wiesen in einem mustergültigen Bauerngehöft wurden Stätten für ausgediente Pferde geschaffen. Dem Berner Hans Schwarz tat das Herz weh, wenn er diese alten und treuen Tiere, die in einer herzlosen Zeit der Mechanisierung überflüssig geworden waren, für die Schlachtbank verurteilt sah. Mit großem Elan und viel Mut setzte sich der weitgereiste Pferdefreund für die Gründung der Stiftung ein, welche nur von den Spenden ihres treuen Gönners lebt.

Die Arbeit wird von einer neuen, jüngeren Generation von Pferdenarren geleistet. Hier haben die Pferde nicht möglichst viel Ehre und Preisgeld einzubringen wie im Rennstall. Hier sorgt man für sie nur um ihrer selbst willen, damit sie gute Tage haben und sich ihres Pferdelebens erfreuen können. Noch immer ist das Pferd – wie schon zu den Zeiten Salomons – ein wichtiges Zeichen des Reichtums, hier allerdings ein Ausweis für den inneren Reichtum, der sich nicht in Zahlen messen läßt.

Eine Kuh kämpft um Ehren

Gegen Ende Mai kommt im Wallis die hohe Zeit der Kühe und des ganzen Bauernvolkes: in den Tälern Val d'Hérence und Val d'Anniviers finden alljährlich die mit großer Spannung erwarteten Kuhkämpfe statt. Alleinige Stars dieser ländlichen Miss-Ausscheidungen sind die Kühe der Eringer Rasse, unserer urtümlichsten Rinderrasse der Alpenregion. Kenner der südfranzösischen Camargue erinnern sich gewiß der aggressiven Kampfrinder von schwarzer oder dunkelbrauner Farbe, die in den Arenen der Provence zur «Course à la cocarde» anzutreten haben. Zwischen diesen letzten primitiven Rassen besteht heute noch eine enge Verwandtschaft. Bei beiden hat sich das ursprüngliche kämpferische Element, das heiße Blut des Wildtieres beinahe, in viel stärkerem Maße erhalten als bei den behäbigen Milchkühen des Mittellandes.

Im Wallis leben heute nur noch etwa 15 000 Eringer Rinder. Seit langer Zeit wird der Anlaß zum ersten Weidegang und zur Bestoßung der Alpen als eigentliches Volksfest begangen, das im ganzen Lande bekannt ist. Diese sonderbaren Ausmarchungen zeugen von der einfühlenden Beobachtung des ursprünglichen Verhaltens von Rinderartigen durch die Bergbauern und zudem vom zähen Festhalten an einer ganz besonderen Art ländlichen Brauchtums.

Eifrige Frauenrechtlerinnen

Viehhaltung und Zuchtmethoden bringen es mit sich, daß nur die Kühe um Rang und Ehre zu streiten haben. Wie würde dieses Spektakel wohl aussehen, wenn – wie das im Freileben zweifellos der Fall wäre – ebenso viele Stiere aufeinanderprallten! Vor Jahren habe ich mich selbst mit dem hochinteressanten Sozialverhalten der halbwilden Camargue-Rinder befaßt und kenne deshalb die Gründe für diese angeborene Kampflust. Jeder Viehzüchter wird mir bestätigen, daß in allen Kuhherden feine Rangordnungen bestehen. Es geht bei den Kämpfen ganz eindeutig um das Erringen einer Spitzenposition, was natürlich auch Auseinandersetzungen um die tieferen Ränge nach sich zieht, bis jedes Rindvieh weiß, wo sein Platz ist.

Warum, um alles in der Welt, brauchen denn diese Weiber auf der Weide eine derart klar abgestimmte Ordnung? Alle Rinderartigen zeigen ein ausgesprochen enges Sozialleben, das den Herdenzusammenhalt regelt und die individuelle «Ellbogenfreiheit» gewährleistet. Jeder junge Stier muß sich erst einmal durch die ganze abweisende Phalanx der weiblichen Herdenmitglieder hinaufkämpfen, bevor er das gleiche bei den Männern in Angriff nimmt. Das soziale Gedächtnis der Tiere ist erstaunlich. Auch in reinen Weiberherden kennt jedes einzelne seine Stellung und diejenige der Rivalinnen und versucht bei jeder sich bietenden Gelegenheit, seinen Einflußkreis zu erweitern.

Bitte keinen Fendant!

Viel buntes Volk strömt schon zu den Ausscheidungskämpfen zusammen. Sobald eine Kuh ausweicht oder die Flucht ergreift, hat sie verloren und muß weggeführt werden. Laut brüllend sieht sich die Siegerin nach einem neuen Kampfpartner um, vom Besitzer mühsam am Halsband festgehalten, denn die Reihenfolge ist zuvor genau ausgelost worden.

Den meisten Auseinandersetzungen gehen wilde Drohzeremonielle voraus: die Kühe scharren mit den Vorderbeinen so heftig, daß Erde und Gras über den Rücken der Tiere fliegen; manche knien sogar hin und reiben Kopf und Hals am aufgewühlten Grund. Plötzlich stürzen beide Rivalinnen aufeinander zu und prallen mit dumpfem Knall zusammen. Nicht selten bricht dabei ein Horn. Nach dem Kampf vertreibt die Siegerin die Unterlegene voller Ungestüm ein ganzes Stück und versucht ihr in den Leib zu stoßen. Aber so schnell wie möglich werden die zwei von den Bauern getrennt.

Kampfunlustigen wird hie und da etwas Fendant eingeschüttet, der sie auf die Beine bringen soll. Man gibt dies natürlich nur verstohlen zu. «Nützen tut es nichts», meinte ein Kenner. «Wer keinen Mumm hat, bekommt davon nicht mehr Kampfgeist!»

La reine des reines

Schon Wochen vorher zirkulieren in den Dörfern Mutmaßungen über den Ausgang der Kämpfe, denn eine ranghohe Kuh verkauft sich im Herbst natürlich besser. Eine «reine» (Königin) zu besitzen ist deshalb der heiße Wunsch jedes Walliser Bauern. Erst nach dem Zweiten Weltkrieg folgte den regionalen Ausscheidungen ein eigentliches kantonales Finale, wo die stolzen Königinnen gegeneinander anzutreten haben. Die Siegerin dieser «Grande Finale» wird schließlich zur «reine des reines» ausgerufen. Auf den Besitzer warten neben der großen Ehre auch allerhand Ausgaben für Getränke.

Im Verlaufe des Sommers gibt es auf vielen Weiden in den hinteren Rängen einige Verschiebungen, die indessen nicht von Bedeutung sind. Nur die Königin behauptet mit Würde ihre hohe Stellung: sie trennt streitende Genossinnen, weiß sich Achtung zu verschaffen und weidet unangefochten an den besten Plätzen. Im Herbst schmückt man sie beim Alpabtrieb mit reichen Blumengirlanden und läßt sie beim feierlichen Einzug ins Dorf allein an der Spitze gehen.

Wildtiere folgen dem Menschen

Raum für alle hat die Erde, heißt ein altes Dichterwort. Es stimmt heute nicht mehr ganz, seitdem der Mensch sich in der Natur durchgesetzt hat. Wieviel Unheil hat er doch schon über die Tierwelt gebracht, wieviel Unordnung in ihrer ursprünglichen Lebensweise gestiftet! Die entsetzlichen Bilder von Rehen und Füchsen mit festgeklemmten Blechbüchsen am Lauf oder am Kopf, von überfahrenem und in Drahtzäunen erhängtem Wild mahnen uns nur zu deutlich an den unseligen Einfluß unserer technisierten Welt auf die einheimische Fauna. Indessen darf nicht vergessen bleiben, daß sich viele Tiere ans Dasein des Menschen in einem Maße gewöhnt haben, das ihre Existenz sozusagen von ihm abhängig gemacht hat. Seine Lebensgewohnheiten, seine Behausungen und Nahrungsvorräte sind für manche Arten zum festen Bestandteil einer neuen Lebensweise geworden, indem sie sich den gesicherten Verhältnissen geschickt angepaßt haben. Andere Arten sind den menschlichen Einrichtungen auf teilweise beinahe unglaubliche Manier gefolgt. Man bezeichnet diese Tiergruppe auch als technophil – oder der Technik zugewandt.

Wenn wir vom Menschenfloh, von der Bettwanze, der Kleidermotte, der Kopflaus, der Küchenschabe und vom Bücherwurm absehen, bleiben unter den höheren Wirbeltieren noch genügend Tierformen, die zum Teil von uns die Bezeichnung «Haus-» bereits für immer erhalten haben.

Spatzen und andere

Eine menschliche Siedlung ohne den Haussperling ist heute geradezu undenkbar. Von allen Dächern, Gemäuern und Höfen schilpt uns der Spatz mit einiger Dreistigkeit entgegen, brütet dank der reichlich abfallenden Brosamen drei- bis viermal im Jahr im Schutze unserer Häuser, beschlagnahmt Schwalbennester und Starenkästen und holt sich vom Hühnerfutter, Obstgarten und Speicher seinen Anteil.

Seit altersgrauen Zeiten haben auch die Rauchschwalbe und die Mehlschwalbe die Gebäude des Menschen in ihren Lebensbereich eingeschlossen, und der mit gellendem Geschrei um die Kirchtürme jagende Mauersegler steht ihnen nicht nach. Frühmorgens läßt als einer der ersten unser hübscher Hausrotschwanz sein Liedchen vom Dachfirst erklingen, die Amsel flötet gleich nebenan, und der Star macht sich im Kirschgarten und Rebberg manchmal äußerst unbeliebt.

Auch die Tauben schätzen den menschlichen Wohnsitz. An den Domen beschmutzt die Haustaube schöne alte Heiligenstatuen, während die neuerdings zugewanderte Türkentaube Fernsehantennen dazu benützt, um von ihnen herab frühmorgens die ruhebedürftigen Städter mit ihrem endlosen Gegurre zu stören.

Schrecken der Hausfrau

In vorgeschichtlicher Zeit hat sich eine Maus die Vorteile der Getreidereserven unserer ersten ackerbauenden Vorfahren zunutze gemacht und ist zur gefürchteten, vom Menschen mit allen Mitteln bekämpften Hausmaus geworden. Sie fehlt heute in den ländlichen Häusern ebensowenig wie in den städtischen Witzblättern und in den Trickfilmen. Ihr beharrliches Festhalten am Schmarotzerdasein im Menschenhaus hat dazu geführt, daß man die raffiniertesten Fallen erfinden mußte, und eine Haustierart – Katze genannt – verdankt der Maus sogar die Domestikation.

Alte Häuser, Kellergewölbe und Kanalisationen bilden das Dorado für die noch unbeliebteren Ratten. Als ursprüngliches Baumtier bevorzugt die Hausratte eher die oberen Stockwerke und Estriche, während die aus flacheren Steppengebieten stammende Wanderratte mehrheitlich unterirdische Wohngelegenheiten belegt. Die den menschlichen Vorräten durch Milliarden von Ratten zugefügten Schäden machen alljährlich ungeheure Summen aus.

Wilde Räuber in der Stadt

Nicht nur unsere Kehrichtablagen ziehen den Fuchs in eine gewisse Abhängigkeit von humanen Nahrungsquellen, auch jede Großstadt selbst beherbergt seit langem schier unglaubliche Scharen des roten Lebenskünstlers (z.B. London: 3000 Füchse). Pflanzplätze, Vorstadtgärten und auch Friedhöfe sind für ganze Fuchsfamilien beliebte Aufenthaltsorte geworden, von denen die meisten Bürger nicht die geringste Ahnung haben. Selbst der vorsichtige Dachs ist gelegentlich mitten in der Stadt anzutreffen.

Früher gab es in alten Stadtteilen viel Gemunkel über Spukhäuser. Professor Hediger ist diesen merkwürdigen Geräuschen nachgegangen und ist heute fest davon überzeugt, daß mindestens 80 Prozent des nächtlichen Spuks in alten Geisterhäusern von – Hausmardern besorgt wurden. Die flinken Gesellen bewohnen gerne alte Dachböden, und wenn dort noch allerlei Gerümpel herumliegt, machen sie sich einen Spaß daraus, nachts damit einen höllischen Spektakel zu veranstalten. Furchtsame Gemüter verließen solche Häuser mit Schrecken, während gewitzte Käufer die Liegenschaften zu einem Spottpreis erwarben und den hübschen kleinen Lärmverursachern beherzt die Wohnstatt kündigten.

Von Haus- und Wildkatzen

Viele Hauskatzen sehen sehr ähnlich aus wie ihre Wildart. Die Katze ist die einzige Tierart der Schweiz, bei deren Farbe und Zeichnung so geringe Unterschiede möglich sind, daß man nicht immer mit Sicherheit auf die eine oder die andere Form schließen kann. Beinahe alle Wildkatzen besitzen auch etwas Hauskatzenblut, da sich viele verwilderte Tiere in unsern Wäldern verbergen. Um so erstaunlicher ist der Haß, mit dem die Wildart von den Jägern stets verfolgt worden ist. Im Walde kann jeder derbe Bauernkater ebensoviel Unheil anrichten wie der wilde – falls man ihn dessen bezichtigen will. Man hat im Magen einer einzigen Wildkatze schon Reste von zwei Dutzend Mäusen vorgefunden.

Tigerlis Heimat

Von den Felinae oder Kleinkatzen gibt es (nach Haltenorth) auf der Erde 14 Gattungen und 26 Arten. Nur eine – die Wildkatze – lebt in Mitteleuropa, ferner die Hausform in ein paar Dutzend Rassen. Man nimmt heute allgemein an, daß unsere Hauskatze nicht von der einheimischen Wildart abstammt, sondern von nordafrikanischen Falbkatzen mit Fleckenmuster. Die Wildkatze war früher ebenfalls ein Bewohner afrikanischer Savannen, entwickelte sich aber in unserem Klima allmählich zu einem Waldtier mit gestreiftem Pelz. Unser Tigerli gleicht vor allem dieser Waldkatze – bis auf den hellen Nasenspiegel, den kurzen buschigen Schwanz und die meist waagrecht gehaltenen Ohren. Neben dem Tiger gibt es noch langhaarige, kurzhaarige und schwanzlose Katzenrassen in vielen verschiedenen Farbvarianten. Im Gegensatz zu den Hunderassen hingegen entstanden bei den Katzen keine Zwerg- oder Riesenformen.

Die Hauskatze gelangte ungefähr im Mittelalter in unsere Regionen. Man brauchte sie der vielen Mäuse wegen – denn erst sie machte den Ackerbau mit Vorratswirtschaft möglich –, vermochte aber aus ihr keinen anhänglichen Begleiter des Menschen zu formen, sondern gab ihr bloß eine Wohnstatt. Als eigenwilliger und selbständiger Jäger im Bereich des menschlichen Heims bekundet sie denn auch stets größte Zurückhaltung, denn sie bleibt Einzelgänger. In ihrer Umwelt existiert eben kein führendes oder befehlendes Mitwesen.

Wilde Katzen

Im zentraleuropäischen Raum bevorzugte die Wildkatze vor allem Mittelgebirgslagen der Voralpen und tiefere Biotope entlang den Alpenflanken. Als echter Mäusejäger ist sie auf schneeärmere Gebiete angewiesen. Deshalb war sie in unsern zentralalpinen Räumen nie heimisch, sondern hielt sich vorwiegend in den weiten Waldungen des Juras auf.

Wildkatzen bewohnen ein festes Revier von zwei bis drei Quadratkilometern. In felsigen Waldregionen fühlen sie sich besonders wohl, da sie dort genug heimliche Schlupfwinkel, verlassene Fuchs- und Dachsbaue sowie alte Baumhöhlen vorfinden. Am Tage räkeln sie sich gerne in der warmen Sonne. Starke Kuder – sie können bis zu zehn Kilogramm schwer werden – reißen mitunter kleine Rehkitze und Hasen, gewöhnlich erbeuten sie aber allerhand Vögel, Ratten, Eichhörnchen, Frösche, Fische und vor allem recht stattliche Zahlen von Wühlmäusen. Als der Mensch nach einer langen, langen Periode der schonungslosen Verfolgung endlich zur Erkenntnis gelangte, daß ihre Tätigkeit als natürliche Mäusevertilger weit mehr Vorteile bringt, war es beinahe schon zu spät.

Wo steckt die Wildkatze?

Allerletzte Vorkommen reiner Wildkatzen wurden im Jura vermutet. Seit 1963 ist die Art in der Schweiz geschützt – und im selben Jahr wurden bereits die ersten Exemplare in Freiheit gesetzt: am Augstmatthorn und am Doubs bei Saint-Brais. Obwohl der letzte Abschuß offiziell von 1959 datiert, wurden in der Ajoie noch in den siebziger Jahren drei Tiere «irrtümlich» erlegt, und von den vielen weiteren zufälligen Opfern von Verwechslungen wird nur gemunkelt.

Es wäre vermessen, Beobachtungsstandorte für dieses im verborgenen lebende und vorsichtigste unserer Tiere anzugeben. In der Westschweiz muß die Wildkatze früher aber weit verbreitet gewesen sein. Das heutige Wissen um die arteigenen Bedürfnisse erlaubt deshalb Wiederansiedlungsversuche größeren Ausmaßes, da man aus noch intakten Vorkommen unseres westlichen Nachbarlandes schöpfen kann.

In den letzten zwei Jahren wurden gut zwei Dutzend Wildfänge aus dem französischen Burgund in die Jurawälder des Waadtlandes umgesiedelt. Seither sieht und hört man aber wenig von ihnen. Die Initianten – einmal mehr unermüdliche Privatleute aus Kreisen des Naturschutzes, mit dem Sinn für die Wiederherstellung einer artenreichen Schweizer Fauna – sind indessen zuversichtlich, was den Erhalt der Art auf unserem Boden anbelangt. Ob sich die Wildkatze aber dereinst im ganzen Raume entlang der westlichen Landesgrenze wird wieder ausbreiten können, hängt von uns allen ab. Von allen Schweizer Bürgern, die ihrer Trägheit oder ihrem Unwillen zum Trotz gewillt sind, Tiere, die sie wahrscheinlich nie sehen werden und die allen und niemandem gehören sollen, in unserer Umwelt zu dulden.

*Wie alles sich zum Ganzen webt,
eins in dem andern wirkt und lebt!*
Goethe

Ein Leben für Tierforschung I

Die Schweiz hat eine große Zahl führender Professoren der Zoologie hervorgebracht, deren reiches Forschen weltweites Ansehen genießt. Manche unter ihnen widmeten ihre volle Schaffenskraft ein Leben lang einem einzigen kleinen Tier, erzielten jedoch derart aufsehenerregende Ergebnisse, daß die Wissenschaft, aber auch die Erkenntnisse über das Leben unserer Mitgeschöpfe und die Wunder der Natur in ein völlig neues, glänzendes Licht gerückt wurden. Wir wollen uns für eine Weile in die geheimnisvolle Welt der zoologischen Forschungsarbeit vertiefen, indem wir vier der namhaftesten Schweizer Zoologen auf ihrem interessanten Weg begleiten.

Professor Fritz Baltzer (1884—1974)

Fritz Baltzer war von 1921 bis 1954 Leiter des Zoologischen Instituts der Universität Bern. Er gelangte innert kurzer Zeit zu internationalem Ansehen, vor allem durch seine Forschungen auf dem Gebiet der experimentellen Entwicklungsphysiologie an See-Igel-Larven und die Geschlechtsbestimmung am grünen Meerwurm Bonellia. Seinen Schülern war er ein begnadeter Lehrer. Wie viele Schweizer Forscher zog es Baltzer ans Mittelmeer, wo er an der zoologischen Station von Neapel bedeutende Exkursionen leitete. Noch heute spricht man vom legendär gewordenen Leistungsvermögen des Professors, der noch mit 80 Jahren bis Mitternacht arbeitete und beim Morgengrauen bereits wieder aufs Meer hinausfuhr.

Der grüne Wurm

An seinen See-Igeln konnte Baltzer durch Bastardierungsversuche nachweisen, daß eine normale Entwicklung der individuellen Eigenschaften nur durch ein harmonisches Zusammenwirken von Zellkern und Zellplasma zustande kommen kann – was vor 50 Jahren alles andere als selbstverständlich war. Später wandte er sich aber dem hübschen grünen Wurm zu.

Dieser – Bonellia viridis mit Namen – lebt als nußgroßes Tier in Felsspalten der Uferzone und streckt einen über 50 Zentimeter langen Rüssel aus, dessen Endlappen nach Nahrung tasten. Das Erstaunlichste an diesem sonderbaren Lebewesen sind jedoch die Geschlechter: das Männchen fristet als ein bis zwei Millimeter winziger Schmarotzer am Körper des Weibchens ein Kümmerdasein. Durch geschickte Versuche fand nun Professor Baltzer heraus, wann die geschlechtlich noch völlig unbestimmten Larven männlich – das heißt zwerghaft – werden: wenn sie auf einen grünen Rüssel zu sitzen kommen, wo sie aus dem weiblichen Körper Stoffe aufnehmen, die ihr Weiterwachstum verhindern. Isolierte Larven hingegen wachsen zu großen Weibchen heran.

Professor Ernst Hadorn (1902—1976)

Wenn sich der Zürcher Baltzer nach Bern gerufen fühlte, zog es den Berner Hadorn in die Limmatstadt. Als Professor Hadorn 1942 zum Ordinarius erwählt wurde, nahm das Zoologische Institut Zürich einen Aufschwung sondergleichen. Als Schüler Baltzers fesselten ihn vor allem Fragen der Entwicklungslehre: wie wird aus der *einen* Eizelle der aus Billionen von Zellen bestehende Organismus, in dem die verschiedenen Funktionen in sinnvoller Weise aufeinander abgestimmt sind und nebeneinander ablaufen. Nach anfänglicher Beschäftigung mit Amphibienkeimen wandte sich Hadorn der gemeinen Taufliege Drosophila zu, einem winzigen, aber hervorragenden Forschungsobjekt für die Vererbungslehre.

Nur eine winzige Fliege

An der Larve dieser nur zwei Millimeter kleinen Fliege entdeckte Hadorn die Ringdrüse, welche das für die Umwandlung zum Insekt notwendige Hormon liefert. Dieses löst im Zellgebilde der sogenannten Imaginalscheibe die Entwicklung aus, so daß aus ihr innert weniger Tage eine fertige Fliege entsteht.

Diese Imaginalscheibe faszinierte Hadorn. 1962 begann er, Teile davon im Hinterleib geschlechtsreifer Fliegen zu «züchten». Hier begannen sie zu wachsen, man konnte sie wieder herausholen, zerstückeln und abermals einpflanzen. In Larven eingebettete Stückchen konnten experimentell zur Entwicklung von Fliegen gebracht werden; die einzelnen Teile des künftigen Fliegenkörpers schienen jedoch unwiderruflich programmiert zu sein.

Aber Unglaubliches geschah: obwohl Hadorn Teile des künftigen Geschlechtsapparates verpflanzt hatte, entwickelten sich im Fliegenbauch daraus plötzlich Beine! Was hatte diese Umprogrammierung bewirkt, und wieso konnten angehende Geschlechtszellen wie auf Kommando auf einmal perfekte Beinteile herstellen? Mit einem Schlag war die Schule Hadorns weltberühmt geworden, denn: «Was für Drosophila gilt, muß auch für einen Elefanten Geltung haben!» Und damit ist praktisch auch schon die Humanmedizin angesprochen. Hadorn aber arbeitete weiter an seinen Fliegen. Er hatte ein Wunder der Schöpfung gesehen.

Ein Leben für Tierforschung II

Professor Heini Hediger

Als H. Hediger im Jahre 1935 zum Privatdozenten am Zoologischen Institut Basel wurde, unternahm die Tierpsychologie oder Verhaltensforschung gerade ihre ersten Gehversuche. Heute ist diese Forschung – nicht zuletzt dank der wichtigen Impulse aus Hedigers reichhaltiger Arbeit an Wild- und Zootieren – zu einem unerhört interessanten Forschungsgebiet geworden.

Nach einer Lehrzeit im Tierpark Arth-Goldau kam Hediger 1938 als Verwalter des städtischen Tierparks Dählhölzli nach Bern, 1944 übernahm er den Zoologischen Garten seiner Heimatstadt Basel und 1954 den Zürcher Zoo. Unter seinem maßgebenden Einfluß wurde die altmodische Tierhaltung zur modernen Tiergartenbiologie, konnten unzählige Vorurteile über das Verhalten von Wildtieren in Gefangenschaft abgebaut werden und erhielt endlich der Tiergarten als Stätte für die Erforschung des Tierlebens den ihm zukommenden Platz.

Mist wird nicht vergeudet

Im «Zolli» durften wir als Studenten mit Professor Hediger zahlreichen Demonstrationen über das tierliche Verhalten beiwohnen. So führte er uns zum Beispiel ans Gehege der Zwergflußpferde und erklärte uns ihre Art der gezielten Kotabgabe: mit wirbelnden Schwanzschlägen wird der Kot über eine weite Fläche verteilt und so die ganze Umgebung mit dem persönlichen Artgeruch versehen. Wir lernten, daß selbst Ausscheidungen vielfach in den Dienst der Orientierung und der Kennzeichnung des Wohnraumes gestellt werden.

Hediger hat als einer der ersten die Bedeutung des Raum-Zeit-Systems und des engeren Wohngebiets (Territorium) der Tiere erkannt und beides sowohl ins wissenschaftliche Denken als auch in die Tiergartenbiologie einbezogen. Auch Fuchs und Marderartige lassen als weitgehend «wohnraumtreue» Geschöpfe ihren Kot nicht einfach irgendwo fallen, sondern setzen ihn gerade an den auffälligsten Orten, mit Umsicht sorgfältig plaziert, ab. Hediger beschrieb auch, wie viele andere Arten ihren Wohnraum durch Drüsensekrete, Kratzspuren, Harnmarken, auffälliges Verhalten, Schreie oder Gesänge gegen ihre Artenossen abzugrenzen pflegen, daß sich aber die übrigen Tiere darum nicht zu kümmern haben.

In zahlreichen Büchern, Schriften und Publikationen in Fachwerken hat Hediger ein außerordentlich reiches Gedankengut verbreitet und damit viel zum Verständnis sowie zum Schutz unserer heimischen Tierwelt beigetragen.

Professor Adolf Portmann

Mit 36 Jahren wurde A. Portmann zum Ordinarius für Zoologie der Universität Basel ernannt. Während vier Jahrzehnten blieb er der alten Zoologischen Anstalt seiner Heimatstadt nicht nur in Treue verbunden, sondern brachte sie auch zu großem internationalem Ansehen. Es gibt wohl kaum eine Tiergruppe, die von Portmann nicht geschätzt und mit Sorgfalt bearbeitet worden ist. Sein Hauptinteresse gilt jedoch dem Bau und der Entwicklung des Wirbeltierkörpers, nicht zuletzt aber dem Menschen selbst, den er aus biologischer Sicht her zu deuten sucht. Wie kein zweiter Biologe unserer Zeit vermag er die moderne Lebensforschung mit den entscheidenden Fragen nach der Entwicklung und Sonderart des Menschen zu konfrontieren.

Die leuchtenden Schnecken

Die Liebe Portmanns wandte sich schon früh den herrlichen Tiergestalten der marinen Fauna zu, den Tintenfischen, den bizarren Muschelformen und vor allem dem lichten Farbenwunder der gehäuselosen Aeolidier-Schnecken. Als Teilnehmer an den unvergeßlichen Exkursionen am Mittelmeer versank man mit Portmann in eine fast unfaßbare Welt schöner Formen, leuchtender Farben und geheimnisvoller Lebensrätsel. Er verstand es meisterhaft, Zusammenhänge hervorzuheben und die Fülle des Geschauten auf jene Ebene zu tragen, von der aus sich etwas von der höheren Ordnung des Lebendigen ahnen ließ. Das Verfahren des biologischen Vergleichs erhielt denn auch durch Portmann auf der ganzen Palette der tierlichen Erscheinungen ein ganz neues Gewicht.

Allein Fachkundige vermögen zu ermessen, was das Werk Portmanns an Impulsen ausstrahlt und an neuen biologischen Aussagemöglichkeiten eröffnet. In über 100 Radiovorträgen, seinen zahlreichen Diskussionen und Referaten sowie gut zwei Dutzend Büchern und Schriften hat er der Öffentlichkeit als Erzähler, Denker und Mahner seine Erkenntnisse mitgeteilt, die er aus dem Reichtum seines Wissens großzügig schöpfen konnte. Er sagt: «Die Naturfreude führt auch zum Bedürfnis, die andern teilnehmen zu lassen!»

Noch vielen weiteren großen Forschern unseres Landes verdanken wir wegweisende Erkenntnisse über unsere schöne Tierwelt. Ihr Schaffen trägt dazu bei, daß wir uns unter den tausendfachen Tiergestalten wohl fühlen und unser eigenes Sinnen über die Wunder der Natur angespornt wird. Wir haben ihnen zu danken.

Unsere Kinder möchten ein Tier

Über die Hälfte der deutschschweizerischen Familien halten für ihre Kinder ein Heimtierchen. Etwelche Klagen aus Kreisen des Tierschutzes lassen indessen erkennen, daß die Tiere mancherorts weniger nach dem Motto Tierparadies/-heim gepflegt werden, denn aus Gründen der Freizeitgestaltung, des Schaffens von Naturersatz oder gar aufgrund einer spontanen Laune, die bald einmal in Reue übergeht. Zu leiden haben aber die «Wegwerf»-Tierchen. Aus Unkenntnis oder Nachlässigkeit wird in deren Behandlung nicht selten jener Grad erreicht, für den der Begriff Tierquälerei verwendet werden muß.

Daß diese Klagen keineswegs nur ein Ruf unserer Zeitgenossen sind, beweist uns ein beinahe hundertjähriger Ausspruch Tiervater Brehms: «Schildkröten halten sich nicht deshalb so gut, weil sie genügsam sind, sondern weil sie so langsam sterben.» Der Import fremdländischer Tiersorten aller Gattungen hat heute einen Stand erreicht, der zu sehr ernsthaften Bedenken über die Gefahr der Ausrottung einzelner Arten Anlaß gibt, welche nur durch eine drastische Senkung der Nachfrage zerstreut werden könnten. Die Umsätze gehen mittlerweile in die Millionen.

Fridolin der Zweite

Zum großen Glück ist heute das Goldfisch-Kugelglas praktisch aus unseren Zimmern verschwunden. Ein gutes Aquarium mit einem oder zwei schönen, ruhigen gemeinen Goldfischen – nicht die verkrüppelten Schleierschwänze! – ist etwas ungemein Anziehendes. Ich pflegte sie jahrelang zu halten, nannte sie Fridolin und gewann jedesmal eine beinahe innige Beziehung zu ihnen. Eines Nachts träumte ich so intensiv von Fridolin dem Zweiten, daß ich erwachte und voller Unruhe Nachschau hielt: er lag matt zuckend auf dem Teppich, denn jemand mußte vergessen haben, die Deckscheibe aufzulegen. Fridolin aber ward gerettet.

Vorsicht aber bei den bunten Korallenfischen! Sie sind meist von Anfang an Todeskandidaten; ich weiß, wovon ich spreche. Nach meiner Rückkehr von einem Korallenriff mußten unbedingt ein paar der ebenso prächtigen wie heiklen Geschöpfe her. Selbst bei sachkundiger Pflege halten sie jedoch nicht lange im Zimmeraquarium aus. Jetzt aber, wo ich weiß, wie hoch die jährlichen Importe sind, wie viele dieser Kleinode der Tropen in ihren winzigen Behälterchen auf dem Transport sterben – was einkalkuliert wird – und was ihnen im neuen «Heim» alles blüht, will ich auf solchen Zimmerschmuck verzichten und wieder zum guten alten dicken Goldfisch raten. Für höhere Ansprüche gibt es heute auch viele bei uns gezüchtete Schmuckfische aus fernen Ländern.

Laß Tiere sprechen

Dem Drängen eines Kindes nach einem hübschen Zimmergenossen sollte man erst nachgeben, wenn man über die Haltung genügend Bescheid weiß. Literatur darüber gibt es heute genug. Meine Tochter wünschte sich sehnlichst einen sprechenden Wellensittich. Statt dessen beschafften wir uns ein Paar – Klara und Felix –, dazu ein Nistkästchen. Ich ahnte indessen nicht, wieviel Arbeit an Kinderaufklärung mir die lebhaften Vögel abnehmen würden, denn meistens «züchteten» sie während des Mittagessens, so daß diese Vorgänge bald zur Selbstverständlichkeit wurden. Die schönen Erlebnisse mit der ganzen Aufzucht der Jungen trösteten unsere Kinder bald einmal über das Ausbleiben von Sprechkünsten hinweg. Nur die Einzelhaltung kann zum Sprechen führen, aber diese ist bei diesen überaus geselligen Kleinpapageien eine gar zu harte Strafe.

Tiere können kaum klagen, nur leiden. Sie sind ihrem Besitzer ausgeliefert. Das erste Ziel jeder Kleintierhaltung sollte deshalb sein, es den Pfleglingen so erträglich wie möglich zu machen.

Glück mit Tieren

Es gibt seriöse Tierhandlungen und andere. Man sieht selten so viele Gaffer an Schaufenstern stehen wie vor Tierhandlungen mit geschickt gestalteter Auslage. Aus einer Mischung von Mitleid, Begehrlichkeit und Sensationslust besteht die Empfindungsskala der Menge, die sich an Affen, Schlangen, Vogelspinnen und dem Zappeln spottbilliger Wasserschildkröten ergötzt. Wenige wissen, daß bei letzteren die Todesrate bei über 90 Prozent liegt.

Aber es soll ja vom Schönen die Rede sein, was man mit richtig gepflegten Heimtierchen erleben kann!

Ein gutes Fachgeschäft wird sich zuerst einmal den Käufer ansehen. Meerschweinchen und Goldhamster sind geeignete Heimtiere für kleinere Kinder. Ihre Haltung ist problemlos, man kann sie nach der Futtereinnahme anfassen, und ihr Geruch bleibt erträglich. Spring- und Rennmäuse setzen große Käfige voraus, dürfen aber zu den idealen Heimtieren gezählt werden, die – bei geeigneter Anleitung durch verständnisvolle Eltern – sehr hübsche Beobachtungen ermöglichen. Vom günstigen Einfluß der Eltern hängt sehr viel ab; und zwar nicht nur für den Erziehungs- und Erlebniswert für die Kinder, sondern auch für das Los der kleinen Geschöpfe selbst. Nur glückliche Tiere bringen auch Glück ins Haus.

Vorhergehende Seite: Laubfrosch in Lauerstellung. Im letzten Jahrzehnt hat dieses Schmuckstück unter den Amphibien stark abgenommen. Wie alle andern Vertreter dieser Tiergruppe verbringt auch er seine Entwicklungszeit im Wasser. Später lebt er ausschließlich im grünen Gezweig, wo er dank seiner Körperfarbe ausgezeichnet getarnt ist. Bei mangelndem gelbem Farbstoff entstehen sehr selten auch blaue Laubfrösche.

Rechts: Das stark vergrößerte Auge eines Frosches offenbart uns die ganze Schönheit dieses vielseitigen Gebildes.

Unten: An seichten Stellen versteckter Tümpel sammeln sich die Kaulquappen des Grasfrosches zu dichten Knäueln. Die Entwicklung zum Fröschlein kann – je nach der Wassertemperatur – viele Wochen dauern. Nun bilden sich unter der Haut die Vorderbeine, und an der Schwanzwurzel sprießen die langen Hinterbeine.

Unten: Auf Beute wartende Wasserfrösche. Erschrecken wir sie, hüpfen sie mit elegantem Kopfsprung ins Wasser und wühlen sich im Schlamm ein. Es sind recht stürmische, laute und wilde Bewohner unserer Weiher.

Rechts: Das Männchen der Geburtshelferkröte trägt die vom Weibchen übernommenen Laichschnüre während zwei bis drei Wochen an den Hinterbeinen. Man nennt diese Art auch Glockenfrosch, da das Geläute ihrer Rufe angenehm an unser Ohr dringt.

Unten: Froschlaichklumpen. Nach der Ablage quillt der Laich um ein Mehrfaches, weil die Gallerthüllen der Eier Wasser aufnehmen. Ein gleichmäßiger Wasserstand ist für die Entwicklung der Tierchen äußerst wichtig.

Oben: Steil aufgerichtet, erwartet die warzige Erdkröte ihre Widersacher – auch auf der Autobahn. Diese Drohstellung nützt ihr nur gegen tierliche Feinde, Autoreifen lassen sich nicht beeindrucken! Erdkröten bewältigen auf ihrer Wanderschaft nach den Laichstellen oft viele Kilometer.

Mitte: Erdkröten legen lange Laichschnüre, die im Wasser schweben. Bald wachsen die dunklen Kügelchen zu länglichen Gebilden heran und werden zu Kaulquappen.

Links: Die Paarbildung findet bei Erdkröten oft schon lange vor Erreichen des Laichplatzes statt: das Weibchen trägt das kleinere Männchen huckepack zum Wasser. Das Bellen und Knurren der sich festklammernden Männchen tönt weithin durch die lauen Frühlingsnächte.

Oben: Trübe, besonders lehmige, stark mit Wasserpflanzen besetzte Tümpel bilden den Lieblingsaufenthalt unserer zierlichen Gelbbauch-Unke. Mehr noch als der Wasserfrosch sind Unken ans Wasser gebunden. Bei Gefahr können sie ihre grelle Bauchseite zur Abschreckung flugs nach oben kehren.

Links: Der Bergmolch ist ein Vertreter der wasserbewohnenden Schwanzlurche. Während der Paarungszeit trägt das Männchen ein auffallend buntes Hochzeitskleid, das Weibchen bleibt einfacher gefärbt.

Rechts: Einen besonders schönen Anblick bietet der prächtige Feuersalamander, ein landbewohnender Schwanzlurch, der aber feuchte Stellen bevorzugt. Früher glaubte man, ein Feuer löschen zu können, indem man ein solches Tier lebend hineinwerfe...

Vorhergehende Doppelseite: Feldgrillen vor der Wohnröhre, links das Weibchen. Grillen sind echte Kämpfernaturen. Mit dem bekannten Zirpen im Juni lockt das Männchen vorübergehend ein Weibchen herbei.

Rechts: Die leuchtenden Schillerfarben der Blattkäfer sind eine wahre Augenweide!

Unten: Unser guter alter Maikäfer wird langsam zur Seltenheit. An den langen buschigen Fühlern erkennen wir ein Männchen. Die dicke Larve, der Engerling, lebt drei Jahre im dunklen Erdreich und ernährt sich von Wurzeln.

Links: Gewöhnlich ist der Totengräber *unter* den Tierleichen zu finden; hier begutachtet er eine tote Amsel. Ein Pärchen dieser Käfer kann in kurzer Zeit ein Tier völlig eingraben und so einen Nahrungsvorrat für seine Larven schaffen.

Unten: Zwei streitende Männchen des imposanten Hirschkäfers, unserer schönsten und größten Käferart. Die bis zu elf Zentimeter langen, fingerdicken Larven ernähren sich fünf bis sechs Jahre lang von vermodertem Holz alter Eichen; deshalb ist das Vorkommen dieser Art auf Eichenwälder beschränkt. – Der Hirschkäfer muß geschützt werden!

Links oben: Geisterchen oder Federmotte wird dieser hübsche Falter genannt. Es gibt Dutzende von Arten dieser kleinen Tarnkünstler.

Links: Der herrliche Apollo trägt auch den Namen «König der Berge».

Oben: Überall häufig ist der Kleine Fuchs oder Nesselfalter. Seine dunklen, mit grün-gelben Längsstreifen gezeichneten Raupen findet man an Brennesseln. Dieser Falter gehört zu jenen, die bei uns überwintern, so daß man ihm schon zeitig im Frühjahr begegnen kann.

Rechts oben: Der prächtige Schwalbenschwanz!

Mitte rechts: Blutströpfchen oder Zygänen sind gar nicht scheu.

Rechts: Der samtene Kaisermantel. Seine gelb-braune Larve lebt an Veilchen und Himbeerstauden.

Oben: Ein heißhungriges Tier ist die Gottesanbeterin: kein Insekt ist vor ihr sicher!

Unten: Jungtier des Grünen Heupferdes auf einem Klatschmohn.

Mittlere Reihe, von oben nach unten:
Eine Libelle am Ende des mühsamen Schlüpfaktes.
Gebänderte Prachtlibelle.
Rote Große Pechlibelle.

Rechte Seite: Schlankjungfern im Paarungsring. Das Männchen (oben) hält das Weibchen im Nacken fest; dieses entnimmt mit seinem Hinterende den Samen der Samentasche des Männchens.

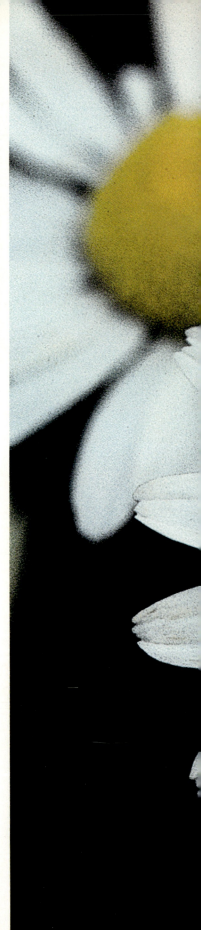

Oben: Hornissen sind unsere größten Wespen. Hier wird emsig am Flugloch zum Nest genagt.

Links: Wie ein bunter Edelstein leuchtet der niedliche Blattrüsselkäfer auf.

Rechts: Kleiner Zierbock. Die Larven der Bockkäfer verbringen viele Jahre in morschem Holz – die des gefürchteten Hausbocks bis zu zehn Jahre!

Links: Schlupfwespe. Sie legt ihre eigenen Eier gezielt in Larven, Puppen oder Eier anderer Insekten.

Unten links: Nicht überall beliebt ist der Gemeine Ohrwurm. Es ist aber nur eine Mär, daß er uns in die Ohren krieche…

Unten: Eine Hummel und ein kleiner Bockkäfer mit Schillerfarben tun sich am Nektar einer Distel gütlich.

Oben: Verlassenes Spinnennest, im Herbstgespinst hängend.

Links: Wie «beabsichtigt», paßt diese Kreuzspinne in das feine Muster einer Schafgarbe.

Rechts: Unsere schönste Spinnenart, die Tiger- oder Zebraspinne, ist von weitem sichtbar. Ihr wundervolles Netz mit dem weißen Zickzackband hat einen Durchmesser von über 30 Zentimetern.

Unten: Wegen ihrer Rückenzeichnung wird diese Art Eichblatt-Radspinne genannt.

Oben: Trichterkolonie von Ameisenlöwen, den gefräßigen Larven der zierlichen Ameisenjungfer.

Links: Die Grüne Blattspinne, eine Raubspinnenart, die für den Beutefang kein Netz benötigt.

Unten: Räuberische Bienenwölfe oder Immenkäfer ernähren sich von Kleintieren in den Blütenkelchen.

Nächste Doppelseite: Im Jura blüht noch immer die Zucht der schönen Freiberger Rasse. Sie stellt das ideale Zug-, Last- und Reitpferd für die Landwirtschaft in der Hügelzone. Nicht zuletzt dank diesem Pferd konnten 1939 die Mobilmachung und die Grenzbesetzung und später die Anbauschlacht durchgeführt werden. In der Schweiz gab es 1976 noch 46 600 Freiberger.

Oben und rechts: Alljährlich wird im Val d'Anniviers um Rang und Würde gekämpft: nur Kühe nehmen an diesen unblutigen Auseinandersetzungen um die hohe Stellung einer «reine des reines» teil.

Unten: Polarstimmung auf dem Jungfraujoch! Vor einer prächtigen Bergkulisse ziehen bellende Polarhunde allerlei Touristen auf Schlitten freudig durch den Schnee.

Nächste Seite: Erst war er nur ein Labortier – jetzt ist der syrische Goldhamster zum weltweiten Liebling der Kinder und gleichzeitig zum problemlosen Heimtierchen geworden.

Unsere Vögel

Von Seglern und Schwalben

Wenn es Abend wird, pfeilen die Mauersegler oder Turmschwalben laut schreiend in reißendem Fluge um Häuser und Türme. Dieses vertraute Bild der kühnen Flieger läßt manchen vermuten, sie würden sich anschließend beim Nest oder an einem andern geschützten Orte zur verdienten Ruhe begeben, nachdem sie den ganzen Tag unermüdlich geflogen sind. Weit gefehlt, denn die Mauersegler verbringen auch die Nacht in den Lüften! Bei warmer Witterung bleiben diese Vögel – welche, nebenbei bemerkt, mit den Schwalben nicht näher verwandt sind – oft viele Tage und Nächte ununterbrochen auf den Flügeln.

Der Oltinger Lehrer Emil Weitnauer machte diese sensationelle Entdeckung aufgrund von Beobachtungen am späten Abend, als «seine» Segler samt und sonders das Weite suchten. Von einem Sportflugzeug aus konnte er feststellen, daß sich die Vögel weit oben in der Luft bewegten. Der abendliche Schreiflug dient offenbar dazu, sich für den nächtlichen Schlafflug zu sammeln. Gemeinsam suchen sie eine thermisch günstige Zone auf. Ein von der Sonne tagsüber erwärmter Luftstrom steigt unentwegt empor und sorgt dafür, daß die Segler mit weit ausgebreiteten Flügeln eine ziemlich ungestörte Nachtruhe verbringen können. Gegen Morgen kühlt sich die Thermikblase allmählich ab, wonach die Vögel langsam abwärts schwebend erwachen. Bei schlechtem Wetter krallen sie sich aber mit ihren ungewöhnlich starken Zehen an geschützten Plätzchen fest.

Den Mauerseglern scheint es in unserem Lande gut zu gefallen. Weitnauer berichtet ferner von ihrer großen Treue zum Geburts- oder Brutort. Von 432 gefangenen und mit Beinringen versehenen Seglern wurden 414 in der Schweiz wiedergefunden, 385 davon an genau demselben Beringungsort. Ein nestjung beringter Vogel brachte es bis auf 21 Jahre am gleichen Brutplatz! Während 12 Jahren hielt er außerdem seiner Partnerin die Treue, verlor sie durch einen Unglücksfall, fand bald eine zweite, die ihn dann um ein Jahr überlebte.

Mehlschwalben und Rauchschwalben gehören bekanntlich gleichfalls zu den Zugvögeln. Vor 200 Jahren glaubten selbst namhafte Forscher, wie zum Beispiel der größte Zoologe jener Zeit, Linné, die Schwalben überwinterten im Wasser, in warmen Sümpfen oder gar unter dem Eis. Es war den Beobachtern nicht entgangen, daß die Schwalben im Herbst, bei frühem Wintereinbruch etwa, sehr nahe am Wasser jagen. Wolfram Bürkli (Samedan) sah einmal am See von Silvaplana eine ganze Anzahl von Rauchschwalben mit dicken Eiszapfen am Schwanz. Manche unter ihnen konnten schließlich nicht mehr weiterfliegen. Ein andermal beobachtete er Herbstschwalben, die vom Schnee über dem zugefrorenen See im Fluge fleißig Zuckmücken aufnahmen. Solches und die Berichte über das Nächtigen großer Schwalbenschwärme in Schilfdickichten mögen zu den merkwürdigen Vermutungen beigetragen haben.

Die hervorragenden Ergebnisse unserer Vogelberingung beweisen eindeutig, daß die mitteleuropäischen Schwalben in Nordafrika überwintern, die nordischen jedoch bis gegen Südafrika ziehen. Warum bleiben sie eigentlich nicht dort? Die Schwalbenkatastrophe von 1974 ist noch in aller Erinnerung: über 1,5 Millionen dieser Vögel wurden damals aus der BRD und der Schweiz nach Süden verfrachtet. Trotzdem berichteten Flugzeugpiloten, die Gletscher und Schneefelder der Alpen seien schwarz von Schwalbenleichen gewesen. Die vereisten Alpen bedeuteten für die geschwächten Tiere eine unüberwindliche Barriere.

Der Schwalbenzug ist wahrscheinlich im Zusammenhang mit den großen Eiszeiten entstanden, als die Vögel immer weiter nach Süden ausweichen mußten. Eine weitere Theorie meint, daß Schwalben um den Äquator mit zwölf Stunden Tageslänge zuwenig Zeit hätten, um ihre hungrigen Nestlinge genügend zu füttern. Bei uns hingegen dauert der Tag im Sommer 14 bis 15 Stunden, was für die Vögel eine ausgedehntere Jagdzeit pro Tag bedeutet und damit eine intensivere Fütterung der schnellwüchsigen Jungen erlaubt. Deshalb ziehen sie es bis heute vor, die beschwerliche und risikoreiche Reise zu unternehmen.

Leider ist man unseren Schwalben gegenüber nicht überall sehr entgegenkommend: in den Dörfern werden auch die letzten Feldwege und Sträßchen geteert, Kanäle zugeschüttet und Misthaufen entfernt. Dadurch entzieht man den armen Tierchen immer mehr Baumaterial für ihre kunstvollen Nester. Außer denjenigen, die fertige Nester kaufen, gibt es auch Vogelliebhaber, die den Schwalben Gefäße mit feuchtem Lehm und etwas Kuhmist bereithalten, damit sie sich nach Belieben bedienen können. Pessimisten behaupten, damit lasse sich das Aussterben der Schwalben noch um einige Jahre hinauszögern. Dürfte man nicht etwas optimistischer sein?

Gefahr für Greifvögel

Ein Buch ließe sich allein mit Wissenswertem über unsere herrlichen Greifvögel füllen! Sie sind allesamt seit 1962 gesetzlich geschützt – aber, ist damit wirklich jede Gefahr für ihr Fortbestehen gebannt? Kenner sagen nein, nur unbelastete Optimisten glauben, mit bloßen Gesetzesparagraphen sei der Weg ins Paradies auf Schweizer Erde für über ein Dutzend Taggreife und mehr als ein halbes Dutzend Nachtgreifvögel so gut wie gesichert.

Wir wollen über die traurige Geschichte der rücksichtslosen Verfolgungen der Krummschnäbeligen den Mantel des Stillschweigens breiten – wer mehr darüber wissen will, lese in der ausführlichen Schilderung von Philipp Schmidt (1976). Sie ist für heutige Begriffe zum Glück unfaßbar geworden, obwohl noch hier und dort uralte Mären über Kinderraub, Schädlichkeit und Nachtgespenster ein erstaunlich zähes Dasein führen.

König der Lüfte

Der Gesamtbestand des Steinadlers hat seit 1953 nicht wesentlich zugenommen; man schätzt die Zahl der jährlich besetzten Horste auf 50 bis 65, wovon fast die Hälfte auf den Kanton Graubünden entfällt. Pro Adlerpaar stehen dort durchschnittlich 300 Quadratkilometer Fläche zur Verfügung. In den übrigen Teilen der Schweizer Alpen ist die Adlerdichte jedoch ganz wesentlich geringer. Einem Brutpaar genügt ein Bezirk von rund 150 Quadratkilometern als Jagdgebiet vollauf für die Aufzucht von einem oder zwei Jungen; der Bestand seiner Beutetiere wird dabei nicht zu stark beeinträchtigt.

Der prächtige Vogel ist zum Glück noch eines jener interessanten Glieder im Naturgeschehen, die in einem feinen Gefüge von Wechselbeziehungen zu existieren vermögen. In seinem luftigen Reich herrscht er selbst über die Dichte des Artvorkommens, denn Jungadler müssen auswandern, und Eindringlinge werden alsbald vertrieben.

Herrscher der Nacht

Eines steht glücklicherweise fest: der Uhu kommt bei uns noch vor. Obwohl seit 1925 geschützt, muß er leider zu den gefährdeten Tierarten des Landes gezählt werden. Deshalb laufen schon seit einigen Jahren Aussetzungsaktionen der ETH und privater Aufzuchtorte.

Wieso geht es denn mit dem Uhu nicht aufwärts? Nicht der schießende oder fangende Mensch ist am steten Rückgang dieser Art schuld, sondern der bauende. Viele dieser Großeulen brechen sich alljährlich die mächtigen Schwingen an Spanndrähten, verglühen an Hochspannungsleitungen oder werden gar überfahren. Zurzeit höre ich den Uhuruf im Engadin fast jeden Abend. Nicht jeder Eidgenosse darf sich dessen rühmen, denn die Bestandesdichte weist riesige Lücken auf. Nach vorsichtigen Schätzungen leben im ganzen Lande nicht mehr als etwa 100 Uhus, davon mehr als die Hälfte wiederum in Graubünden.

Waldkauz, Ohreulen, Rauhfußkauz und Steinkauz sind etwas häufiger anzutreffen beziehungsweise zu hören, denn zu Gesicht kriegt man die Nachtvögel gar nicht oft. Hingegen ist die in Kirchtürmen und altem Gemäuer nistende Schleiereule sehr selten geworden, weil sie häufig das Opfer von Mäusegift wird.

Schade um den Bartgeier

Im Jahre 1886 starb der letzte Lämmer- oder besser Bartgeier bei Visp an einem für Füchse ausgelegten Giftköder. Er galt ohnehin als Feind. Zwischen 1850 und 1885 wurden in Graubünden 25 Geier getötet.

Seither wurden die harmlosen Vögel in der Schweiz nur noch ganz sporadisch gesichtet, letztmals 1976. Als typischer Geier ist er ein zünftiger Aasfresser und nicht etwa ein Lammräuber. Außerdem begnügt er sich mit den Knochen verendeter oder abgestürzter Tiere.

Vom schnellen Wanderfalken

Jeder Mensch mit offenen Augen für die Schönheiten der Natur muß das herrliche Aussehen, die kraftvolle Erscheinung und die blendenden Flugkünste des Wanderfalken ehrlich bewundern. Dieser Meinung war man auch schon vor Jahrhunderten, als man den schnellen Vogel als Jagdfalken abrichtete. Vor allem der Fang, aber auch wachsende Umwelteinflüsse wurden der Art bald einmal zum Verhängnis, so daß der Wanderfalke in ganz Europa beschämend selten geworden ist. Zum Glück hat die von den Falknern ausgehende Horsträuberei stark nachgelassen. Trotzdem ist das Ausfliegen von Jungvögeln in der Schweiz ein rares Ereignis geworden.

Als ausgesprochener Stoßjäger erbeutet der Wanderfalke allerlei Vögel bis Krähengröße ausschließlich im Fluge, wobei er zeitweise Geschwindigkeiten bis zu 300 Stundenkilometer erreichen kann. Selbst so geschickte Flugkünstler wie Schwalben oder Mauersegler pflückt er – nicht selten in Rückenlage fliegend – förmlich aus der Luft. Seine ungestüme Kraft und sein gewaltiger Drang nach der Weite des Luftraumes sollen auch für uns ein starkes Symbol des urtümlich Lebendigen bleiben.

Farbenprächtige Vogelgestalten

Je schöner und auffälliger ein Tier ist, desto mehr wird es in allerhand Fabeln verwoben, um so genauer wird sein Treiben beobachtet und – im Falle des tropisch anmutenden Eisvogels – um so härter wird es dann auch verfolgt. Es gibt bei uns keine strahlendere Vogelart als den hellblau blitzenden Eisvogel, den fliegenden Funkelstein über unseren letzten sauberen Gewässern.

Seinen Namen trägt er zu Unrecht; er heißt eigentlich Eisen-Vogel, denn mit Eis und Schnee hat er als Verwandter einer großen Zahl ostasiatischer und afrikanischer Lieste natürlich nur ungern zu tun. Schätzungsweise 98 von 100 Schweizern sind noch nie in den Genuß seines herrlichen Anblicks gekommen, da der Vogel bei uns leider selten geworden ist. Früher wurde der Eisvogel als Fischereischädling verschrien und deshalb überaus heftig verfolgt – heute entzieht man dem Geschützten das teure Lebenselement: sauberes, fischreiches Wasser und Natursteilufer für Nistorte.

Obwohl der Eisvogel ausschließlich im Bereich des Wassers vorkommt, ernährt er sich nur zu etwa 60 Prozent von Fischen, wovon etwa der zehnte Teil auf die Nutzfische entfällt (Forellen u.dgl.). Den Rest machen auf dem Wasser zappelnde Fluginsekten wie Libellen, Uferfliegen und fette Käfer aus, die der Wartenjäger in seinem typischen Sturzflug erbeutet.

«Hup-hup-hup» tönt's aus dem Wald

Im März und April hört man frühmorgens diesen dumpfen, aber weit hallenden Ruf des hübschen Wiedehopfs. Er ist in unserem Land etwas häufiger als der Eisvogel, jedoch nicht gar oft zu erblicken. Sein Ruf jedoch ist unverkennbar. Der hellbraune Geselle ist am langen, leicht gebogenen Schnabel, seiner aufrichtbaren Kopfhaube und an den schmetterlingartigen Bewegungen seiner schwarzweißen Flügel zu erkennen.

Die farbenprächtigsten unserer Vogelgestalten, der Mauerläufer, der Bienenfresser und eben der Wiedehopf, besitzen alle den dünnen, länglichen, fast kolibriartigen Schnabel, nur sind sie nicht Nektarsauger, sondern reine Insektenfänger. Aber sie mahnen uns an die tropische Vogelwelt, an jene üppige Vielfalt der Farben, an der man sich nicht sattsehen kann.

Man nennt den Wiedehopf auch Stinkhahn oder Kotvogel. In fauligen Weidenstämmen, Baumhöhlen und ähnlichen Löchern richtet er sich ein einfaches Nest her. Das allein brütende Weibchen und später die bis zu sieben Nestlinge verspritzen bei Gefahr einen der plötzlichen Abschreckung dienenden, ganz speziell stinkenden Darminhalt. Früher wußte man davon nichts, sondern glaubte – wie zum Beispiel noch Brehm – die Vögel säßen «bis an die Hälse im eigenen stinkenden Unrath und verbreiten einen ekelhaften Gestank».

Die diebische Elster

Ich mag die Elstern gut. Nicht weil man sie auch Basler Vögel nennt, sondern – leider kann ich eigentlich nicht genau sagen, warum. Sind es ihre glänzenden Schillerfarben, der kluge Ausdruck, ihr anmutiger Flug und das elegante Hüpfen? Alles zusammen ergibt ein erfreuliches Wesen, und ich kann deshalb nicht verstehen, warum man die farbenfrohen Geschöpfe derart heftig verfolgt. Jedes Jahr werden in der Schweiz gegen 100 000 «Krähen und Elstern» geschossen.

Gut, wir wissen, daß Elstern manchem Jungvogel den Hals langziehen und auch Eier rauben. Zur Hauptsache ernähren sie sich aber von tierischer Kost wie Würmern, Schnecken, Kerbtieren, Lurchen, kleinen Reptilien und Kleinsäugern. Sie sind auch am Aas zu finden und machen sich zudem hinter allerlei Feldfrüchte und Obst. Mitunter pickt die Elster – wie der bekannte afrikanische Kuhreiher – dem weidenden Vieh die lästigen Insekten aus dem Fell.

Das feine Elsternnest ist von weitem zu erkennen, denn es trägt stets ein kleines Dach aus Zweigen. Da es zudem meist sehr hoch in dünnes Geäst gebaut wird, sind auch die silbernen Löffelchen nicht leicht wiederzukriegen, welche die Elster hie und da stibitzt.

100 000 Stare

Wer je einen der gewaltigen Starenschwärme gesehen hat, die im Herbst den Himmel verdunkeln, bevor sie sich kreischend und zankend zur Ruhe begeben, der wird vermutlich diese Zahl als untertrieben ansehen. Aus dem nützlichen Freund des Frühjahrs wird dann für Landwirte und Rebbauern gar oft ein erbittert abzuwehrender Schädling, den man mit Schreckschüssen, von Tonbändern abgespielten Wehrufen und mit künstlichen Raubvögeln zu vertreiben sucht.

Man kann sich jedoch auch leicht ausrechnen, was die vielen Starenmägen während der Brutzeit an Kerbtieren und Nacktschnecken aufnehmen – beziehungsweise was passieren würde, wenn all die eifrigen Schnäbel nicht an der Arbeit wären. Der Brutkasten für Stare ist eine recht alte Erfindung des Bauern.

Der männliche Star wurde früher wegen des glänzend-grünlichen und purpurfarbenen Schillers auf seinem Rückengefieder auch Strahl genannt. Die frühe Ankunft im Februar und seine fröhliche Geschwätzigkeit machen ihn zu einem willkommenen Boten des Frühlings, selbst wenn der Schnee und die rauhen Winde noch vorherrschen.

Ein Tag mit Raymond

Ein zünftiger Ornithologe ist natürlich Frühaufsteher. Mein Freund Raymond weckt mich deshalb schon um vier Uhr und drängt zu raschem Aufbruch, denn langes Frühstücken und gemütliches Herumtrödeln sind ihm ein Greuel. Etwas Proviant, eine alte Windjacke eingepackt und ein erstklassiges Fernglas umgehängt – und los geht's über die taufrischen Wiesen, von welchen schon die erste Feldlerche aufsteigt.

Auf dem letzten Dachfirst singt der Hausrotschwanz sein knirschendes Liedchen, und vom Waldrand tönen die wehmütigen Strophen der Singdrossel herüber. Die dicken Ringamseln sind bereits mit Wurmen beschäftigt. Eben ist die Sonne aufgegangen, und es ist noch angenehm kühl. Unser Ziel ist es, die Nisthöhle des seltenen Dreizehenspechts zu finden, ferner muß eine möglichst genaue Liste der Brutvögel unserer Region erstellt werden. Im ganzen Lande sind fleißige Ornithologen am Werk, ihre Beobachtungen zu einem Gesamtbild zusammenzutragen.

Als wir den Wald betreten, schreckt ein Reh wie ein Hündchen auf; bellend und schimpfend entfernt es sich im Dickicht. Eine wispernde Schar Haubenmeisen turnt geschäftig in den Lärchenzweigen. Raymond entdeckt jedoch auch eine Tannenmeise, und wenig später zeigt er mir an einem Stamm den gut getarnten Waldbaumläufer. Dieser schlüpft alsbald unter ein vorstehendes Stück Rinde und kommt nicht so schnell wieder: also Brutvogel. Aufschreiben.

Von der gegenüberliegenden Talseite trägt der Morgenwind den Kuckucksruf immer und immer wieder zu uns. Wir sprechen kaum miteinander, denn Raymond ist derart in sein Tun vertieft, daß man sich höchstens kurze Bemerkungen zuflüstert. Ein Bankbeamter könnte nicht konzentrierter seine Zahlenlisten studieren, als Raymond mit Auge und Ohr ohne Unterlaß seine Umgebung prüft. Kein Wunder, denn schließlich ist Ornithologie sein Beruf, und er hat es darin zum Meister gebracht.

Auf einem nassen Stein wippt anmutig die Bachstelze. Als wir zum Wasser kommen, schwirrt auch schon aufpiepend die Wasseramsel davon; in den Nagelfluhwänden finden wir leicht die dicken Moosnester des kecken Weißlatzes. Raymond bleibt lauschend stehen: der abgehackte Flugruf des Schwarzspechts ist zu hören. Wir warten auf den klagenden Ton des Sitzrufes, nicken einander zu und ziehen unseres Weges, der nun sanft zu steigen beginnt.

Unter einer dicken Arve stoßen wir auf die dicklichen Kotwürstchen eines Auerhuhns, doch vom Vogel ist nichts zu sehen; er wird wohl irgendwo seiner Knospennahrung nachgehen. Als wir uns einer größeren Waldwiese nähern, bleibt Raymond zurück und sucht das Gelände sorgfältig ab. Sein geübtes Auge hat auch bald einen hellbraunen Vogel erspäht, der mit langem Schnabel im Boden herumstochert. Es ist ein Wiedehopf! Unglaublich, wie groß sein Verbreitungsgebiet ist, denn wir befinden uns jetzt gegen 2000 Meter hoch. Der prächtige Geselle stellt seine Haube auf, läßt aber den kleinen Käfer nicht fallen, sondern flattert schnell davon, wobei die schwarzweißen Flügel noch lange aufblitzen.

Je höher die Sonne steigt, desto stiller wird es jetzt im Dunkel des Waldes. In Gedanken versunken trotte ich hinter Raymond her, dessen Aufmerksamkeit freilich nicht nachläßt. Heftiges Rätschen kündet uns an, daß wir nicht unbemerkt geblieben sind: der Tannenhäher gibt seiner Empörung lauthals Ausdruck. Bin ich hier ein Eindringling? Auch als Zoologe fühle ich mich dazu berechtigt, persönliche Eindrücke und nicht bloß wissenschaftliche Erkenntnisse zu sammeln. Portmann hat uns doch einmal gesagt, man müsse auch wie ein Kind staunen können – halt, Raymond ist längst zurückgeblieben und sucht eifrig die Bäume ab. An einem Bergföhrenstamm hat er Spechtringe entdeckt, jene merkwürdigen Schlagspuren des Dreizehenspechts. Über 20 Ringe. Es heißt, der Specht trinke dort Baumsaft als ein Genußmittel. Von einem andern Stamm glotzt mich eine verlassene Spechthöhle wie ein totes Auge an.

Einmütig beschließen wir zu warten – brauchen es aber gar nicht zu tun, da im selben Moment ein grauer Specht vorüberfliegt. Seine leuchtendgelbe Stirn läßt keine Zweifel zu: das ist der Gesuchte: Also aufgepaßt, denn in diesem Waldstück sollte seine Brutstätte zu finden sein. Ich stolpere fast über eine lange schwarze Feder, die zuoberst zwei kleine weiße Punkte trägt: Auerhahn. Aber wo ist jetzt der Specht? Raymond hat eben ein neues Spechtloch entdeckt. Am untern Rand ist die Rinde weggekratzt, somit muß da etwas ein- und ausfliegen. Wir setzen uns und lassen das Loch nicht mehr aus den Augen. Nach knapp zehn Minuten erscheint der Dreizehenspecht mit Futter im Schnabel und verschwindet im Loch; damit ist klar, daß hier Junge aufgezogen werden.

Ein Buntspecht, der nicht bunt ist! Kein Rot ziert den schwarzweißen Vogel, und das Weibchen muß sogar ohne die gelbe Stirne auskommen. Deutlich ist auch zu sehen, daß eine der Hinterzehen fehlt, was dem seltenen Tier seinen Namen eingetragen hat. Die fleißigen Eltern lösen sich beim Füttern ab. Nun hat Raymond die nötige Gewißheit für seine Eintragung ins Tagebuch des Ornithologen. Manchmal braucht es aber viel länger, bis eine neue Brutart für sein Gebiet feststeht.

Wo der Storch noch jagt

Es ist immer das alte Lied: eine uns altvertraute Tierart droht auszusterben. Es sind stets die gleichen Gründe: Umwelt- und Gewässerverschmutzung, Giftstoffe, Leitungsdrähte und Trockenlegen alter Feuchtgebiete. An über 70 Prozent der bekannten Todesursachen von Störchen waren die unseligen Drähte beteiligt. Ein Teil der Beutetiere (Insekten, Mäuse, Fische) enthält hohe Dosen von Giften. Die gefährlichen Stoffe werden gespeichert und wirken sich zum Beispiel so aus, daß die Eischalen der Vögel zu dünn geraten und noch vor dem Abschluß der Brutzeit zerbrechen. Aber die Störche wurden auf ihren Zügen auch bejagt, man riß ihre Horste von den Dächern oder zerstörte ihre Bruten.

Der schmucke Storch gilt (galt?) als der populärste Vogel Europas. Sollte es in unserem «aufgeklärten» Jahrhundert tatsächlich vorkommen, daß uns eine derart beliebte Tierart sozusagen unter den Händen und Augen einfach dahinstirbt, ohne daß jemand einen Finger rühren würde?

Zwölf harte Jahre

Als der junge Solothurner Seminarist Max Bloesch 1946 eine Karte über die Storchenhorste der Schweiz zeichnete, mußte er zu seiner großen Bestürzung feststellen, daß von 140 Nestern um 1900 nur noch ein allerletztes bei Schaffhausen übrig war. Fortan galt für Bloesch nur noch eine Devise: der Storch muß wieder in der Schweiz brüten; trotz der rasend schnellen Veränderung der Umwelt müssen geeignete Biotope bewahrt und Ansiedlungsversuche gewagt werden. Die Geschichte seiner Experimente zeigt uns allen deutlich, was ein einzelner, unerschrockener Bürger erreichen kann, nämlich mehr als Staat, Vereine und schwerfällige Gemeinwesen.

Am 5. Juni 1948 trafen bereits die ersten elsässischen Störche in der eben gegründeten Siedlung Altreu ein, doch es dauerte volle neun Jahre, bis eine Storchenbrut im Gehege glückte. Drohte der Versuch, möglichst viele Jungstörche frei fliegen zu lassen, damit sie sich nach drei oder vier Jahren in der Umgebung ansiedelten, zu scheitern? Bloesch wußte genau, daß nur ein Bestand von einigen Dutzend Vögeln den notwendigen Grundstock bilden konnte.

Mut bringt Erfolg

Europäische Weißstörche waren schwer zu beschaffen, außerdem kosteten sie zuviel Geld. Nur ein Großversuch mit Tieren aus einem storchenreichen Land konnte weiterhelfen. Im Jahre 1959 kehrte der «Storchenvater» mit ein paar Schachteln, in denen 50 Jungstörche kauerten, aus Algerien zurück, und ein Jahr später holte er nochmals eine Ladung von 100 Tierchen herüber. Gleichzeitig zog das erste Freibrutpaar erfolgreich Junge auf, und fünf Jahre später begann sich endlich die erste Nachwuchsgeneration anzusiedeln.

Alljährlich zogen die herrlichen Vögel über Altreu ihre Kreise. Auch im Winter blieben die meisten freiwillig in der Nähe und holten sich zusätzliches Futter im alten Gehege. Die in Algerien gesammelten Beobachtungen über die Nahrung von Wildstörchen bestätigten sich auch bei uns, denn es wurden fast ausschließlich Insekten (vor allem Grashüpfer), Würmer und Schnecken verzehrt. Das klassische Storchenmahl – der grüne Frosch – ist in diesem trockenen Land ebenso selten wie in unserem entwässerten. In den Storchenmägen wurden übrigens auch sehr häufig Reste von Feldmäusen und Maulwürfen entdeckt, so daß man Meister Adebar gar zu den «nützlichen» Vögeln zählen dürfte.

Nun klappern sie wieder

Max Bloesch dachte nicht daran, seine fürs erste geglückten Versuche auf Altreu zu beschränken. Sofort schritt er zur Einrichtung von Außenstationen. In Staad bei Grenchen und später in Brittnau und Uznach wurden Mitte der sechziger Jahre Storchenpaare erfolgreich zur Seßhaftigkeit gebracht. Bald folgten weitere «Filialen», und heute gibt es im ganzen acht aussichtsreiche Brutorte.

Brutergebnisse von 1976:

Station	Horste	Beringte Junge
Altreu	14	29
Avenches	5	8
Staad	4	9
Brittnau	1	3
Möhlin	6	22
Uznach	7	6
Münsingen	0	0
Großaffoltern I	1	1
Großaffoltern II	1	0
Flaach	1	3
Total	40	81

Im selben Jahr trafen ferner 18 Ringfundmeldungen aus dem Ausland ein. Altreu ist in 30 Jahren zum ersten Zentrum der wissenschaftlichen Storchenforschung geworden. Max Bloesch freut sich zu Recht über seinen Erfolg. Viele Freunde, Gönner und Mitglieder helfen mit, das Werk zu tragen und im Geiste der uneigennützigen Privatinitiative so lange weiter zu entwickeln, bis die Existenz des Storches bei uns gesichert ist.

Am Steinadlerhorst

Bei Il Fuorn stehen zurzeit zahlreiche Nationalparkbesucher mit Feldstechern und Fernrohren bewaffnet herum und blicken angespannt in die hohe Felswand hinauf. Ein großes Ereignis: das Steinadlerpaar zieht vor aller Augen zwei Junge auf. Wer nun glaubt, im Nationalpark sei die Adlerbrut reine Selbstverständlichkeit, täuscht sich über das natürliche Verhalten des gewaltigen Vogels wie auch über den verheißungsvoll klingenden Namen des Brutorts. Wir wissen einfach zuwenig darüber, was in den paar Gramm Adlergehirn vor sich geht. Tatsache ist jedoch, daß dieses Paar seit 1970 erstmals wieder den so bekannten Horst bezogen hat, der früher ungefähr alle drei bis vier Jahre besetzt war.

Ein gewaltiger Horst

Schon im März ließen einige grüne Föhrenzweige im Horst darauf schließen, daß dem Adlerpaar der Sinn nach Fortpflanzung stand. Gelegentlich werden frische Zweige direkt vom Baum gebrochen und eingeflogen. Der über zwei Meter breite Horst liegt in einer nach Süden gerichteten Felsnische auf etwa 2150 Metern; allzu hoch nistet der Adler nicht gerne. Sein Hauptfanggebiet soll über dem Horst liegen, damit er seine Beute abwärtsfliegend eintragen kann. Hunderte von festen Zweigen und Ästen bilden ein fast meterdickes Polster mit einer etwas verdeckten Mulde.

Im April sah man dann das scharfe Profil des Adlerkopfes über den Nestrand ragen: es wurde gebrütet. Aus dem kühnen Flieger wurde somit plötzlich ein gewöhnlicher Vogel, ein mit Eierdrehen und reglosem Dasitzen voll beschäftigtes Huhn. Geduldig saß er während 45 Tagen bei Schneegestöber, eisigen Winden und auch Sonne im Nest, nur gelegentlich von seinem Partner abgelöst. Dann beschäftigte uns die Frage: eins oder zwei? In der Regel legt das Weibchen kurz hintereinander zwei große weiße Eier. Meist schlüpft aber nur ein Junges, oder eines geht nach einiger Zeit ein. Größere Gewichtsunterschiede und Nahrungsmangel können mitunter auch zum Geschwistermord führen.

Reger Betrieb

Bald stellte sich heraus, daß zwei hungrige, weißflaumige Küken im Nest saßen, fürsorglich umhegt vom regsamen Elternpaar. Bei so guten Beobachtungsbedingungen war man natürlich darauf gespannt, was die Vögel an Beute eintragen würden.

Die Hauptnahrung bestand auch hier aus jüngeren Murmeltieren. Ferner sah ich einen der Adler im Anflug, von dessen Fängen ein weißer Schneehase baumelte. Ein weiterer Beobachter bemerkte den Transport einer Schlange. 200 Meter über dem Horst wurde eine junge Gemse geschlagen und mit viel Mühe eingeflogen, wobei ein Stück des Horstrandes zu Schaden kam. Das abgenagte Skelett blieb aber nicht im Horst, sondern wurde von einem Altvogel weggeflogen und in den Wald fallen gelassen. Später kamen noch ein weiteres Gemskitz und auch Vögel dazu. Kein Wunder, wenn die Jungen gut gediehen und bald einmal den Jugendflaum mit dem schwarzbraunen Gefieder vertauschten.

Erkunden und Ausfliegen

Jetzt – Ende Juli – hält es die Jungadler nicht mehr ständig in der fliegenumschwärmten Nestmulde. Vorerst haben sie das Laufen entdeckt. Mit hüpfenden Schritten eilen sie des öftern über ein schmales Felsband hinter einem Felskopf durch und erscheinen auf einem grünen Wacholderbusch, fast zehn Meter vom Nest entfernt. Hier öffnen sie ihre weiten Schwingen, lassen die Luft hindurchsausen und blicken kühn in die Ferne. Aber den letzten Sprung wagen sie noch nicht. Deutlich sieht man ihre weißen Hosen, und mit Überraschung stellt man fest, wie langbeinig Adler eigentlich sind, wenn ihre großen Flügel den Körper freigeben.

Nun erproben sie das Landen. Sie haben herausgefunden, daß sie vom Felskopf bis zum Horst zwei Flügelschläge brauchen. Manchmal landen sie auch etwas daneben, aber bald gelingt ihnen auch der umgekehrte Weg. Also: kein waghalsiger Sprung in die unbekannte Tiefe! Zuerst wird die Umgebung erkundet, werden alle Bewegungen und Manöver gründlich eingeübt.

Am 6. August ist es dann soweit: das größere Junge hat den Horst erstmals richtig verlassen und sitzt rufend auf einem nahen Baum. Der nächste Flug trägt das Adlerkind bereits 100 Meter weiter, aber zum Horst kehrt es kaum mehr zurück. Sein etwas ängstlicheres Geschwister bleibt noch drei weitere Tage im Nestbereich, dann wagt dieses auch den ersten Flug in die Weite. Sobald die Eltern anfliegen, wird kräftig gerufen, denn noch sind die Jungen völlig auf die Versorgung aus der Luft angewiesen. Zum Glück kennen die Altvögel ihre Vorratsstellen in der Nähe gut, von wo sie die Nahrung herbeischaffen, mit der sie die hungrigen Schnäbel stopfen. Auch frische Beute wird herangetragen. Doch schließlich müssen die Jungen noch besser fliegen und vor allen Dingen Jagen lernen, um bald einmal auf eigenen Schwingen zu stehen. Für uns ergibt dies ein herrliches Bild: vier kreisende Adler am blauen Engadiner Himmel! Im kommenden Frühjahr werden wohl die Jungvögel das Gebiet ihrer Eltern verlassen müssen.

Reiches Vogelleben

Es geht hier um einen Stausee, um einen Ort also, der vom Tierparadies so weit weg zu sein scheint wie die Erde vom Mond. Wenn ich es wage, ein von Menschenhand künstlich in die Natur eingepflanztes, mit Leitungen und Maschinenhäusern versehenes Ding als eine Stätte reichen Vogellebens zu betiteln, so muß ein ernsthafter Grund vorliegen. Denn im Normalfall spricht ein Tierfreund nur mit unverhehlter Abscheu von Kraftwerken, Stauseen und ähnlichen «Verbesserungen» der Natur.

Mit dem Namen Klingnauer Stausee verknüpft sich jedoch für viele Vogelkundige und Naturfreunde des ganzen Landes der Begriff eines wahrhaftigen Kleinodes für Vogelbeobachtungen. An einem echten Stausee?

Weg mit der Natur!

Hinter dem Städtchen Klingnau floß früher die Aare in zwei langsam strömenden, von vielen Inselchen, seichten Auenwäldern und verborgenen Wasserarmen unterbrochenen Teilen dem Vater Rhein zu. Die sanften Windungen der Ströme bargen indessen die Gefahr periodischer Hochwässer für die fruchtbare Ackerlandschaft jenseits des grünen Saums der Auenwälder. Noch vor der Jahrhundertwende bannte man deshalb den untersten Teil des Aarelaufs in einen künstlichen Kanal mit meterhohen Dämmen.

Aber erst heute vermag man so recht zu ermessen, was Auenwäldchen für eine Landschaft und ihre tierlichen Bewohner für eine Bedeutung haben. Obwohl einzelne dieser Inseln und ein großer Teil der Wälder nach dem ersten Eingriff bestehen blieben, hatte sich bereits manches verändert. Doch im Jahre 1930 folgte ein noch viel brutalerer Eingriff in das Gefüge dieses (anscheinend) gefährdeten Deltaraumes: man hatte erkannt, daß sich hier ideale Voraussetzungen für einen kleinen Stausee boten. In fünf Jahren entstand – ohne daß auf die Natur sonderlich Rücksicht genommen wurde – ein Stausee aus Dämmen von nackten Betonplatten und mit Wehr und Turbinen, kurz, eines der notwendigen Scheusale unserer Zeit.

Wer siegt?

Das Gebiet um den 170 Hektar großen See blieb dem unaufhaltsamen Wirken und Weben der natürlichen Kräfte aber nicht lange verschlossen, zumal sich im oberen Teil des Beckens bald einmal seichte Stellen zu bilden begannen. In Kürze erschienen allerhand langbeinige Vögel wie Wasserläufer, Schnepfen, Strandläufer und Regenpfeifer an diesen heute seltenen und darum begehrten Futterplätzen. In Schlick und Mull siedelten sich bald Schilf und Rohrkolben an, Laichkraut, Wasserpest und die hübschen Hahnenfüße bildeten in den Untiefen rasch dichte Fluren. Am Ufersaum begannen flugs die Weiden und Erlen zu wuchern – verstohlen, aber beharrlich erobern jetzt die einstigen Dickichte ihren Standort zurück.

Die Natur war – so gut sie es vermochte – wiedergekehrt. Vor allem aber brachte das großflächige, weitleuchtende Gewässer neues und auffälligeres Tierleben in das Gebiet als ehedem. Neben den vielen Arten von sonderbaren Stelzenvögeln, die während ihrer Wanderzüge im Herbst und Frühjahr hier gerne rasten, bilden Schilf und Aue ideale Nistplätze für nicht wenige scheue Vogelarten. Im Herbst übernachten hier ganze Heere von ziehenden Schwalben und Staren.

Aber die interessantesten Gäste dieses künstlichen Gewässers stellen sich so recht erst mit Beginn der kalten Jahreszeit ein: die großmächtigen Scharen der ziehenden Enten, welche in Mitteleuropa nur wenige günstige Rastplätze vorfinden. Nach ihren höchst anstrengenden Flugleistungen über Tausende von Kilometern fallen sie gerne auf dem lockenden Wasserspiegel ein, den sie zeitweise wie dunkle Bänder bedecken, so daß der See von Leben nur so brodelt.

Ein Vogelparadies

Die Entrüstung der Naturfreunde durfte für einmal in echte Begeisterung umschlagen. Bereits umfaßt die Liste der bei Klingnau beobachteten Vögel über 250 Arten. Seltenheiten, wie südeuropäische Ruderenten, nordamerikanische Strandläufer und Löffelreiher, stellten sich ein. Ringfunde bestätigten die Ankunft weitgereister Fremdlinge wie etwa der sibirischen Reiherenten. Von internationaler Bedeutung ist die große Zahl überwinternder Schnatter- und Tafelenten. Inzwischen hat auch die Zahl der Gründelenten jene der Tauchenten übertroffen, was unter anderem darauf hindeutet, daß das Gewässer allmählich seichter zu werden beginnt.

Im Herbst knallten aber noch immer die Jagdgewehre! Erst 1954 gelang es dem Schweizerischen Bund für Naturschutz, unterstützt von der aargauischen Regierung und den Gemeinden, den See samt seiner näheren Umgebung unter Schutz zu stellen. Den geduldigen Vogelfreunden steht zudem ein praktischer Beobachtungsturm zur Verfügung, der gute Einblicke in das lebhafte Treiben der vielen Vögel bietet. Schließlich barg das ursprüngliche Übel einen zwiefachen Gewinn: den bedrohten nordischen Wasservogelarten ein gutes Durchzugs- und Überwinterungsgebiet zu schaffen und uns ein hübsches Vogelparadies vor Augen zu führen.

Oben beim Auerhahn

«Nur Frühaufsteher sehen den Auerhahn balzen!» hatte mir der Jäger eingebleut, als er mir einen günstigen Beobachtungsplatz beschrieb. Also machte ich mich schon nach drei Uhr auf den Weg, obwohl man noch kaum etwas sehen konnte. Der kühle Morgenwind weckte mich vollends. Im Tal unten rauschte verschlafen der Bach, aber in den Zweigen wisperten bereits die ersten Vogelstimmen.

Behutsam näherte ich mich der kleinen Waldwiese, wo im Moment alles still war. Wenig später drang vom oberen Rand her undeutliches Schnalzen an mein Ohr; also mußte der Hahn dort oben sein Balzlied anstimmen. Gut, dann betrachten wir die Sache eben aus der Ferne, dachte ich – als es über mir prasselte und rauschend ein zweiter Hahn einfiel. Auch dieser begann mit hartem Knappen und Schnalzen, worauf in schwirrendem Flug der erste Hahn heranpolterte und den Rivalen sogleich in die Flucht schlug.

Aber nun blieb er da sitzen, nur etwa 20 Meter von mir entfernt. Er trippelte auf einem starken Ast umher und schien sehr aufgeregt. Er fächerte seinen schwarzen Stoß zu einem schönen Rad, hob den Kopf und begann sein Lied wiederum mit lautem Knappen. Diesem folgten einige höhere Töne, dann ging der eigenartig anmutende «Gesang» in ein dumpf klingendes Platschen über, das mich stark an das Entkorken einer Weinflasche erinnerte. Schließlich gab der völlig entrückte Vogel eine längere Serie von schleifenden Geräuschen von sich – dem metallisch klingenden Wetzen einer Sense gar nicht unähnlich –, worauf er plötzlich, wie erwachend, sehr lebhaft in die Runde äugte. Bald darauf vertiefte er sich mit aufgeblasenem Hals erneut in seine Balzgesänge.

Ich hatte mich vorher belehren lassen, daß man sich während des anschließenden Schleifens bewegen dürfe, da der Hahn dann völlig dumm und taub sei. Versuchen wir's einmal. Kaum hatte ich mich jedoch erhoben, schwirrten aus der Wiese zwei braune Hennen davon – und mein Hahn laut knatternd hinterdrein. Weg war er! Und mit ihm die Bodenbalz, die Flattersprünge, die Paarung und – na ja, vielleicht klappt es das nächstemal besser.

*

Als junger Wildforscher hatte ich die Aufgabe, das Hirschwild des Nationalparks zu beobachten. Oft mußte ich deshalb die erlaubten Wege verlassen und Gebiete aufsuchen, in die kaum je ein Mensch den Fuß setzt. So stieg ich eines warmen Junimorgens mitten durch die Erikastauden des trockenen Bergföhrenwaldes, um die ersten Hirschkälber zu sehen.

Was gibt es dort Helles an jenem Baumstrunk, dachte ich während eines Schnaufhaltes, und beschloß nachzusehen. Ei der Tausend! Ein Nest mit sieben Eiern, halb verdeckt mit weichen Daunen, hübsch gepolstert und gut getarnt. Auf dem Rückweg wollte ich mir die Sache nochmals näher ansehen und merkte mir deshalb die Stelle ganz genau. Wie erstaunt war ich jedoch später, das Nest aus einer Entfernung von einem Dutzend Metern einfach nicht mehr finden zu können. Nichts als Waldboden. Langsam näherte ich mich immer mehr dieser Stelle – aber da saß ja jetzt die Henne darauf! Ihr erdfarbener Rücken bewegte sich unmerklich im Takt der feinen Atemzüge. Das schwarze Auge blickte mich ruhig, aber unverwandt an. Ich zog mich so leise und unauffällig zurück, wie ich nur konnte, denn das mochte ich dem Tier so richtig gönnen, mich mit ihrer wunderbaren Tarnung derart an der Nase herumgeführt zu haben.

*

Laut vor mich hinmurmelnd zog ich durch den lichten Wald am Nordwesthang des Munt La Schera. Schon öfters hatte ich schwierigere Stellen eines wichtigen Manuskriptes auf diese Weise zurechtgebügelt. Köstliche Stille lag über der ganzen Landschaft. Also, dann schreibe ich eben... Plötzlich zuckte ich wie vom Donner gerührt zusammen, denn mit einem krächzenden Schrei prasselte ein riesiger schwarzer Vogel laut knatternd durchs Geäst des nächsten Baumes. Ein blitzschneller Griff nach dem Feldstecher: ja natürlich, der Auerhahn. Aufatmend blieb ich einen Moment stehen.

«Auerhahn – einsamer Geselle der Arve; seinem Lied lauscht schweigend der Bergwald...» An die nächsten Verse konnte ich mich nicht mehr erinnern. Aber ich war richtig erschrocken. Vermutlich mußte dies auch so sein, denn unterdessen war der scheue Vogel längst weitab gestrichen.

*

Unter seinem Schlafbaum fand ich ein größeres Häufchen frischer Kotwürstchen, jener unverkennbaren, kleinfingerdicken Erzeugnisse einer Nacht. Neugierig geworden, begann ich sie zu zählen: es waren 43 Stückchen von etwa zwei bis drei Zentimeter Länge. Zusammengereiht gab das ja über einen Meter dieser Produkte. Jedesmal hielt ich fortan Ausschau nach dem schwarzen Gesellen. Nur einmal noch fand ich ein frisches Häufchen. Unterdessen hatte wohl der Hahn seinen Schlafbaum gewechselt. Es ist wirklich schade, daß diese prächtigen Vögel so empfindlich sind und einem die Störung für lange Zeit übelnehmen. Kein Wunder, daß sie so selten geworden sind. Man wird sehr auf das Auerhuhn achtgeben müssen.

Vorhergehende Seite: Am Horst werden selbst die verwegensten Jäger – hier der weitverbreitete Sperber – zu fürsorglichen, aufmerksamen Betreuern ihrer Jungen.

Links: Mit großer Hingabe atzt der Baumfalke seine schon bald flüggen Kinder. Baumfalken gehören zu den Zugvögeln, kommen bei uns aber nur verstreut in den Voralpen vor.

Obere Bilder: Weibchen der sehr selten gewordenen Wiesenweihe am Bodennest und – darunter – das Männchen. Die Art verlangt nach weiten, unkultivierten und sumpfigen Ebenen.

Oben: Wie kleine Gespenster blicken uns diese jungen Waldohreulen an. An ihren gelben Augen, den hübschen Federohren und der schlanken Gestalt lassen sie sich vom etwa gleich großen Waldkauz unterscheiden. Noch tragen die Vögel teilweise ihr Dunenkleid, aber sie haben ihr Nest bereits verlassen.

Rechts: Die Waldohreule benützt zur Brut meist die Nester anderer Vögel. Aufgerichtet hat sie ungefähr die halbe Größe des – ebenfalls Federohren tragenden – Uhus.

Oben: Mit seinem schaurig klingenden «Huu – Huu» hat der dicke Waldkauz schon manchen Menschen erschreckt; viele nennen ihn deshalb auch Totenvogel.

Links: Junge Waldkäuze haben zuerst bläuliche Augen; später werden sie dunkelbraun.

Rechts: Eulenaugen sind wahre Wunderwerke. Uns Menschen mutet eigenartig an, daß bei den Vögeln das untere Lid das Auge schließt.

Nächste Doppelseite: Von unseren Kleineulen ist der niedliche Steinkauz am besten bekannt. Da er oft auch tagsüber rege ist, wird er nicht selten beobachtet. Er kann seinen Kopf ruckartig um 180 Grad drehen!

Unten: Die «diebische» Elster, ein überaus prächtig gefärbter, schlauer und anpassungsfähiger Geselle unserer Felder und Wälder.

Ganz unten: Der herrliche Raubwürger ist bei uns leider zu einer Seltenheit geworden.

Rechts: Schauen Sie einmal, aus welchem Material dieser Neuntöter sein Nest gebaut hat! Die Erschütterung durch den anfliegenden Altvogel genügte, um die nackten Hälse der Jungen emporschnellen und die weiten Schlünde bettelnd sich öffnen zu lassen.

Links: Den rauhen Ruf des Kolkraben hört man von weitem. Wußten Sie, daß man auch das zischende Schlagen seiner mächtigen Schwingen auf große Distanz wahrnehmen kann?

Rechts: Es ist nicht leicht, im Bergwald unbemerkt zu bleiben: der aufmerksame Tannenhäher kündet unser Kommen durch lautes Rätschen. Im Arvenwald hilft er zudem bei der Verbreitung der wertvollen Baumart mit.

Unten: Wie der Tannenhäher aus Arvennüßchen Vorräte anlegt, macht es der schöne Eichelhäher mit Eicheln und Haselnüssen. Dadurch werden diese Pflanzenarten immer wieder ausgebreitet.

Unten rechts: Unser Schwarzspecht, der große Trommler. Sein elfenbeinfarbener Meißelschnabel und der rote Schopf leuchten auf. Man sieht deutlich, wie er sich voll auf seine an den Spitzen verhärteten Schwanzfedern aufstützt.

Oben: Der Eisvogel beim Abflug von seiner Nisthöhle, die in einer erdigen Steilwand liegt.

Rechts: Eine weitere Bewegungsstudie des hellblauen Juwels; der Flug ist außerordentlich schnell.

Unten: Nach erfolgreicher Jagd kehrt der Eisvogel mit einem Fischchen zur Nisthöhle zurück.

Rechts: Wer je das Glück hat, den Eisvogel zu sehen, wird seinen Anblick nie mehr vergessen. Und gerade dieses Geschöpf – eines der schönsten unserer Fauna – ist vom Aussterben bedroht!

Rechts: Ein Pärchen der hübschen Gimpel oder Dompfaffen, rechts das rotbrüstige Männchen. Mitunter erscheint die Art bei uns am winterlichen Futterbrett.

Rechte Seite: Wie gehämmertes Metall gleißt das Federkleid unseres Stars, des frohen Boten des Frühlings. Die hungrigen Schnäbel seiner Jungen verlangen nach riesigen Mengen an Kerbtieren und Gartenschnecken.

Unten: Links das bescheidene Rotkehlchen, rechts die zierliche Blaumeise. Beide sind unermüdliche Vertilger von Insekten aller Art.

Rechts: Eine weitere Schönheit aus unserer vielfältigen Vogelwelt ist der Seidenschwanz, leicht erkennbar an seinem bunten Flügelmuster und der merkwürdigen Federkappe.

Nächste Doppelseite: Schwalbenkinderschnäbel wollen stetig gestopft werden! Viele Flugkünste der Eltern sind nötig, um die Kleinen mit Fliegen und Mücken satt zu kriegen. Das tassenförmige Nest der Rauchschwalbe ist mit Klecksen aus einer Mischung von Dreck und Spucke dicht unter die Decke gebaut.

Oben: Das kanariengelbe Pirolmännchen muß manchen Zweig sorgfältig absuchen, um genügend Kerbtiere für seine Jungen zu finden. Sein Weibchen ist weit weniger intensiv gefärbt.

Ganz links: Es braucht gute Augen, um ein derart getarntes Nest zu finden! Die Eier des bodenbrütenden Braunkehlchens sind der Farbe des Grases hervorragend angepaßt.

Links: An diesen eben geschlüpften Gartengrasmücken erkennt man den sogenannten Nesthocker: nackt, blind, völlig auf die stete Fürsorge der Altvögel angewiesen.

Links: Vogeleltern haben nicht nur ständig Nahrung herbeizuschaffen, sondern müssen auch Rückstände beseitigen, damit das Nest sauber bleibt. Hier entfernt die Gartengrasmücke eine frische Kotpapille eines Jungen.

Linke Seite: «Was für ein merkwürdiges Kind!» scheint der Teichrohrsänger beim Anblick des riesigen Kuckucksjungen zu denken. Das Kuckucksweibchen legt seine Eier mit Vorliebe ins schwankende Nest dieser Art. Das Ungetüm hat die andern Jungen und Eier hinausgeschmissen.

Oben links: Unser Hausspatz gehört zu den typischen Kulturfolgern; sein ganzes Leben ist unseren Gewohnheiten ausgezeichnet angeglichen.

Oben: Die flinke Wasseramsel lebt überall an unseren Fließgewässern. Dort sucht sie tauchend, schwimmend und am Bachgrund dahineilend ihr Futter.

Links: Im Frühjahr läßt die schmucke Singdrossel am Waldrand ihr klagendes Liedchen ertönen. Zusammen mit der Mistel- und der Wacholderdrossel verläßt sie zur Herbstzeit unser Land wieder.

Rechts: Kuckucksjüngling im gefleckten Jugendkleid. Der erwachsene Vogel ist ganz ungewöhnlich scheu. Im Flug erinnert er uns etwas an eine falkenähnliche Gestalt; den bekannten Ruf kann man jedoch nicht verwechseln!

Unten: Hier ist ausnahmsweise eine jener Vogelarten abgebildet, die bei uns leider nicht mehr brüten: die Große Rohrdommel, ein Bewohner undurchdringlicher Schilfdickichte. Dieser besonders heikle Lebensraum wurde bei uns systematisch zerstört.

Rechts: Graureiher am Wasser, auf das er unbedingt angewiesen ist. Er ist deswegen aber noch lange kein arger Forellenräuber!

Oben: Als ursprünglich weitgehend fremdes Faunenelement müssen bei uns einst auf Schloßweihern und Seen die ersten Höckerschwäne ausgesetzt worden sein. Heute finden wir halbzahme und verwilderte Schwäne an fast allen größeren Gewässern der Schweiz.

Links: Der hübsche Flußregenpfeifer verlangt nach freien Kiesflächen, wo er aber am Nest oft nur schwer zu entdecken ist.

Oben rechts: Unser Bläßhuhn baut sich alljährlich kunstvolle Schwimmnester aus Schilf und Wasserpflanzen. Seine Jungen weisen eine auffallend bunte Kopfzeichnung auf.

Rechts: Stockentenmütter haben Sorgen! Diese Ente hat 15 quicklebendige Küken zu überwachen. Eine große Jungenzahl bedeutet unter anderem, daß die betreffende Tierart mit vielen Verlusten rechnen muß.

Von links nach rechts: Sicher war das Birkhuhn einst auch in den Niederungen des Mittellandes und im Jura heimisch; heute ist sein Vorkommen auf alpennahe und alpine Gebiete beschränkt. Die Balz der Birkhähne ist ein herrliches Schauspiel: tanzend, schleifend, die Schwanzfedern und den weißen Stoß fächernd, bewegen sich die dunklen Vögel am Boden oder auf Bäumen.

Unten links: Noch imposanter ist die Bodenbalz des gewaltigen Auerhahns, des Königs unserer Arvenwälder. Völlig entrückt, widmet er sich seinem wichtigen Tun.

Unten: Wenn sich die Auerhenne auf ihr Nest setzt, löst sie sich sozusagen vor unseren Augen auf, so ausgezeichnet ist ihre Färbung dem Waldboden angepaßt.

Links: Unser Nationalpark ist eine friedliche Oase in der technisierten Landschaft der Gegenwart. Tier und Mensch sollen hier Ruhe finden!

Vorhergehende Doppelseite: Unter den einheimischen Hühnervögeln ist die niedliche Wachtel die kleinste Art. Aus taufrischen Wiesen und Feldern ertönt mitunter ihr unverkennbares «Dik – Didik!».

Ganz oben und oben: Heimliche Bewohner des Nationalparks: brütendes Schneehuhn im Sommerkleid und Schneehase im Haarwechsel des Frühjahrs. Beide Arten sind im Winter rein weiß.

Nächste Seite:
Oben: Auf Berggipfeln sind die Alpendohlen gerngesehene Gäste. Ja nicht füttern!
Unten: Ein prächtiger Mauerläufer in seinem Biotop – steilen Felswänden mit vielen Ritzen.

Einst und jetzt

Zottige Riesen

Wenn wir jetzt über längst verschwundene Tierarten von gigantischen Ausmaßen reden, dürfen wir uns für einmal die wehmütigen Seufzer ersparen. Nur Tierfotografen und Jäger wären zu Klagen bereit. Diesmal ist nämlich nicht der böse Mensch am Aussterben schuld, denn die Ursache liegt vorwiegend bei den klimatischen Veränderungen im Verlaufe der Eiszeiten.

Die Artenzahl unserer heutigen Großsäugerfauna ist gegenüber jener der letzten Eiszeit arg zusammengeschmolzen: von 32 europäischen Arten sind neun für immer verschwunden. Seit je sind Lebewesen ausgestorben und sind allmählich neue an ihre Stelle getreten; seit kurzer Zeit beschleunigt der Homo sapiens das erstere. Uns interessiert im Moment aber vor allem, welche der zottigen Riesengestalten damals auf Schweizer Boden umhergestapft sind.

Mammut und Wollnashorn

Zwischen der afrikanischen und der europäischen Tierwelt bestanden vor Jahrmillionen enge Verbindungen. Viele Dickhäuter wanderten zu und bildeten einen festen Bestandteil unserer Fauna, da es bei uns damals bedeutend wärmer war als heute. Vor etwa einer Million Jahren kühlte sich das Klima der Erde jedoch merklich ab, und es begann die Periode der vier großen Eiszeiten, die von längeren wärmeren Zwischeneiszeiten unterbrochen wurden.

Während dieser vier Kälte- und drei Wärmeperioden entwickelten sich die großen Säuger weiter – die Elefanten und Nashörner Europas zum Beispiel zu ausgesprochenen Klimaspezialisten. Die stärkste Anpassung an das rauhe Eiszeitklima zeigen das Mammut und das wollhaarige Nashorn, die am Ende der letzten Vergletscherung bei ihrem Rückzug nach Norden auch durch Schweizer Gebiet gekommen sind. Reste davon finden sich in eiszeitlichen Schottern, Lößen und Lehmen. Einzelne Zahn- und Knochenstücke lagen auch in der Kulturschicht der Rentierjäger, die vor etwa 12 000 Jahren hier – zum Beispiel in Schaffhauser Höhlen – gelebt haben.

Beide Tierarten trugen lange, dichte Behaarung und kamen nur in der offenen Tundra vor. Die vorweltliche Elefantengestalt des Mammuts reicht mit Haut und Haaren bis in unsere Zeit hinein, da man im sibirischen Bodeneis vollständig erhaltene Exemplare bergen konnte. Auch Teile vom Wollnashorn kamen in Sibirien zum Vorschein. Die wertvollsten Zeugen aber sind zwei nahezu ganz erhaltene Nashornkörper, die vor etwa 50 Jahren in mit Erdwachs getränkten Schottern von Ostgalizien (UdSSR) geborgen worden sind.

Der Riesenhirsch

Ein besonders eindrucksvolles Tier war der Riesenhirsch, der vor 40 000 bis 30 000 Jahren an verschiedenen Stellen der Schweiz vorkam, wie nachgewiesen werden konnte. Am bekanntesten indessen sind die Funde aus den nacheiszeitlichen Mooren von Irland. Was für Geweihe! Die Spannweite dieser gewaltigen schaufelartigen Gebilde betrug bis zu dreieinhalb Meter und ihr Gewicht nahezu 90 Pfund. Ein derart «geschmücktes» Tier hätte sich im Geäst des Waldes rettungslos verfangen. Auch der Riesenhirsch muß ausschließlich in der offenen Steppen- und Strauchtundra gelebt haben.

Unwillkürlich denkt man an den alljährlichen Aufbau von solch gigantischen Geweihmassen. Dann wundert man sich nicht mehr, wenn viele Leute es kaum glauben wollen, daß auch unser größter Hirsch jedes Frühjahr sein Geweih verliert und es in rund 100 Tagen wieder neu aufbaut. Aus solchen Zweifeln mag auch die irrige Ansicht entstanden sein, die Belastung des Geweihaufbaues sei für den Riesenhirsch so groß geworden, daß er entartet und als nicht mehr lebensfähig ausgestorben sei. Vielmehr ist er, als die britischen Inseln noch Verbindung mit dem Festland hatten, in die weiten Flächen Mittelirlands ausgewichen. Hier aber ist die Art, isoliert und bedrängt durch die Ausbreitung der Wälder, allmählich erloschen.

Der gewaltige Höhlenbär

Der älteste Nachweis des Höhlenbären in der Schweiz gelang in den Höhlen von «Wildkirchli» unterhalb der Ebenalp im Kanton Appenzell. Von den dort zutage geförderten fossilen Knochenresten waren 95 Prozent solche vom Höhlenbären. Da in andern Höhlen in Frankreich, Österreich, Jugoslawien, Ungarn und anderswo die gleichen Anteile festgestellt worden sind, nimmt man an, daß sich dort die Reste von Hunderten von Generationen dieser Riesentiere angesammelt haben. Das heißt nicht, daß die Bären ausschließlich in Höhlen gelebt haben, aber als Ort der Winterruhe waren ihnen diese willkommen.

Außer dem früh bekannt gewordenen Wildkirchli gibt es in unserem Lande noch gegen 20 andere Fundstätten von Höhlenbärenknochen. Die Menschen der frühen Altsteinzeit haben das Aussterben dieses unheimlichen Gesellen nicht verursacht, da er von ihnen nur gelegentlich getötet wurde. Das Aussterben des Höhlenbären ist uns vorerst noch ein Rätsel. Vor etwa 20 000 Jahren verschwand er aus unserer Fauna und machte endgültig dem gewöhnlichen Braunbären Platz, der schon einige Zeit neben ihm vorkam.

Eine Dame: «Wozu sind Biber eigentlich nütze?»
Antwort von M.B.: «Zu nichts, gnädige Frau. Wie Mozart.»
(Ein wahres Gespräch mit Maurice Blanchet, dem welschen Bibervater)

Vor 100 Jahren

Nicht nur die Artenzahlen und Tierbestände haben sich seit Ende des letzten Jahrhunderts verändert, sondern auch unsere Ausdrucksweise und unsere Einstellung über das Wildtier in Wald, Flur und Wasser. Im Buch «Die Tierwelt der Schweiz» von 1914 scheint Emil August Göldi gerade an einem Scheideweg zu stehen, obwohl noch fleißig vom Nutz- und Schadwild die Rede ist, auch von Krummschnäbeln, reißenden Tieren, von Raubzeug und Niederwildschädlingen. Im selben Jahr erschien «Der Schweizerische Nationalpark» von Steivan Brunies, wo auf Seite 173 zu lesen ist: «Seit Jahren bemüht sich die Naturschutzkommission, die öffentliche Meinung, besonders auch die Jugend, über das große Lebensgesetz aufzuklären, wonach jede Art, möge sie nun in unseren Augen als ‹nützlich› oder ‹schädlich› erscheinen, ein wichtiges und unentbehrliches Glied der großen Lebensgemeinschaft bildet.»

Anders 30 Jahre zuvor. Zum Schadwild gehörten damals mit der größten Selbstverständlichkeit: alle Fleischfresser, alle Tag- und Nachtraubvögel, die Möwen, die Tannhäher, die Eichelhäher, die Taucher und Reiher sowie das arme Wasserhuhn.

Mehr Arten als heute?

Unter Zoologen ist man sich noch heute nicht ganz darüber einig, ob es bei uns 70 oder 75 Arten von Säugern gibt. Anno 1869 gab *Fatio* die Zahl von 62 Arten an, wogegen *Rahm* (1976) mit 75 rechnet. Könnte man daraus schließen, daß unsere Fauna jetzt reicher geworden ist?

Jedem Schulkind wird gegenwärtig erklärt, daß Wolf und Bär bei uns fehlen und wie schade es ist, daß man früher so einsichtslos handelte. Dagegen haben die Zoologen in der modernen Systematik durch Aufteilung in neue Arten – vor allem bei den Kleinsten – die Liste unserer Säuger seither erweitert. Und schließlich sind Steinbock, Luchs und Biber wieder in unsere Tierwelt eingegliedert worden, und es haben sich inzwischen zwei neue Arten von alleine bei uns eingestellt: das Wildkaninchen – von der Pyrenäenhalbinsel herstammend – und die aus dem Osten zugezogene, sich vorwiegend kletternd fortbewegende Zwergmaus.

Wenn unsere Säugerfauna gemäß Artenliste also vielfältiger erscheint als vor 100 Jahren, so dürfen wir nicht vergessen, daß mehrere Arten auf äußerst schwachen «Füßen» stehen und ihr Fortbestehen keineswegs gesichert ist. Auch bei unserer Vogelwelt sind seither etliche Änderungen festgestellt worden. Viele seltene Zugvögel und Irrgäste bereichern die Artenliste, aber viele andere Arten sind bedroht. Vor 100 Jahren wurde auch der fremdländische Jagdfasan bei uns eingeführt. Sein Name gibt den Grund für seine Eingliederung gleich bekannt.

Die Todesgelder

«Schießt den Eisvogel tot, die Wasseramsel und erst recht den bösen Fischreiher! Tötet Marder, Fischotter, Wiesel und Eichhörnchen, denn sie sind Schädlinge!» Bis 1875 wurde die Erlegung von 9 Arten von Säugern und 18 Vogelarten mit Schußgeldern der Kantone belohnt. Bären wurden mit 40 Franken «prämiiert», 20 Franken gab es für tote Wölfe, Wildschweine und Luchse, 10 Franken für Adler. In Graubünden wurde 1861 der Tod von nicht weniger als 8 Bären, 14 Adlern, 5 Lämmergeiern und 21 Uhus mit den unseligen Geldern ausgezeichnet.

Erst reichlich spät, nämlich 1962, setzte sich bei Bund und Kantonen die Erkenntnis durch, daß diese Abschußprämien keine positiven Einwirkungen auf Jagd oder Fischerei hatten, denn beide litten aus ganz anderen Gründen. Philipp Schmidt – dem wir viele Angaben verdanken – schrieb denn auch 1976 trefflich: «Was hatte also der Krieg gegen edle, naturgewollte und notwendige Geschöpfe bewirkt? Armut und Verödung der Landschaft und jene tiefe seelische Vereinsamung des Kulturmenschen, der die Reste der belebten Natur hergeben mußte.»

Immer nur Lachs zu Mittag

Werfen wir noch einen Blick in unsere Gewässer, die immerhin fast vier Prozent unserer Landesfläche ausmachen.

Zu den heimischen Fischarten fügte man nach und nach die Regenbogenforelle, den Zander, den Bachsaibling und die kanadische Seeforelle oder Namaycush hinzu. Der köstliche Lachs muß dagegen endgültig aus der Fischliste gestrichen werden. Anfang des Jahrhunderts stieg er noch fleißig bis zum Rheinfall bei Schaffhausen hinauf. Zwischen 1902 und 1911 wurden in der Schweiz noch 100 000 Kilogramm Lachs gefangen. Und ich erinnere mich an die Klagen meiner Großeltern, weil die Dienstboten nicht mehr als zweimal pro Woche Lachs essen wollten...

Vor 1880 waren unsere noch sauberen Gewässer ein wahres Dorado für den hübschen Flußkrebs, dann kam jedoch die Krebspest, und aus war es mit dem Paradies für dieses in der schweizerischen Fischerei eine bedeutende Rolle spielende Tierchen. Immerhin gab es aber 1912 noch in etwa 80 Seen und Bächen des Landes Flußkrebse in erwähnenswerter Zahl. Und wie steht es 65 Jahre später? Raten Sie einmal...!

Steinbockschicksal

Seit der Gedanke der Wiederherstellung ursprünglicher Faunenzusammensetzungen aufgetaucht ist, wurden viele einschlägige Experimente durchgeführt. Als eines der gelungensten kann die Wiedereinbürgerung des Steinwildes im Alpenraum bezeichnet werden. Auch auf internationaler Ebene wird der große Erfolg dieser Aktion immer wieder erwähnt. Aber wie konnte es eigentlich zum beinahe völligen Verschwinden dieser auf die unzugängliche Bergwelt spezialisierten Tierart kommen?

Der Steinbock war anscheinend nie so weit im Alpenraum verbreitet wie die anpassungsfähigere Gemse. Eine sorgfältige Untersuchung des bekannten Steinwildforschers B. Nievergelt lehrt uns, daß Steinböcke ungewöhnlich hohe Ansprüche an die Verhältnisse ihres Lebensraumes stellen. Nach der Zunahme der Bejagung und Beunruhigung durch den Menschen war es dem Steinwild somit nicht möglich, einfach in andere Gebiete auszuweichen und dort neue Bestände aufzubauen. Als man Ende des 17. Jahrhunderts das drohende Aussterben zu erkennen begann, war es bereits zu spät. Je seltener diese Tiere wurden, um so höher stieg deshalb ihr Marktwert.

Aberglaube und Habgier förderten den beschleunigten Niedergang dieser Zierde unserer Alpenwelt. Hohe Geldbußen, selbst Prügel- und Todesstrafen konnten die Wildschützen nicht davon abhalten, dem in der Volksmedizin zu einem begehrten Objekt aufgerückten Steinbock nachzustellen. Alle Bestandteile ihres Körpers – vom zerstoßenen Horn bis zur getrockneten Losung – fanden damals als allerhand Heilmittel großen Absatz. Der Mensch hat die Schlußakte dieser Tiertragödie unzweifelhaft auf seinem Gewissen.

Geglückte Wiedereinbürgerung

Nur ein kleiner Restbestand von etwa 60 Steintieren blieb zu Beginn des 19. Jahrhunderts im Gran-Paradiso-Gebiet erhalten, der zum Glück durch Vittorio Emanuele II. streng geschützt wurde. Auf Schmugglerpfaden gelangten von dort, teils in einer Ziegenherde, einige Steinkitze in den Wildpark Peter und Paul von St. Gallen, wo sie wenig später zur Weiterzucht eingesetzt wurden.

Das Ziel der rührigen Initianten, allen voran Dr. med. Albert Girtanner, hieß: «Wir wollen nur reinrassige Steinböcke aussetzen!» Im Jahre 1911 war es endlich soweit. Am 8. Mai zog eine lange Prozession von Trägern, Wildhütern und begeisterten Prominenten von Weißtannen gegen die Grauen Hörner. Die kräftigen Träger schleppten mühsam fünf schwere Holzkisten über zwei Stunden bergan, deren kostbarer Inhalt aus einem mächtigen Bock, zwei Geißen und zwei Kitzen bestand. Vorerst folgte die Eingewöhnung in einem Gehege. Doch bereits nach sechs Tagen meldete sich starker Freiheitsdrang, und in kurzer Zeit hatte jung und alt den zweieinhalb Meter hohen Zaun übersprungen und verwilderte rasch. Der Erfolg war sicher!

Nun mußten neue Ansiedlungsorte bestimmt werden – vorerst in Graubünden. 1914 folgten Freilassungen im Bannbezirk Piz d'Aela, 1920 im Nationalpark und 1922 im eidgenössischen Banngebiet Piz Albris ob Pontresina. Dann kamen das Berner Oberland (Augstmatthorn) und das Wallis (Mont Pleureur) an die Reihe sowie viele andere Orte.

Was nun?

Die Erhaltung der Tierart *Capra ibex* in der Schweiz ist zweifellos gesichert: in über 70 großen und kleineren Kolonien leben heute über 10 000 dieser Tiere. In mehreren Beständen werden seit Jahren wieder Steinböcke eingefangen und nach weiteren Orten des Landes, aber auch nach den übrigen Alpenländern gebracht. Mancherorts vermehren sich die Tiere bereits stärker als erwünscht und geben neuerdings Anlaß zu Klagen. So beschädigen zum Beispiel am Piz Albris die «eidgenössisch subventionierten» Steinböcke die eidgenössisch subventionierten Aufforstungen stark.

Zurzeit besiedeln gegen 4500 Stück Steinwild in 14 Großkolonien und kleineren Gruppen den Kanton Graubünden. Die bislang gehandhabten Reduktionsmaßnahmen mit Lebendfang in Fallen und Hegeabschüssen durch die kantonalen Wildhüter blieben hinter der Vermehrungsrate zurück, zumal das Bündner Wappentier keine direkten Verluste durch Raubfeinde zu befürchten hat. Als letzter Ausweg wird nun eine Regulierung der Bestände durch eben diesen Menschen ins Auge gefaßt, der einst die Art zum Verschwinden gebracht hat.

Nur 58 Jahre nach der ersten Freilassung wird der bisher streng geschützte Steinbock lokal wieder zur Jagd freigegeben werden müssen, um einzelne Bestände nicht zu sehr anwachsen zu lassen. Ein Wagnis? Nein, wenn im selben Geiste wie damals gehandelt wird, läßt sich auch jetzt wieder eingreifen. Jagen – außerdem noch regulierend jagen – ist ein fast schwierigerer Eingriff in das natürliche Gefüge als das Aussetzen einer Tierart in das ihr zusagende Biotop. Der heutige Mensch wird also Gelegenheit dazu haben, Zeugnis von fortschrittlichen Maßnahmen im Interesse einer heiklen Tierart abzulegen und, wie wir hoffen, ohne sich damit zu brüsten, als hänge ein gesundes, natürliches Gleichgewicht nur von ihm ab.

Kulte, Heilmittel und Mären von Tieren

Bemerkungen über Tierkulte

Seit je haben Tiere, haben die Jagd und das Essen von Fleisch sowie die Verwendung von Tierteilen die Vorstellung des Menschen stark beschäftigt. Tierkulte und Vermehrungsrituale, das Übertragen tierlicher Eigenschaften auf Menschen und mancherlei Formen von Jagdzauber spielten von früh an auf irgendeine Weise und in unterschiedlicher Stärke eine Rolle in den religiösen Äußerungen fast aller menschlichen Kulturen bis in die Gegenwart hinein. Man hat Spuren dieser Art auch in der Schweiz entdeckt, wenn auch spärlicher als in andern Ländern.

Die altsteinzeitlichen Höhlenzeichnungen lassen erkennen, daß Leben, Religion und Kunst damals – das heißt vor 35000 bis 10000 Jahren – noch eine Einheit waren. Nur eine Auswahl der damals lebenden und gejagten Tierarten wurde dargestellt, manche selten, andere ziemlich häufig. Sie sind jedoch nicht fotografisch genau gezeichnet, denn das charakteristische Erscheinungsbild der einzelnen Tierarten wurde in ganz unterschiedlichen Techniken wiedergegeben. Es ist nicht der stürmische Augenblick während der Jagd festgehalten, sondern das beim ruhigen, etwas fernen Beobachten eingeprägte Bild der stehenden, schreitenden oder laufenden Tiere.

In einzelnen Darstellungen treffen auf die Tiere Striche wie Speere: ob hier eine Art Jagdzauber ausgeübt werden sollte oder eine Opferung «an den Herrn aller Tiere» oder etwas ganz anderes, ist heutzutage nicht mit Sicherheit zu entscheiden. Die zum geistigen Leben dieser Menschen gehörende Kunst ist aber sicher Ausdruck eines religiösen Empfindens.

Anderer Art, aber noch vielseitiger und für uns faßbarer, sind die Tierkulte, die sich mit dem Seßhaftwerden der Menschen und mit der Züchtung von Haustieren entwickelten. Wir finden sie in allen unseren Kulturen in großer Mannigfaltigkeit.

Es gibt wohl keinen einzigen Teil des Hirsches, der früher nicht in irgendeiner Form zu medizinischen Zwecken verwendet wurde. Wie der Steinbock einmal als «wandelnde Apotheke» bezeichnet worden ist, könnte man auch den früheren Hirsch so nennen.

Nicht nur den Herzwurm oder die Würmer auf dem Haupte, Krebsgeschwüre, Dummheit, Frauenleiden, oder «sey das mannlich glied in verrichtung seines amptes schwach und hinfellig...» – kurz, jede damals bekannte Krankheit konnte mit irgendeinem Teile des Hirschkörpers geheilt werden. Das vielbegehrte Herzkreuz – eine besondere Kalkablagerung nahe der Aorta – verlieh Mut, half gegen Schwindel und «benimmpt die Fantasey und sterckt das Gedechtnis».

Im 16. Jahrhundert beobachtete man auch, daß die Hirsche viel an Würmern litten (Larven von Rachenbremsen). Als Gegenmittel – so der damalige Glaube – saugten die Hirsche mit den Nasenlöchern Giftschlangen auf, wonach sie diese zerstampften und fraßen. Da das Gift aber nicht nur die Würmer abtötete, sondern auch dem Hirsch zu schaden drohte, tauchten sie ihren Körper bis an den Hals ins Wasser...

Im Magen der Gemse findet man öfter größere Gebilde von filziger oder harzglänzender Oberfläche. Es sind die sogenannten Bezoarkugeln, welche sich im Pansen (Teil des Wiederkäuermagens) aus verschluckten Haaren und Harzrückständen zu bilden pflegen. Vor gar nicht so langer Zeit galten diese Kugeln als gesuchte Medizin, wurden zu allerlei Heilmitteln und Salben verarbeitet, welche gegen Schwindel und schlechte Augen helfen sollten.

Von den unzähligen Geschichten, die in aller Welt über Schlangen herumgeboten werden, sei diejenige der merkwürdigen «Faszination» herausgegriffen. Können Schlangen ihre Opfer tatsächlich in einem Augenbann an Ort und Stelle fixieren? Nach den Mären darüber müßte diese Hypnose, die auch beim Menschen wirksam sein soll, durch ein dazwischentretendes Subjekt gebrochen werden – erst dann könne das Opfer die Flucht ergreifen. In den Volksmärchen wird diese Schauergeschichte – natürlich verbunden mit rechtzeitiger Erlösung – gerne verwendet.

Hediger konnte feststellen, daß diese Faszination zum großen Teil auf wirklichen Tatsachen beruht, die allerdings übertrieben und falsch gedeutet worden sind. Kröten und Frösche, die Hauptopfer vieler Schlangen, zeigen als Reaktion auf einen sich nähernden Feind Aufblähen und stelzbeiniges Aufrichten. Da sie dies – sofern sie nicht einfach vom Zubiß überrascht wurden – auch Schlangen gegenüber tun, mutet ihr Verhalten wie eine durch den starren Schlangenblick hervorgerufene Unbeweglichkeit an. Auch bei Vögeln und Säugern kann die Aufmerksamkeit durch ein langsam vorrückendes Objekt in ganz überraschender Weise gefesselt werden.

Ein Erfolg: Vogelwarte Sempach

«Schwalben und Störche künden den Frühling an», pflegte man früher zu sagen, wußte aber nichts Näheres über den geheimnisvollen Vogelzug. Erst 1899 wurden Beinringe zum individuellen Kennzeichnen der Vögel eingeführt, und unmittelbar danach entstanden in Europa die ersten Vogelwarten (Rossitten, Helgoland). Die neue Methode brachte so verblüffende Resultate, daß 1910 auch in Bern eine «Schweizer Zentralstation für Ringversuche» eingerichtet wurde, die dann 1924 in erweiterter Form durch die «Schweizer Vogelwarte Sempach» ersetzt werden konnte.

Bescheidener Anfang

Welch bescheidener Betrieb war die Vogelwarte noch zu Beginn ihrer Tätigkeit! Der Sempacher Alfred Schifferli sen. war Kaufmann. Alle Arbeiten, die er als erster Leiter der Warte zu übernehmen hatte, mußten ehrenamtlich, während der Freizeit am Abend und in den wenigen Ferienwochen, erledigt werden. Die ganze Familie half dabei mit, denn Beringung und Vogelzugfragen standen jeweils im Mittelpunkt. Erst 17 Jahre später erfolgte die Gründung einer Kommission unter Beitritt aller ornithologischen Organisationen und des Bundes.

Noch immer führte aber die Vogelwarte ein höchst einfaches Dasein. In einem kleinen Raum des Sempacher Rathauses arbeiteten drei Personen unter dem neuen Leiter der Station, Dr. Alfred Schifferli jun., der im Jahre 1945 erstmals besoldet wurde. Mitglieder- und Gönnerbeiträge, Zuwendungen der öffentlichen Hand und Stiftungsgelder sicherten den finanziellen Rückhalt einer Institution, die Aufgaben zu erfüllen hat, welche sonst der Bund, die Kantone oder Universitäten zu übernehmen hätten. Auch heute noch ist die inzwischen weltberühmt gewordene Vogelwarte kein staatliches, sondern ein privates Institut in der Rechtsform einer Stiftung – eine typische Eigenheit unseres Landes, das dem privaten Unternehmergeist seiner rührigen Bürger so viele Erfolge zu verdanken hat. Mit einer kleinen Feier konnte im Oktober 1955 die neue Vogelwarte mit Vortrags- und Ausstellungssaal, Arbeitsräumen und zwei Wohnungen eingeweiht werden.

100 000 Vögel im Jahr

Die Vogelwarte hat im Dienste des Vogelschutzes und der Erforschung der Lebensbedingungen der heimischen Vogelwelt eine große Zahl Funktionen zu übernehmen: Vogelzugbestimmung, Bestandesaufnahmen, Führen der Artenliste, wissenschaftliche Untersuchungen, Förderung der Schutzmaßnahmen, Beratung, Aufklärung und Information der Öffentlichkeit.

Die aufsehenerregendsten Ergebnisse über das Vogelleben unseres Alpenlandes erbrachten die Beringungen und die Rückmeldungen beringter Vögel aus aller Welt. Im Verlaufe der 53jährigen Tätigkeit der Vogelwarte und ihrer Außenstationen wurden mit Hilfe vieler Freiwilliger gegen zwei Millionen Vögel beringt. Seit der Einführung feiner Nylonnetze ist es möglich geworden, die Zugvögel in großen Massen zu fangen – nämlich etwa 10 000 Stück im Jahr – und zu beringen, während man früher auf die Arbeit an Nestlingen angewiesen war.

Vor 50 Jahren wurde zum Beispiel noch heftig darüber diskutiert, ob die Zugvögel zur Hauptsache unsere Alpen überqueren oder ob sie bloß ihrem nördlichen Fuße folgen. Die Beobachtung und der Fang von weit über 200 000 Tieren auf dem Col de Bretolet (VS) belegten den unermeßlich starken Durchzug von Schwalben und Finkenvögeln, Greifen und anderen. Rund ein Prozent Rückmeldungen aus vielen Ländern südlicher und nördlicher Regionen bestätigten die erstaunlichen Resultate vollends.

Die Super-Fledermaus

Angesichts der gewaltigen Ausmaße des jährlichen Vogelzugs über unser zentral gelegenes Land und der vielen ungelösten Fragen lag die Idee nahe, auch die moderne Technik einzusetzen. Im Herbst 1953 kamen nämlich erste Meldungen, daß auf den Bildschirmen des Überwachungsradars in Kloten deutliche Vogelechos zu sehen seien. Die Vogelzugstudien, die Dr. Ernst Sutter (Basel) in Zusammenarbeit mit der Vogelwarte in den folgenden Jahren durchführte, waren bahnbrechend für die Radar-Ornithologie in der Welt.

Aber erst die Anwendung des Zielfolgeradars vom Typ «Super-Fledermaus» machte es möglich, Zugintensitäten in allen Höhenbereichen zu registrieren und mit der automatischen Verfolgung von Einzeltieren nicht nur Höhe, Richtung und Geschwindigkeit der beobachteten Vögel exakt zu messen, sondern anhand der Schwankungen von Radarechos sogar Angaben zum Erkennen einzelner Vögel zu gewinnen.

Der Schweizerischen Vogelwarte stellen sich heute immer neue Aufgaben. Zu den wichtigsten Anliegen sind gegenwärtig die Ökologie und der Biotopschutz der Vögel aufgerückt: mit entsprechenden Maßnahmen soll der teilweise sehr gefährdete Lebensraum unserer gefiederten Freunde geschützt und erhalten werden. Wir dürfen auf die wertvolle Tätigkeit dieser Station zu Recht sehr stolz sein, denn sie hat unser Wissen über die einheimischen Vögel unerhört bereichert.

*Die Natur ist das einzige Buch,
das auf allen Blättern großen Gehalt bietet.*
Goethe

Allerlei aus dem Tagebuch der Wildhüter

Auf meinem Rundgang im Bereich der italienischen Grenze gegen Ende September beobachtete ich drei merkwürdige Gestalten, die sich im hinteren Teil des Tales am Boden zu schaffen machten. Was wollten die Kerle dort? Touristen waren das bestimmt nicht. Ich entschloß mich, sie aus der Ferne zu beobachten – und siehe, sie sammelten flache Steine. Durchs Fernglas sah ich verwegene Gesichter. Schließlich ging mir ein Licht auf: es waren Wilderer, die es auf die dort lebenden Munggen abgesehen hatten. Zwei von ihnen bauten an mehreren Stellen hohe Steinmännchen, mit denen sie die Winterbaue der fetten Nager markierten, um diese später ausgraben zu können – wohl die gemeinste Art der verbotenen Jagd. Diese wollte ich ihnen aber ganz gründlich versalzen! Aber was konnte ich gegen die drei stämmigen Gesellen ausrichten? Im Augenblicke sicher nichts...

Zwei Tage später begab ich mich wieder ins Gebiet und schaute mir die Bescherung an. Vier Steinmännchen nahe der Hauptlöcher. Bald mußte der erste Schnee fallen. Mein Entschluß war schnell gefaßt: sorgfältig begann ich die Steine abzutragen und 20 Meter weiter weg wieder zu genau gleichen Steinmännchen aufzuschichten, dort, wo weit und breit keine Murmeltierlöcher mehr waren. Ich habe später nie mehr etwas von den Wilderern bemerkt...

Als wir Wildhüter noch nicht so zahlreich waren wie heute, mußten wir zum Einfangen von Steinböcken Hilfskräfte zuziehen. Es war abgemacht worden, daß Arbeiter der nahen Baufirma gegen Stundenlohn aufgeboten werden konnten, sobald sich in den Fallen etwas tat.

Eines Tages war es soweit: vier Steinböcke waren eingeschlossen. Da ich gerade unabkömmlich war, schickte ich meine Tochter und vier Arbeiter mit Transportkörben hinauf, die Tiere herunterzuholen. Beim Anblick der mächtigen Böcke verließ aber die Männer der Mut, keiner wagte sich in die enge Gitterfalle hinein. Was tun? Ganz einfach: meine Tochter machte es den Furchtsamen vor. Unerschrocken ging sie in die Falle, packte den größten Bock geschickt am Gehörn, und bevor er gegen sie stoßen konnte, gebot sie einem Mann, dem Tier die Hinterbeine aufzuheben. Nun zog sie den sich sträubenden Bock Schritt für Schritt gegen die Öffnung des Korbes und drückte die Hörner durch diese hindurch, worauf der Mann den lebenden Schubkarren nur noch hineinzustoßen brauchte. Allmählich kehrte die Courage der Männer zurück, und bald darauf wurden vier schwere Körbe zu Tal getragen.

Beim Einfang von Hirschen mußte man sich vorsehen. Die Hirschkühe sind flink und stark, und damals kannte man noch keine guten Narkosegewehre. Eine große Kuh hatte uns schon zweimal zum Narren gehalten und die Fallentüre zertrümmert. Beim nächsten Fang wollten wir sie zu viert bändigen: der Stärkste von uns ging in die Falle, wir warteten draußen in einem Halbkreis, bereit zuzupacken. Plötzlich rief der Mann: «Wir kommen!», und wie ein Geschoß prallten die zwei als wirrer Knäuel in uns hinein. Einer fiel hintenüber, der andere glitt auf dem Eis vor Schreck aus, und ich gewahrte einen Moment den langen Hals des strampelnden Tieres. Ein Hechtsprung – und ich hing schon daran. Nun ließ leider auch der erste Mann los, und so sausten wir zwei – ich auf der dickpelzigen Kuh – über den völlig vereisten Weg, darüber hinaus und in eine Grube hinunter. Unglücklicherweise drehten wir uns in der Luft, so daß ich beim Aufprall unter das Hundertkilovieh zu liegen kam, zum Glück aber im weichen Schnee zwischen zwei Felsblöcken. Jetzt ließ ich den Hals der Hirschkuh endgültig los. – Wir haben das Tier nie erwischt.

Eines Abends saß ich auf einer hochgelegenen Waldlichtung, um Wild zu beobachten. Es war die hohe Zeit der Hirsche, der stolzen Könige unserer Bergwälder. Von ihren dröhnenden Schreien erzitterte die Luft. Über mir orgelte unablässig der mächtige Platzhirsch, und ich merkte, daß er stetig näherkam. Als es beinahe dunkel geworden war, löste sich vom untern Waldrand ein weiterer starker Stier und zog, lauthals röhrend, gegen meinen Platz hinauf. Der Platzhirsch antwortete wütend. Allmählich wurde mir etwas mulmig zumute, denn ich kauerte genau dazwischen; würden mich die erzürnten Rivalen bemerken? Der dunkle Angreifer befand sich nur noch etwa 40 Schritte vor mir, den Platzhirsch konnte ich im Rücken beinahe spüren. Schrei auf Schrei donnerte über mich hinweg, stampfend und schnaubend näherten sich die erregten Kämpen – und mit einemmal war es still. Ein Rülpser noch, dann schrien beide plötzlich viel weiter weg. Sie hatten sich nur gehörig die Meinung gesagt.

Wildforschung heute

Bürger: Wen interessiert überhaupt die Wildforschung?

Forscher: Unsere Wissenschaft hat sich während langer Zeit zuwenig um das Leben der gewöhnlichsten einheimischen Tiere gekümmert. Man wußte zum Beispiel über Elefanten besser Bescheid als über den simplen Feldhasen, über die Fliege Drosophila viel mehr als über das gemeine Reh. Wildforschung muß also alle interessieren, nicht nur Jäger und Fachzoologen, denn wir möchten ja, daß unser Land trotz aller menschlicher Einflüsse weiterhin auch eine Heimat des freilebenden Geschöpfes bleiben kann.

Jäger: Warum vernimmt man so wenig von den Ergebnissen dieser Forschung?

Forscher: In Ihrer Frage schwingt etwas von dem leisen Mißtrauen mit, das die wissenschaftlichen Untersuchungen einiger sonderbarer «Spezialisten» gewöhnlich umgibt. Die mangelnde Information der Allgemeinheit beruht aber darauf, daß die Ergebnisse wildkundlicher Arbeiten in Fachzeitschriften erscheinen und dies in einer für die Allgemeinheit schwer verständlichen Fachsprache. Neuerdings versucht eine schweizerische Dokumentationsstelle für Wildforschung diese Lücke zu füllen, indem sie die wichtigsten Resultate für jedermann lesbar zusammenfaßt.

Bürger: Verfolgt die Wildbiologie mehrheitlich rein wissenschaftliche Ziele, oder sind auch praktisch orientierte Forschungsrichtungen am Werk?

Forscher: Man darf der Wildkunde bescheinigen, daß sie – wie kaum eine andere biologische Forschung – auf praktische Anwendung hinzielt. Nehmen wir das bekannte Beispiel der Rehkitze, die im Frühsommer zu Hunderten «dahingemäht» werden – oder darf man bald einmal sagen «wurden»? In Zusammenarbeit mit dem Tierschutz konnte bei den Landwirten ein großes Maß an Mitarbeit erzielt werden, dasselbe beim Feldhasen, dessen Junge zu etwa 15 Prozent durch Mähmaschinen umkommen. Wir benötigen stichhaltige Grundlagen und exakte Beobachtungen, die von ausgebildeten Fachleuten beschafft werden müssen.

Jäger: Was profitieren wir Jäger von der Wildforschung? Müßten wir ihretwegen nicht vermehrte Einschränkungen in Kauf nehmen?

Forscher: Mitunter muß der Wildbiologe Maßnahmen vorschlagen, die Abschußbeschränkungen nach sich ziehen können. Aber auch das pure Gegenteil kann der Fall sein! Grundsätzlich dürfen von der Wildforschung jedoch Erkenntnisse erwartet werden, welche zum besseren Verständnis der Wildarten, ihrer verborgenen Lebensweise, ihrem Dahinschwinden oder Überhandnehmen beitragen und Lösungen anbieten. Das muß auch im Interesse verantwortungsbewußter Jäger liegen.

Bürger: Welche Wildarten werden gegenwärtig besonders untersucht?

Forscher: Ein Schwerpunkt liegt augenblicklich auf dem Feldhasen, dem Reh und dem Hirsch sowie, der Tollwut wegen, auch auf dem Fuchs. Ferner laufen Untersuchungen über die Auer- und Birkhühner, den Fischotter und einige weitere seltene Arten.

Jäger: Es ist seit einiger Zeit Mode, das Wild mit farbigen Halsbändern und sonstigem «Schmuck» zu verzieren. Wozu dient das?

Forscher: Das individuelle Erkennen einzelner Kontrolltiere ist für viele Fragestellungen unerläßlich. Deshalb werden Hirsche und Rehe seit 1959 an mehreren Orten der Schweiz mit farbigen Zeichen markiert, damit man ihre Wanderungen, die Standortwahl und weitere Lebenserscheinungen über längere Zeit mitverfolgen kann. Diese sogenannten «Fasnachtsbändel» dienen somit einem ernsthaften Zweck!

Bürger: Sind in letzter Zeit konkrete Ergebnisse von allgemeinem Interesse erzielt worden?

Forscher: Diese Frage wird uns oft gestellt. Es liegt aber in der Natur dieser zum Teil langfristigen Untersuchungen, daß hier kaum spektakuläre «Erfindungen» gemacht werden können, die in wenigen Worten zu erklären wären. Wir dürfen aber ohne weiteres sagen, daß über Rehe und Hasen Fakten bekanntgeworden sind, die noch vor kurzer Zeit nicht denkbar waren. Alle diese Ergebnisse über Einstandsgewohnheiten und Sozialverhalten wurden anhand individuell markierter Tiere gewonnen.

Jäger: Es wird neuerdings behauptet, daß es bei uns zu viele Rehe gäbe. Inwieweit befaßt sich die Wildforschung mit diesem Problem?

Forscher: Man strebt eine Verfeinerung der Zählmethoden an. Ferner erwägt man, ob nicht der Zustand der Vegetation und die Qualität des Rehwildes als Weiser für die Abschußhöhe heranzuziehen seien. Dem sehr vermehrungsfreudigen Reh wird nur durch verschärfte Jagdmethoden beizukommen sein, wodurch sowohl sein eigener Zustand als auch derjenige seines gegenwärtigen Lebensraumes verbessert würden. Im Sinne eines richtig verstandenen Natur- und Tierschutzes muß auch der Wildkundler bisweilen zur Büchse raten und darauf achten, daß die sogenannten «Problemtiere» einigermaßen unter Kontrolle gebracht und gehalten werden können.

Leben im Steinbruch

Dröhnend rattern die Bagger, Sprengschüsse donnern über das Land, Raupenfahrzeuge und Lastwagen brummen unaufhörlich hin und her, laute Zurufe der schwitzenden Männer in ihren farbigen Schutzhelmen klingen dazwischen, wenn rauschend Tonne um Tonne des begehrten Materials geladen wird. Der Bedarf ist enorm, deshalb liegen die Abbaugebiete meist auch in der Nähe von Ballungszentren, dort, wo die Landschaft oft aussieht wie ein durchlöchertes altes Kraterfeld.

Eines Tages aber verstummt der Lärm. Der Abbau ist beendet, wird irgendwo anders wieder aufgenommen. Kiesgrube oder Steinbruch, es ist immer das gleiche. Aber was nun? Das Grundwasser, jene köstliche Lebensader der Landschaft, liegt offen da, Unkraut wuchert, schnellwüchsige Gebüsche drängen empor, in der heißen Luft summen unzählige Insekten. Welch idealer Platz für eine Mülldeponie! Oder könnte man daraus allmählich wieder Kulturland gewinnen? So nützt das Land nichts. Oder doch?

Konzentrierte Natur

Der Mensch hat der Natur tiefe Wunden geschlagen, was früher ureigenste Angelegenheit der Natur selbst war: Katastrophen wie Erdbeben, Felsstürze, Lawinen und Überschwemmungen zogen tiefgreifende Veränderungen der Landschaft nach sich, die eben jene Kleinbiotope schufen, welche aufgelassenen Kiesgruben und Steinbrüchen in etwa ähneln. Aber früher durchliefen die Senken und Auen eine Vielzahl abwechslungsreicher Landschafts- und Vegetationsformen, ehe sie langsam verlandeten, und bildeten derart eigentliche Paradiese für einen unwahrscheinlichen Reichtum an Lebewesen.

Selten findet man so viele günstige Lebensräume auf kleiner Fläche wie in einer alten Kiesgrube. Vor allem sind da einmal Weiher und seichte Tümpel als Wohnstätte von Lurchen und eines Heeres von schwimmenden oder fliegenden Wassertierchen. Wo sonst könnte man zum Beispiel in kurzer Zeit ein Dutzend verschiedener Libellenarten beobachten? Aber auch auf den kahlen Schotterflächen, den Sandböden und an den nackten Steilwänden lebt eine Kleintierwelt, von deren Buntheit und Vielfalt man sich – ohne persönlichen Augenschein – kaum eine Vorstellung machen kann. Neben Tausendfüßlern, Spinnen, Ameisenlöwen, Laufkäfern und Glühwürmchen finden wir dort auch die seltensten Formen der geheimnisvollen Wildbienen und Raubwespen.

Felsblöcke, Unkrautfluren, Gestrüpp aus Holunder und wilden Brombeeren sowie Erlen- und Weidenwäldchen bilden für das Vogelvolk ein Dorado. In einem aufgelassenen Baggersee der BRD wurden auf nur 10 Hektar nicht weniger als 43 Brutvogelarten in 187 Paaren beobachtet. Es handelt sich an solchen Orten zum großen Teil um Vogelarten, die aus unserer Kulturlandschaft beinahe völlig verdrängt worden sind. Regenpfeifer, Uferschwalben, Sumpfhühnchen, Seeschwalben, Eisvögel, Uferläufer – ihrer sind so viele, daß wir nur ganz wenige aufzählen können.

Ödland als Verpflichtung

Jedem vernünftigen Menschen wird jetzt der Entscheid «Müllplatz oder Ort der vielfältigen Natur?» leichtfallen. Zu überzeugen blieben hingegen Besitzer, Behörden und Planer. Seit einem Jahrzehnt hat jedoch zum Glück, vor allem als Folge nachhaltigen Drängens durch die Naturschützer, die Einsicht eine breite Bresche in die alten Vorstellungen über Naturausbeutung geschlagen: die Wiederanpassung ist an manchen Orten bereits in vollem Gange. Man ist heute vereinzelt sogar so weit, daß eine Regeneration der Anlagen eingeplant wird, bevor der Abbau überhaupt beginnt.

Einen Teil der Arbeit aber darf man getrost der Natur überlassen, denn die standortgemäßen Lebensgemeinschaften bilden sich in der Regel schnell und von selbst. Zuweilen muß der moderne Landschaftsgestalter jedoch zu verhindern trachten, daß der Charakter einer wilden Öde zu rasch verlorengeht und der Wunsch nach der einheitsgrünen Wiese doch noch erwacht. Und schließlich bedürfen diese heilen Standorte eines strengen Schutzes vor unachtsamen Menschen.

Kiesgrube als Schulreservat

Der Zürcher Naturschutzbund hat durch den Kauf der Gruben Hasel (Hittnau) und Ebnet (Flaach) schon vor Jahren gute Pionierarbeit geleistet. In einem ehemaligen Kiesgrubenareal bei Ettiswil (LU) haben Naturfreunde und Fachleute ein prächtiges und wertvolles Schulreservat geschaffen, das als Zentrum für Klassenlager und Lehrerfortbildungskurse dient. Neben allen erdenklichen Kleinbiotopen enthält das 450 Hektar große Gebiet auch Unterkunftsräume und Klassenzimmer, die in den ehemaligen Werkanlagen des Betriebes eingerichtet werden konnten. Mit viel Liebe werden hier die Schüler in die Geheimnisse von speziellen Naturgebieten eingeführt – und sie werden diese nicht vergessen und dereinst selbst für die Erhaltung unserer Kleinfauna einstehen. Solche Beispiele sollten Schule machen! Bildungs- und Erholungswert dieser Biotope können in unserer Zeit nicht hoch genug eingeschätzt werden.

Oben: Aufgelassene Kiesgruben und Steinbrüche dürfen nicht zu Müllplätzen werden! An manchen Orten der Schweiz ist man mit gutem Beispiel vorangegangen: die natürlichen Möglichkeiten zur Erhaltung sandiger und wasserreicher Kleinbiotope wurden erkannt und genutzt. Teilweise wurden diese Kleinbiotope sogar zu Lehrzwecken eingerichtet.

Rechts: Regenwürmer spielen im fruchtbaren Erdboden eine äußerst wichtige Rolle. In jedem Quadratmeter guter Walderde leben rund 500 dieser Tiere.

Vorhergehende Seite: Bei näherer Betrachtung entpuppt sich unser Edelkrebs als farbenprächtiges Geschöpf. Wie oft wissen wir gar nicht, wie schön unsere Tierwelt eigentlich ist!

Oben: Bei feuchtem Wetter kriechen die Weinbergschnecken zu ihren ausgedehnten Paarungsspielen, die im Volksmund Schneckentänze genannt werden. Als echte Zwitter sind die Partner Männchen und Weibchen zugleich.

Links: Einfache Schneckenformen zeigen uns oft unerwartet schöne Muster und Farben; sie sind ein vielfach unbeachtetes Kleinod in unserer Landschaft.

Links: Berggewässer sind bei uns im allgemeinen noch sauber – das meinen viele. Die Regel «Rinnt das Wasser über drei Stein', dann ist es wieder rein» gilt indes nur dann, wenn alle Ortschaften an Kläranlagen angeschlossen sind und die Bachufer nicht mehr länger als Kehrichthalden mißbraucht werden.

Unten: Eine von einer ansteckenden Krankheit befallene Bachforelle im selben Gewässer wie auf dem Bild links. Die schönen, rotschwarz getupften Wesen (ganz unten) brauchen kühles, sauberes Wasser in genügender Menge, Verstecke aller Art an Naturufern und ein reiches Futterangebot unter dem Wasserspiegel.

Oben: Junge Hechte wagen sich oft in seichte Stellen mit dickem Bewuchs von Wasserpflanzen.

Links: In unberührten Mooren gedeiht noch der Sonnentau, eine insektenfressende Pflanzenart.

Unten: Unsere spritzigen Elritzen werden nur acht Zentimeter lang. Mancherorts stellt man ihnen stark nach (Köderfische…).

Rechts: In fast allen Seen und größeren Flüssen lebt der stachlige Flußbarsch (Egli). Die Art ernährt sich hauptsächlich von kleineren Fischen.

Unten rechts: Der schlanke Hecht gehört wie der Flußbarsch zu den Fischjägern; er kann bis eineinhalb Meter erreichen und wird bei uns an Größe nur vom Wels (bis zwei Meter!) übertroffen.

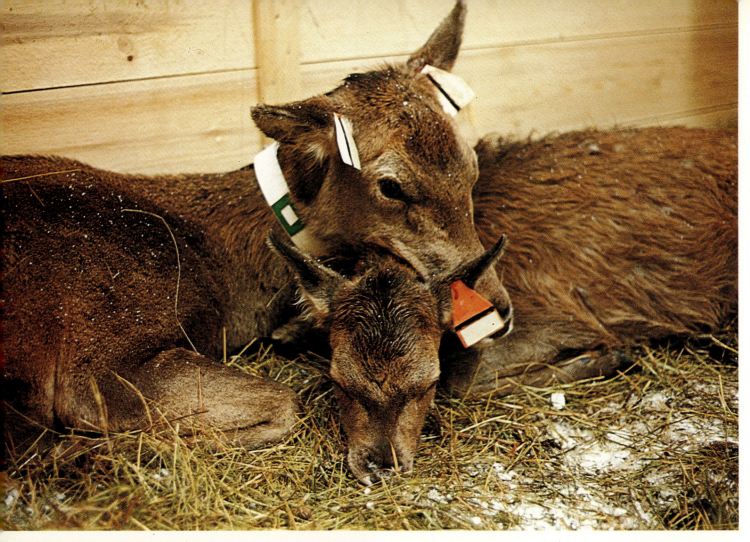

Oben: Die Wildforscher brauchen eine gewisse Zahl von individuell markierten Kontrolltieren, um die Gewohnheiten und die Bedürfnisse unserer freilebenden Tiere genau studieren zu können.

Links: Junghasen sind einer großen Menge von Gefahren ausgesetzt: neben den zahlreichen Feinden auch Giftstoffen und Mähmaschinen, der Kälte und der Nässe.

Rechts: So ein erfahrener alter Hase ist doch ein richtig stattliches Tier! Er könnte bis zu zwölf Jahre alt werden, wenn nicht... Die Wildforschung befaßt sich zurzeit eingehend mit Meister Lampe.

Unten: Auch harte, schneereiche Winter setzen dem Feldhasen manchmal stark zu. Ihr Bestand nimmt gegenwärtig ab.

Oben: Es gab einst auch unter den Mammuten beachtliche Kolosse, die mit 4,30 Meter unsere heutigen Afrikanischen Elefanten an Größe überragten. Hier ein Fraassches Mammut nach einem Gemälde von Zdeněk Burian.

Links: Als der gewaltige Riesenhirsch vor langer Zeit durch unser Land zog, hatte es erst wenig Wälder. Die Art starb vor rund 40 000 Jahren aus.

Rechts: Versuch einer Rekonstruktion des Höhlenbären im Naturhistorischen Museum Basel. Man fand auch in der Schweiz an verschiedenen Stellen größere Mengen von Knochenresten dieses riesigen Allesfressers.

Unten und rechts: Wölfe in der Schweiz? Die Meinung, auch der Wolf gehöre in ein Tierparadies, ist an sich richtig, denn erst ein natürlich ausgewogenes Verhältnis unter allen Gliedern entspricht dem Charakter unserer Tierwelt; wir müßten Wölfe jedoch bedauern, die heute in unserem dichtbesiedelten Lande zu leben hätten: es ist kein Platz mehr für sie da!

Ganz unten: Rothirsche sind mit vielen Verteidigungsmitteln ausgestattet; trotzdem würde der Wolf einzelne reißen. Wenn die Feinde aber fehlen, kommt es zu unnatürlichen Ansammlungen.

Oben und links: Schön wäre es, auch den Bären wieder im Lande zu wissen. Es gibt Eidgenossen, welche die Hoffnung nicht aufgegeben haben, ein günstiges Biotop für Bären zu finden und die Mehrheit der Bevölkerung für dieses Vorhaben zu gewinnen.

Linke Seite: Nebst dem Ur kam einstmals auch der mächtige Wisent in Helvetiens Wäldern vor. Wisente leben heute außer in einem polnischen Nationalpark nur noch in Gefangenschaft; der letzte Auerochse starb im Jahre 1627.

Nächste Seite: Krummer Schnabel und spitze Krallen – eine schlechte Visitenkarte für den Bartgeier! Deshalb wurde er auch aus unserem Lande vertrieben, obwohl er kein Räuber von Lämmern ist, sondern ein aasfressender Geier.

Der Weg zum Paradies

Ein Bär muß her!

Eine überraschend große Zahl von Schweizern ist heute einhellig der Ansicht, es müßten bei uns wieder Raubtiere ausgesetzt werden. Und vor hundert Jahren schrie man nach ihrer Ausrottung! Trotz dieses überaus erfreulichen Stimmungswandels sind jedoch die Meinungen über die Gründe für Wiedereinbürgerungen derart verschieden, ja widersprüchlich, daß wir einige der wichtigsten Fragen diskutieren müssen.

Weshalb Wiedereinbürgerungen?

Zu den wichtigsten Bestrebungen des Naturschutzes gehören Erhalten, Pflegen und Fördern der natürlichen Vielfalt in der heimischen Pflanzen- und Tierwelt. Es wäre ideal, wenn ausgestorbene oder stark bedrohte Arten durch Aussetzungen wieder in das Gesamtbild unserer Fauna eingefügt werden könnten. Falsch schiene es jedoch, Wildtiere zum Bejagen oder mit dem Hintergedanken an die Regulation übersetzter Wildbestände auszusetzen, und völlig unzulässig wäre das Einführen von Arten, die nicht Bestandteil der nacheiszeitlichen Tierwelt gewesen sind.

Welche Voraussetzungen müßten erfüllt sein?

Die Ökologen verlangen, daß die betreffenden Tierarten eine Existenzgrundlage vorfinden, welche räumlich und qualitativ ihrer Lebensweise entspricht und ihr ohne fremde Hilfe die optimalen Möglichkeiten bietet, einen eigenen, gesunden Bestand aufzubauen.

Hat der Wolf bei uns eine Chance?

Kaum. Keines unserer Reservate ist gegenwärtig groß genug, um eine Wolfspopulation in seinen Grenzen zu halten. Dicht besiedelte Zonen, viele Verkehrswege und andere menschliche Einrichtungen zerschneiden die möglichen Räume in geringe Restflächen, die dem Wanderer Wolf nicht genügen würden. Außerdem würde er sich nicht mit Wildtieren zufrieden geben, so daß sicher eine starke Opposition zu erwarten wäre.

Muß der Bär her?

Viele Leute denken: der Bär hätte sicher noch Platz in unsern Wäldern oder im Nationalpark, ist er doch genügsamer und ungefährlicher als der Wolf, braucht weniger Raum und ist sicher leichter zu beschaffen. Es wäre ein schöner Gedanke, den Bären wieder im Lande zu wissen, aber: erstens hat man diesen Platz noch nicht gefunden, zweitens sind Wildbären sehr schwer zu beschaffen und drittens zeigt sich die ländliche Bevölkerung teilweise noch äußerst ablehnend. Eine Notwendigkeit dafür, den Bären an einem bestimmten Ort auszusetzen, besteht nicht, da ihm bekanntlich keine «Hausaufgaben» – zum Beispiel Wildregulierung – überbunden werden sollten oder könnten.

Wären Zoobären geeignet?

Auf keinen Fall, denn man hat im Ausland mit Bären aus der Gefangenschaft nur schlechte Erfahrungen gemacht. Unfälle mit Menschen sind bei Zoobären viel eher zu erwarten als bei Wildfängen, wie ein Beispiel im nahen Trentino zeigte. Halbzahme Bären werden leicht aufdringlich.

Im Trentino rechnet man übrigens mit etwa 1000 Quadratkilometern für ein Gebiet mit einer Wildbärenpopulation, das zudem nicht zu stark durch Menschensiedlungen unterbrochen sein darf.

Wie steht es mit dem Bartgeier?

Bartgeier und Luchs dürften für größere Versuche von Wiedereinbürgerungen wohl am ehesten in Frage kommen. In der Schweiz wurden in den letzten Jahren wieder einzelne Bartgeier beobachtet, die sich aus ihren südlichen Verbreitungsgebieten zu uns verirrt hatten. Bis jetzt wurden nur in Savoyen Ansiedlungsversuche unternommen.

Hatten Aussetzungen von Tieren bei uns Erfolg?

Das wohl bekannteste und sicher am besten gelungene Experiment ist dasjenige des Alpensteinbocks. In wenigen Jahrzehnten hat sich ein Bestand von über 10 000 Tieren entwickelt. Aber auch die Luchse pflanzen sich in Obwalden fort, ebenso die Biber in mehreren Kolonien, und hoffentlich sind bald auch die Fischotter soweit.

Ist die natürliche Vielfalt gewährleistet?

Dr. Burckhardt, Sekretär des Schweizerischen Bundes für Naturschutz, meinte dazu: «Erfolge können aber nicht darüber hinwegtäuschen, daß das Wiedereinbürgern nicht das Mittel zum Erhalten und Fördern der natürlichen Vielfalt darstellt, sondern einen unter ganz bestimmten Voraussetzungen richtigen Spezialfall. Was wir oder was unsere Vorfahren zerstört haben, kann nicht so einfach mit dem Freilassen einiger Tiere wiedergutgemacht werden. So bleibt als Schwergewicht zum Erfüllen des Ziels nur die schwierige und wenig spektakuläre Aufgabe, mit allen Kräften und auch mit neuen Methoden die noch vorhandene natürliche Vielfalt zu erhalten und durch Schaffen geeigneter Biotope zu fördern.»

*Wer Tiere falsch nennt oder grausam,
der wendet Begriffe für sie an, die nur auf den Menschen passen,
denn er allein weiß, was er tut.*

Horst Stern

Die Wahrheit über den Luchs

Keine andere Tierart vermag gegenwärtig das Interesse der Leute so zu erregen wie diese getupfte Katze. Acht von zehn Fragen über unsere Tierwelt, die an Wildhüter, Parkwächter oder Zoologen gestellt werden, betreffen das Schicksal der Luchse im Nationalpark oder im Kanton Obwalden. Vielleicht spielen dabei eine heimliche Sensationslust und das aufregende Gefühl oder gar etwas Angst mit, eine so große Raubtierart wieder in unsern Wäldern zu wissen, nachdem dort jahrzehntelang nur noch der bescheidene Fuchs die Schar der Fleischfresser angeführt hat. Gewiß kann aber diese Teilnahme am natürlichen Geschehen mehrheitlich auf die Bemühungen der Naturschutzorganisationen zurückgeführt werden, die breite Öffentlichkeit für die Erhaltung selten gewordener Tier- und Pflanzenarten zu erwärmen. Wie heftig fielen die Proteste gegen das Aussetzen von Luchsen noch bis vor kurzem aus! Nach nur sechs Jahren hat sich das Bild stark gewandelt: in der Slowakei – der Heimat aller bei uns ausgesetzten Tiere – liegt eine lange Warteliste für die Beschaffung von Wildluchsen.

Bereits in zwölf Kantonen

Im Februar 1970 war es in Obwalden endlich soweit: das erste Luchspaar wurde freigelassen. Der sympathische Initiant, Kantonsoberförster Leo Lienert – wegen seiner großen Verdienste für Natur- und Heimatschutz inzwischen zum Ehrendoktor ernannt –, hatte sich rastlos für sämtliche erforderlichen Bewilligungen und die Beschaffung der Tiere eingesetzt sowie viele Kritiker besänftigt. Ein Jahr später folgte ohne großes Aufheben das zweite, dann das dritte Paar. Gewiß, Widerstände machten sich bemerkbar, vor allem von Jägerseite her, doch konnte Lienert dank seiner ruhigen Art und mit Überzeugung für die Harmlosigkeit «seiner» Luchse einstehen. Und er sollte recht behalten!

Große Schlagzeilen verursachten im August 1973 die im Nationalpark illegal ausgesetzten Luchse, nachdem sich Regierung und Jägerschaft vehement gegen ihre Freilassung auf Bündner Boden ausgesprochen hatten. Anschuldigungen gegen die Parkverwaltung, Kopfprämien für erlegte Luchse und eine saftige Buße für die bald eruierten Täter waren das Ergebnis. Heute lebt eine der Katzen zufrieden im Unterengadin, der Unmut hat sich gelegt, ja kürzlich wurden in Scuol sogar Stimmen laut, die weitere Aussetzungen befürworten.

Die Ansiedlung von Luchsen wird jetzt planmäßiger betrieben, obwohl noch immer zu sehr auf die Bedürfnisse der Politiker denn auf jene der Tiere geachtet wird. Im Creux-du-Van (NE) erfolgten 1974 und 1975 Aussetzungen von zwei Paaren, und im Juni 1976 wurden bei Les Diablerets (VD) zwei Kuder freigelassen, denen so bald als möglich Katzen folgen sollen. Die Obwaldner Luchse sind unterdessen in den Kantonen Nidwalden, Luzern und Bern festgestellt worden, jene vom Creux-du-Van auch in den Kantonen Genf und Solothurn. In der Schweiz leben gegenwärtig ungefähr 20 Luchse.

Luchsschicksale

Luchs mit Stock erschlagen! Zwei Jungluchse überfahren! Mit Schrotladung aufgefunden! Schweizer Luchs im französischen Jura erlegt! – So sieht es auf der Passivseite unserer Luchsbilanz aus. Trotz allem dürfen wir mit einem guten Erfolg aufwarten, denn der Luchs hat sich in Obwalden gut vermehrt und in den übrigen Kantonen zum mindesten behaupten können.

Als scheues und verborgen lebendes Tier vermag sich der Luchs meist dem menschlichen Beobachter zu entziehen. Nur etwa vier Dutzend sichere Luchsbeobachtungen in fünf Jahren beweisen diese Prognosen der Fachleute. Dazu sind noch einmal so viele Feststellungen von Spuren im Schnee, Meldungen von Beuteresten und weitern indirekten Beobachtungen zu zählen. Eine Frage jedoch dürfte ohne Zweifel sowohl die Freunde des Luchses als auch dessen Gegnerschaft stärker beschäftigen: wie steht es nun mit dem Schaden, den diese Tiere anrichten?

Keine Bestie!

Bis heute sind Meldungen von drei gerissenen Schafen und einer Ziege eingegangen, obgleich die letztere vermutlich nicht dem Luchs zugeschrieben werden muß. Die vielerorts befürchteten Massaker unter Haustieren haben sich somit nicht eingestellt! Leo Lienert errechnete anhand der Risse, daß pro Luchs im Monat etwa ein Reh oder eine Gemse erbeutet werden. Der Luchs mache viel erfolgreichere Jagd auf Fuchs, Dachs, Hauskatze und Kleinnager. Dazu eine glaubwürdige Beobachtung: ein Wildhüter war Augenzeuge, wie der Luchs mit einem einzigen gewaltigen Satz von über fünf Metern einen Fuchs packte und tötete.

Auf der Aktivseite der Bilanz sieht es nicht ungünstig aus. So hat in den Obwaldner Wäldern der Bestand an Wildhühnern eher zugenommen. Kaum mehr aufzubringende Holzarten beginnen sich zu erholen, da die verbeißenden Rehe zerstreut werden; gleichzeitig wird die Qualität und Vitalität des Schalenwildes aufgewertet. Nur eines ist – wie gesagt – schade: man sieht dieses herrliche Raubtier viel zu selten, da es ein überaus verstecktes Leben führt.

Der Biber ist wieder da

In den Zeitungen steht ab und zu eine Notiz über Aussetzungen von Bibern in der Schweiz. Man wirft die Zeitungen weg und vergißt das meiste. Auf dieser Seite erfahren Sie, ob es dem Biber bei uns gefällt, wo er heimisch geworden ist und wie viele dieser Tiere heute etwa in unserem Lande leben.

Vor ungefähr 150 Jahren verschwand der Biber endgültig von unseren Flußauen und Seeufern. Seine Ausrottung stand nicht etwa mit der Gewässerverunreinigung in Zusammenhang, sondern er war schlicht und einfach zu begehrt, als daß er hätte überleben können. Sein feiner Pelz, das Fleisch als Fastenspeise und ein reichlich vorhandenes Drusensekret, das Bibergeil, waren derart gesucht, daß es bald um das harmlose Nagetier geschehen war.

Ein gewichtiger Nager

Als reiner Pflanzenfresser erreicht der Biber ein Gewicht von 15 bis 35 Kilogramm. Mit seinen orangegelben Nagezähnen fällt er weichholzige Bäume bis zu einem Meter Durchmesser, um an die jungen Triebe und die Rinde der Zweige zu gelangen. Daneben nimmt er auch Gräser, Kräuter und Wurzeln zu sich. Das Holzfällen findet vor allem im Herbst statt, wenn der Biber seine Vorräte für den Winter anlegt und Material für den Bau von Dämmen und Burgen benötigt.

Seinen Lebensraum sucht sich der Biber ausschließlich in wasserreichen Gefilden. In sumpfigem Gelände, ausgedehnten Auenwäldern und an verschilften Seeufern fühlt sich der geschickte Baukünstler so richtig wohl. Seine Dammkonstruktionen sind von jeher berühmt. Aus Knüppeln und Reisig errichtet er sich zudem bis zu eineinhalb Meter hohe Wohnburgen, die an der Basis fünf Meter breit sein können, und dichtet das Gebäude mit mühsam herangeschlepptem Lehm sorgfältig ab. Die Eingänge liegen jedoch stets unter dem Wasserspiegel; der Biber taucht also im wahren Sinne des Wortes zu Hause auf.

Wozu braucht man Biber?

Seiner Vorliebe für das nasse Element wegen stand der Biber lange Zeit im Verdacht, ein Fischfresser zu sein – oder war das nur ein Vorwand, damit man ihn als Schädling hemmungslos bejagen konnte? Heute ist er als reiner Vegetarier anerkannt, und man weiß sogar recht genau, daß er durch seine den Wasserstand regulierende Tätigkeit dem Menschen auch helfen kann.

Wieder einmal waren es begeisterte Naturfreunde, welche vor 20 Jahren mit viel Kraft und Aufwand für die Wiederansiedlung des Bibers eintraten. Eines der seltsamsten Tiere unserer Fauna durfte keineswegs in unserem Lande fehlen. Von Nutzen oder Schaden war die Rede nicht mehr. Unsere welschen Freunde hatten an der Versoix bei Genf ideale Auenwälder als ersten Aussetzungsort auserschen. Die ersten Biber stammten aus dem Rhonedelta im Süden Frankreichs, wo ein guter Bestand übriggeblieben ist und sich Einfänge verantworten ließen. Robert Hainard, der bekannte Tiermaler, und Maurice Blanchet überlisteten in selbstgebauten Fallen gleich vier der Tiere und brachten sie in ein provisorisches Gehege am Unterlauf der Versoix.

Doch dann geschah ein Unglück! Das eine Weibchen tötete schnurstracks seine beiden Jungen. Zur Sicherheit mußte das zweite Weibchen in den Tierpark Dählhölzli verlegt werden. Nach den schlechten Erfahrungen mit Gehegen setzten die Initianten weitere Tiere direkt in Freiheit und hatten damit allmählich Erfolg. Unfälle, Verletzungen, Schadenmeldungen an Kulturpappeln, sogar häßliche Frevelfälle, Abwanderungen und dergleichen blieben den mutigen Initianten aber nicht erspart. Es geht natürlich auch heute nicht ohne Rückschläge mannigfacher Art, aber man darf sich nun mit den rührigen Tierfreunden über eine gut eingelebte Kolonie von gegen 50 Bibern an der Versoix freuen.

Sie haben es geschafft

Eine gelungene Sache reizt zur Nachahmung – warum sollte es in der deutschen Schweiz keine Biberstandorte geben, denn 1962 und 1964 waren die Nager auch im Kanton Neuenburg heimisch geworden. Auch fehlte es nicht an Initianten. Im Thurgau ist es «Bibervater» Anton Trösch, der ab 1966 Biber aus Norwegen einführte und zuerst bei Bottigkofen und dann – mit gutem Erfolg – am Nußbaumer- und Hüttwilersee ansiedelte. Trotz der obligaten Rückschläge und Überraschungen halten sich die Thurgauer Biber recht gut, vermehren sich, wie es sich gehört, und bilden nun einen Bestand von rund 30 Tieren.

Naturfreunde werden es schwer haben, die dämmerungs- und nachtaktiven Biber zu beobachten. Außerdem sind Biber äußerst scheu und vorsichtig, schlagen sie doch bei der geringsten Störung mit ihrem breiten Kellenschwanz aufs Wasser, daß es knallt, und tauchen weg. Begnügen wir uns mit der erfreulichen Feststellung, daß heute in elf Kantonen wieder Biber nagen, Burgen errichten und Junge aufziehen – kurz, ein völlig egoistisches Biberleben führen. Denn das muß man den etwa 130 Schweizer Bibern lassen: wenn man sie schon wieder haben wollte, so kümmern sie sich zu Recht einen Deut darum, ob uns ihr Tun paßt oder nicht. Sie können einfach nicht anders.

Aber wer – außer den Ahnungslosen und den Machtlosen – redet schon, wenn es um uns geht, von den Tieren?
Horst Stern

Wir leben mit der Wut

Es sind jetzt elf Jahre her, seitdem die Tollwut auf Schweizer Boden übergegriffen hat. Warum – so wird sich der Leser fragen – muß in einem Buch, das ein Tierparadies beschreibt, von dieser entsetzlichen Krankheit gesprochen werden? Auch in einem Paradies gibt es dunkle Schatten, die zu verschweigen nicht richtig wäre. Selbst der Mensch kann von der Wut befallen werden, doch hat er eine Chance, sofern rechtzeitig gehandelt wird. Viel stärker leidet jedoch unsere Säugerfauna unter der plötzlichen Ausbreitung der Tollwut, die sich mit einem Terraingewinn von rund 40 Kilometern pro Jahr vom Osten westwärts weiterschiebt und von uns drastische vorbeugende Eingriffe in die Bestände der betroffenen Tiergruppen erfordert.

Nach einem leichten Abklingen ist die Tollwut gegenwärtig wieder stark im Zunehmen: 1975 gab es 1652 Fälle, 1976 bereits 1761 in 18 Kantonen und 1977 1537 Fälle. Über 80 Prozent aller angesteckten Tiere waren Füchse – Meister Reineke ist damit der Hauptleidtragende in diesem fast aussichtslos gewordenen Feldzug.

Die Tollwut

Ein winziger, zigarrenförmiger Virus ist der Erreger dieser in Europa weitverbreiteten Infektionskrankheit. Er wird im Speichel kranker Tiere durch Biß in fremde Muskulaturen übertragen, gelangt über die Nervenbahnen bis ins Zentralnervensystem und zerstört dort spezifische Hirnzellen. Das so angesteckte Wesen verändert sein Verhalten, es beginnt zum Teil zu «rasen» und scheut das Wasser. Befallene Tiere verlieren jegliche Furcht vor dem Menschen. Ihr Trieb, in alles zu beißen, ist oft extrem stark; nach wenigen Tagen gehen sie desorientiert und erschöpft ein.

Es gibt keine Rettung nach dem Ausbruch der Tollwut, weder beim Tier noch beim Menschen. Leider starben 1977 drei Männer, die nicht rechtzeitig geimpft werden konnten. In der Bevölkerung macht sich Nervosität bemerkbar, da viele es kaum glauben wollen, daß wir uns daran gewöhnen müssen, mit der Tollwut zu leben.

Was tut man dagegen?

Unsere Bekämpfungsmethoden reichen gegenwärtig für eine vollständige Ausmerzung dieser Seuche nicht aus. Deshalb versucht man mit großem Aufwand, sie einzudämmen, aufzuhalten und zu verdünnen, indem man der Schlüsselfigur auf den roten Pelz rückt: dem armen Fuchs!

Für den Menschen besteht nur geringe Gefahr, sofern genügend Impfstoff bereitsteht und die Bevölkerung entsprechend aufgeklärt wird. Trotzdem springt der Mensch mit dem Fuchs alles andere als zimperlich um: er wird außerordentlich scharf bejagt, und seine Baue werden schonungslos begast. Fuchsjagd ist mancherorts zu einer Art Volkssport geworden. In der Jägerzeitung erscheint dann ein Bild des tüchtigen Schützen: Kamerad X hat in einer einzigen Nacht sieben prächtigen Füchsen das Handwerk gelegt.

Man schätzt den schweizerischen Fuchsbestand auf etwa 25 000 bis 30 000 Tiere. Um die Tollwut gänzlich aus dem Lande zu bannen, müßte die Fuchsdichte auf ein Fünftel herabgesetzt werden können. Unser Rotpelz hat aber die erste Runde trotz allem für sich entschieden, denn es ist bis jetzt nicht gelungen, seinen Bestand wesentlich zu senken. Als Gegenstrategie meidet nun der Fuchs seine alten Baue und entzieht sich der gnadenlosen Verfolgung weitgehend durch seine bekannte Fähigkeit, sich einer neuen Situation bestens anzupassen.

Die Pille für Reineke?

Einer vernünftigen, ja starken Bejagung des Fuchses kann nichts entgegengehalten werden, da er in zu dichten Beständen unter der Räude leidet. Um den Fuchs lokal nicht auszumerzen, hat man versucht, eine Tollwutimpfung vorzunehmen. Dabei wurden aber die in den Ködern versteckten Pillen derart häufig wieder ausgespuckt, daß an eine regelmäßige Impfung nicht zu denken war. Das Hauptproblem liegt nämlich darin, 70 bis 80 Prozent der gesamten Fuchspopulation jährlich zu immunisieren.

In Westfalen entschloß man sich, den listigen Fuchs lebend in Fallen zu fangen, um ihn zum Schlucken der Pille zu zwingen. Was wurde in 12 Monaten gefangen? 2 (!) Füchse, 2 Dachse, 3 Marder, 6 Iltisse, 71 Katzen, 29 Hasen, 58 Kaninchen, 4 Greifvögel, 44 Eichhörnchen, 33 Ratten und so fort! Während der gleichen Zeit schoß man indessen 198 Füchse. Somit muß die Idee, lokale Fuchsbestände periodisch einzufangen, statt sie zu vernichten, wieder fallengelassen werden.

Reineke will also auf keinen Fall geimpft werden, somit muß weiter auf ihn geschossen werden. Die Tollwut wird aber ohne Zweifel das ganze Land erobern und vielleicht nach einigen Jahrzehnten weitgehend abklingen. Inzwischen sollten wir weder dramatisieren noch hysterische Tollwutappelle erlassen, um nicht unnötige Beunruhigung zu verursachen. Alljährlich rafft die Grippe Dutzende von Schweizern dahin, aber man hat sich längst an ihr Auftreten gewöhnen müssen, so ungern man dies natürlich tut.

Pelzige Einwanderer

Unsere gegenwärtige Tierwelt ist gemeinsam mit der Pflanzenwelt in einer jahrtausendelangen Entwicklung entstanden, die für unsere Generationen scheinbar still steht, in Wirklichkeit jedoch nie zum Stillstand kommen wird. Die verschiedenen Lebensgemeinschaften sind wohl aufeinander abgestimmt, ihr Zusammenspiel pendelt in leisen, kaum erkennbaren Schwingungen hin und her – so lange keine störenden Einflüsse auftreten.

Tierarten aus fernen Ländern, also solche, die nicht in das feine Getriebe des einheimischen Faunenmechanismus eingefügt sind, bedeuten schwerwiegende Änderungen des bestehenden Gleichgewichtszustandes. Auch unser Land ist der Einwanderung von Faunenfremdlingen ausgesetzt: im Herbst 1976 kam es bereits zum «Waschbärenkrieg» in Schaffhausen. Müßten solche Eindringlinge vernichtet werden?

Selbst in Naturschutzkreisen herrscht Verwirrung. «Gebt doch den Tierchen bei uns eine Chance!» Oder: «Sofort abschießen, denn wir dürfen keine Faunenverfälschung dulden!» Nur ahnungslose Naturfreunde können wünschen, daß jegliches Ausmerzen verhindert und unsere Fauna von Fremdlingen unterwandert werde. Sämtliche Fachleute sind sich dagegen in ihren Entschluß einig, keine Experimente zu wagen und das Eingreifen fremder Tierarten in das alteingesessene Gefüge unserer Fauna rechtzeitig zu verhindern.

Die Waschbären sind da!

Mit seinem putzigen Wesen hat der Waschbär bereits viele Herzen erobert. Seine niedlichen Kinderhändchen, die großen dunklen Augen, das schmiegsame Fell und der hübsch geringelte Schwanz geben ihm ein derart liebenswürdiges Aussehen, daß er zu einem Publikumsliebling geworden ist.

Ende 1920 wurde dieses Tier von Nordamerika nach Mitteleuropa gebracht und in Tierfarmen gezüchtet, 1934 in Deutschland ausgesetzt und sogar unter Schutz gestellt. Als der Waschbär 1954 als jagdbar erklärt wurde, war es bereits zu spät: er breitete sich derart schnell aus, daß man die Kontrolle verlor, und heute muß mit Bestürzung festgestellt werden, daß der Gesamtbestand in der Bundesrepublik bereits gegen 100 000 Stück beträgt. Der nächtlich lebende Geselle hat es ausgezeichnet verstanden, sich auf das einheimische Futterangebot umzustellen, denn er frißt Gartenfrüchte, Geflügel und Eier und gefährdet als guter Kletterer die Baumnester zahlreicher Vogelarten.

Ausländischen Erfahrungen zufolge verdoppelt sich der Bestand des Waschbären selbst bei starker Verfolgung jeweils in drei Jahren. Der schlaue Bursche geht nämlich nicht in Fallen, verbringt den Tag in Höhlen und alten Fuchsbauten und bleibt so weitgehend unsichtbar. Wenn es uns gelingt, die Einwanderung aufzuhalten, bedeutete dies für viele Baum- und Bodenbrüter, Lurche und andere Kleintierarten unserer ohnehin schon arg bedrängten Fauna erhöhte Überlebenschancen.

Der gefährliche Bisam

Auch die gegen 60 Zentimeter lange Bisamratte stammt ursprünglich aus Nordamerika und wurde ihres feinen Pelzwerkes wegen in Europa eingeführt. Im Vierwaldstättersee fing man schon 1928 die ersten Exemplare, und seit 1950 verbreitet sich das Pelztier von Frankreich her auch in der Nordwestschweiz.

Eine gewisse Gefahr droht uns nicht wegen der scharfen Zähne dieses bis zwei Kilogramm schweren Nagers, sondern durch die Tätigkeit seiner Füße. Der Bisam gräbt in Böschungen zahlreiche Gänge und Wohnlöcher, so daß dort, wo er häufig vorkommt, schwere Schäden an Uferbefestigungen, Bahndämmen usw. befürchtet werden müssen. In der BRD wurde deshalb zur verschärften Bekämpfung des Nagers aufgerufen. Unser Bundesrat stellte Bußen bis zu 1000 Franken für diejenigen in Aussicht, die Bisame halten, einführen oder gar freilassen. Als zünftiges Nagetier pflanzt sich der wegen seines angenehmen Duftes auch Moschusratte genannte Bisam fleißig fort. Drei Würfe pro Jahr mit je sechs bis acht Jungen sind nämlich keine Seltenheit.

Marderhunde lauern vor der Tür

Der Marderhund oder Enok gilt als eines der scheuesten Tiere der Erde; er lebt so versteckt, daß man ihn nur im Zoo gebührend bewundern kann. Er gibt keine Laute von sich, lebt nachtaktiv, ist ein Meister in der Tarnung seiner Spuren und bleibt deshalb selbst den erfahrensten Jägern lange unbemerkt. Seine Heimat ist Ostasien. Nach verschiedenen Aussetzungen im Westen der UdSSR dringt der Marderhund seit 1950 unaufhaltsam weiter in den Westen vor und hat bereits die Nähe unserer Landesgrenze erreicht.

Deutsche Fachleute nehmen an, daß der Enok bei ihnen bereits viel zahlreicher ist, als man ahnt. Auch wir werden uns demnächst mit dem Tierchen zu befassen haben, das allerhand Kleingetier zu sich nimmt und die so sehr gestörten Bodenbrüter gar nicht verschmäht. Von nicht wenigen Naturfreunden wird er als ziemlich harmlos hingestellt und zur Schonung empfohlen, während die strengen Naturschützer seine sofortige Eliminierung fordern.

Fischotter

Unser Fischotter gehört zu jenen Tierarten, die in freier Wildbahn zu sehen man sich sehnlichst wünscht. Mit größter Wahrscheinlichkeit wird es für fast alle Liebhaber dieses herrlichen Geschöpfes beim Wunsche bleiben müssen, denn kaum ein anderes Tier führt sein Leben in derart heimlicher Weise. Man wird bemerkt haben, daß der erste Satz mit «unser» beginnt, und darf deshalb zu Recht annehmen, er sei an unseren Gewässern noch vorhanden. Ja, aber in so wenigen Restgebieten und in so verschwindend kleiner Zahl, daß man um seinen Fortbestand bangen muß.

Als ich als Knabe meine Streifzüge im «Zolli» machte, konnte ich mich jeweils nur schwer vom Fischotterbecken trennen. «Muschis» Schwimmkünste hatten es mir derart angetan, daß ich mich sogar bemühte, ihn im Schwimmbassin nachzuahmen. Es blieb bei höchst kümmerlichen Versuchen. Der Fischotter bewegt sich im Wasser mit solch verblüffender Wendigkeit und atemraubender Eleganz, er spielt so anmutig mit einem Stücklein Holz und verzehrt derart appetitlich seinen Fisch, daß man sein Freund werden muß. Aber – war er nicht als schlimmer Forellenräuber verschrien, den es auszumerzen galt? Lernen wir ihn etwas näher kennen.

Fischotter – gleichbedeutend mit intakten Gewässern

Man nennt das etwa 130 Zentimeter lange Tier gelegentlich auch Wassermarder; er gehört zu den fischfressenden Vertretern der Marderartigen. Sein Lebensraum sind ruhige, abgelegene Plätze an Bächen, Flüssen und Seen, wo er vor allem Fische, aber auch Ratten, Wasservögel, Lurche, Krebse, Würmer und – im Winter – auch Aas frißt.

Otter brauchen abwechslungsreiches Futter, sie könnten sich zum Beispiel nicht ausschließlich von Forellen ernähren, ganz abgesehen davon, daß ihnen die gesunden Fische zu schnell sind! Wie alle Räuber erbeuten sie vorwiegend die «Lahmen und Behinderten», also jene Exemplare, die infolge von Krankheit, Verletzung oder Schwäche in ihrem Fluchtvermögen gehemmt sind. Die Überlegung, seine Anwesenheit helfe mit, ein Gewässer gesund und in natürlichem Gleichgewicht zu halten, ist absolut richtig. Fischotter sind Anzeiger für gesundes Wasser.

Inzwischen weiß man auch mehr über die Biotopansprüche des Otters als früher. Die Größe seines Lebensgebietes umfaßt – je nach Nahrungsangebot – zwischen 30 und 50 Quadratkilometern. Verschmutzte oder vergiftete Gewässer meidet er, ebenso solche im Bereich von großen Siedlungen, Verkehrsstraßen oder Touristenplätzen. Was ihn aber am meisten abstößt, sind Flußkorrekturen, Bachverbauungen und Eindohlungen.

In der Mitte des letzten Jahrhunderts waren unsere Gewässer noch so fischreich, daß man auch «die Otter mit Stöcken totschlagen konnte» (Hediger). Als dann der Fischbestand zurückging, fand man kurzerhand zwei schuldige Bösewichte dafür: Fischreiher und Fischotter. Auf Betreiben der wütenden Fischer wurde 1888 der Artikel 22 ins Bundesgesetz über Fischerei aufgenommen: «Die Ausrottung von Fischottern, Fischreihern und andern der Fischerei besonders schädlichen Tierarten ist möglichst zu begünstigen.» Und was noch erstaunlicher ist als jene kurzsichtige Vernichtungspolitik gegenüber relativ harmlosen Geschöpfen: die von der Obrigkeit befohlene Ausrottung blieb Gesetz bis 1952! Noch bis 1930 wurden in einzelnen Kantonen Fangprämien bis zu 30 Franken pro Otter ausgerichtet.

Man verfolgte den Otter aber auch um seines köstlichen Pelzes willen und sogar wegen seines Fleisches, das in katholischen Gegenden während der Fastenzeit gerne als «Fisch» gegessen wurde. Vernichtungsfeldzüge und Biotopzerstörungen führten aber zum rapiden Rückgang der Vorkommen. 1952 schätzte man den Restbestand auf höchstens zwei bis drei Dutzend Tiere. Da die Fortpflanzung (zwei bis vier Junge pro Jahr) gering ist und sich Ausfälle eines Geschlechtspartners bei einem derart niederen Bestand um so gravierender auswirken, darf gegenwärtig nur noch an etwa fünf Stellen unseres Landes mit vereinzelten Vorkommen gerechnet werden.

Gebt ihm eine Chance!

Fragte man sich ernstlich: «Wieso brauchen wir denn überhaupt diesen Fischotter in der Schweiz?», so wäre er bereits verloren. Man kann doch seinetwegen die Flußbegradigungen, Stauwerke und dergleichen nicht einfach wieder aufheben, oder? Nein, das sicher nicht, aber man muß in den durch die Fachleute für diese Tierart bereits bezeichneten Lebensbereichen der Technik möglichst Einhalt gebieten und sich für die erforderlichen Ruhezonen einsetzen.

Außerdem kann man etwas nachhelfen. Im Jahre 1975 wurden im Gebiet von Sense und Schwarzwasser zwei Otterpaare ausgesetzt, ferner 1976 eines bei La Sauge am Neuenburgersee. WWF, SBN, das Eidgenössische Oberforstinspektorat und das Zoologische Institut Zürich teilten sich in die anerkennenswerte Aufgabe, günstige Lebensräume ausfindig zu machen und die Tiere zu beschaffen. Laßt uns hoffen, daß diese Einbürgerung glücken möge!

Im weiten Meere mußt Du anbeginnen!
Da fängt man erst im Kleinen an
und freut sich, Kleinste zu verschlingen;
man wächst so nach und nach heran
und bildet sich zu höherem Vollbringen.
Goethe

Raubwildgeschichten

Geschichten über die Jagd auf großes Raubwild waren früher viel aufregender als heute. Modernste Waffen und technische Hilfsmittel aller Art sind an die Stelle der Vorderlader und Spieße in der Hand mutiger Fußgänger getreten. Kein Wunder, wenn die alten Jägergestalten oft ins Heldentum aufrückten. Oder waren sie am Ende gar keine so großen Helden?

Bärenschuß

Der Bär verdiente keine Gnade – weg mit ihm, alle Mittel waren recht! Friedrich Volmar berichtet vom Ende des 18. Jahrhunderts aus dem Wallis, wie selbstverständlich man damals ruchlose Schußeinrichtungen erstellte.

Bei Grächen war ein gerissenes Rind entdeckt worden. Dieses wurde alsbald gehäutet, in einer Grube mit Steinen beschwert und so als Köder für den Fang des Übeltäters verwendet. Da niemand ernsthaft im Sinn hatte, dort lange zu lauern, befestigte man etliche Gewehre am Rande der Grube mit nach innen gerichteten Läufen und verband ihre gespannten Hähne mit Drähten und Schnüren derart, daß der Schuß sofort losgehen mußte, sobald ein Tier an das Rindfleisch wollte. Volle drei Tage mußten die Grächener aber warten, bis es endlich am Berg oben krachte. Sie eilten hinauf und fanden eine mausetote Bärin von ungewöhnlicher Größe. Der Flurnamen «Bärenweide» erinnert noch heute an dieses Ereignis, das nach jetzigen Begriffen weniger mit Heldentum zu tun hat als mit brutaler Vernichtung.

Die letzte Wolfsjagd

Zu den Zeiten des berühmten Zürcher Universalgelehrten Conrad Geßner (1516–1568) kannte man auch für den Wolf kein Erbarmen. Geßner schrieb: «Wiewohl der Wolff nit one etwas nutzbarkeit gefangen und getödet wirdt, so ist doch der schad, so er bey läben leut und vech thut vil grösser, auß welcher ursach jm ohne verzug wo er gemerckt, von mencklichem nachgehalten, verletzt, geschedigt und getödt wirt, mit etlichen instrumenten, gruben, gift und atz, Wölfffallen, angel, strick, garn und Hünden, geschoß und dergleichen.» Kürzer und bündiger kann man den erfindungsreichen Vernichtungsfeldzug gegen Isegrim nicht darstellen.

Eine der letzten Wolfsjagden fand erst vor 30 Jahren statt. Am 26. April 1946 wurden bei Finges (Wallis) 13 Schafe mit aufgerissenen Hälsen gefunden. Damit begann die Geschichte des berühmt-berüchtigten «Walliser Untiers», denn wer dachte in unserer Zeit schon an einen Wolf? Man dachte eher an den Luchs, an Bären, Hunde und sogar an eine aus dem Zoo ausgerissene Pantherfamilie!

Unterdessen mehrten sich die Schadenklagen über gerissene Haustiere. Selbst eine im Oktober polizeilich organisierte Razzia brachte keinen Erfolg, außer die unglaublichsten Vermutungen über die Identität des blutrünstigen Ungeheuers. Nun wurde Basels Zoodirektor – Professor Hediger, der dieses Ereignis dann auch selbst ausführlich schilderte – eingeschaltet, damit er die vorhandenen Spuren bestimme. Aber man tappte weiterhin im dunkeln, weil, wie in solchen Fällen üblich, die Feldbeobachtungen völlig unzureichend und äußerst widersprüchlich waren.

Erst der 27. November 1947 brachte des Rätsels offizielle Lösung. Ein Bauer von Eischoll hatte Fleisch ausgelegt, um des Nachts auf die bösen Füchse zu warten. Anstelle eines solchen erlegte er aber zu seinem nicht geringen Erstaunen und auf den ersten Schuß einen ausgewachsenen Wolf – einen der letzten Wölfe der Schweiz. Der allerletzte wurde dann 1957 im Puschlav geschossen.

Luchsgeschichten aus Graubünden

Wiewohl der Luchs an Mächtigkeit und damit Gefährlichkeit für den Menschen weit hinter Bär und Wolf zurücksteht, wurde auch er stets mit größter Hartnäckigkeit verfolgt. Selbst vor 20 Jahren noch betrachtete man sein – vermeintliches – Auftreten im Engadin mit Gefühlen, die aus brüsker Ablehnung, Angst und Neugierde gemischt waren.

Der letzte Luchs der Schweiz wurde 1872 angeschossen. Ein beherzter Jäger aus Sent begegnete im Val d'Uina unvermutet einem großen Luchs, den er aber mit dem ersten Schuß nicht tödlich traf. Das stark waidwunde Tier konnte flüchten und schleppte sich immerhin noch rund 15 Kilometer über die Landesgrenze nach Tirol, wo es auf der Norbertshöhe verendete.

Im Frühjahr 1959 rauschte ein Luchs durch den helvetischen Blätterwald – der gar keiner war! Allein aufgrund einiger toter, ohne Kopf aufgefundener Rehe bei Guarda im Unterengadin schloß männiglich auf den «luv tscharver» (Hirnwolf); auch die «guten Fährtenleser» meldeten sich wie üblich: Dachse, Hauskatzen, Hunde und anderes Getier mußten als Übeltäter herhalten! Doch es war schließlich nur ein alter Fuchs...

Seit 1974 hält sich nun ein wirklicher Luchs in der Region Unterengadin auf. Die Rufe der Bestürzung sind aber seither weitgehend verstummt. Und wer das Gebiet zwischen Ardez und Ftan wirklich kennt, wird es, ohne zu zögern, als ein wahres Luchsparadies bezeichnen müssen.

Im Tierreservat

Ein Mann sitzt einsam und in Gedanken verloren auf einer Anhöhe. Sein Blick schweift über dunkle Föhrenwälder, gleitet in die Ferne zu den seltsamen Wolkengebilden und kehrt immer wieder zurück an den gegenüberliegenden Hang, auf dem friedlich ein stattliches Rudel Hirsche äst. Gelassen nimmt er in Kauf, daß die Distanz zu den rötlich glänzenden Tieren beinahe 800 Meter beträgt. Warum? Seine Bewegungsfreiheit ist im Nationalpark eingeschränkt. Stünde er dort drüben, wäre es um den friedlichen Anblick bald geschehen. Er kennt die Anstrengungen und den Preis, die für den völligen Schutz dieses Gebiets notwendig waren, und er achtet den Willen der Verantwortlichen, wonach an dieser Stätte der Natur der Vorzug zu geben ist und nicht dem Menschen.

Aber immerhin, die Hirsche sind da, auch Murmeltiere, die fernen schwarzen Punkte der Gemsen und der kreisende Steinadler. Außerhalb des Reservats wären die Tiere zu versteckt lebenden Nachtgeschöpfen geworden. Hier sind sie natürliche Wirklichkeit, ungestört vor den vielfältigen Wünschen tierhungriger Spaziergänger, aber für jeden aufmerksamen Beschauer präsent.

Rufe ertönen, eiliges Getrampel nähert sich; der Mann schrickt auf. Es ist die ungestüme Vorhut einer großen Gruppe Jugendlicher: gelbe Jacken, rote Jacken, übermütiges Johlen. Kaugummipapiere fliegen vor ihnen her. «Ein Mist, dieser Nationalpark, kein Viech ist zu sehen! Warum geht der Lehrer so langsam? Wenn wir nur schon weiterlaufen könnten – und nicht einmal das Radio durften wir mitnehmen!»

Langsam dreht der Mann sich um. Man beachtet ihn nicht. Inzwischen sind über zwei Dutzend junge Leute angekommen, prustend und kichernd. Ihrem Leiter ist das Getümmel sichtlich unangenehm; wie froh wäre er über einen beruhigenden Anblick gewesen, schließlich war man ja im Nationalpark, und da mußte es außer Bergpflanzen doch auch Tiere geben. «Armes Volk», denkt der Mann und stellt sein Fernrohr wieder auf die Hirsche ein. «Da, schau her!» sagt er zu einem langen Jungen, «und die andern dürfen auch.» Plötzlich kehrt Ruhe ein, aller Augen sind auf die mit roten Punkten übersäte Bergwiese gerichtet, und ein Feldstecher kommt zum Vorschein. Nur die Instamatic reicht nicht.

Unterdessen beginnt der Mann zu erzählen. Er zieht Vergleiche zwischen einem Zoo oder Wildgatter, den verlogenen Tierparadiesen der Safari-Parks und einem echten Totalreservat, wo man den Wildtieren ihre Ruhe läßt, dafür aber natürliches Leben verfolgen kann. Der Reihe nach lassen sich kleine Sensationen beobachten: ein saugendes Hirschkalb; zwei sich streitende Hirschkühe, die, hoch aufgerichtet, mit den Vorderläufen aufeinander einschlagen; junge Stiere im spielerischen Zweikampf. Kleine Sensationen des tierlichen Alltags, die des Menschen Sinn doch so stark beeindrucken. Der Mann spricht weiter vom Zweck dieses Reservats und von den verschiedenen Möglichkeiten der Naturbetrachtung, auch davon, daß der Park keine für den Menschen organisierte Ansammlung von Tieren sei.

Die Jungen begehren auf: «Für wen ist denn diese Natur geschützt? Für die Tiere oder für uns Menschen? Oder ist ein solches Reservat nur Selbstzweck?» Diese Reaktion ist beinahe so alt wie der Naturschutzgedanke überhaupt, das weiß der Mann.

«Muß denn der Mensch stets und überall an erster Stelle stehen?» fragt er zurück. «Können wir es uns nicht leisten, einen Flecken Erde unseres Landes dem Natürlichen zu überlassen, und doch teilhaben an der ungestörten Entwicklung der Geschöpfe? Seht, hinter dem Namen Nationalpark verbirgt sich ein tieferer Sinn, den es vorerst zu entdecken gilt. Ja, du dort hinten, du hast vorhin mit Genuß die Hirsche betrachtet, und nun zweifelst du an meinen Worten. Hast du früher schon einmal welche gesehen?» – «Nur im Tierpark», meint das Mädchen verlegen, «doch da waren sie viel näher!» – «Aber dort betteln sie aufdringlich und werden gefüttert!» wirft ein anderes ein. Viele Gedanken regen sich in den jungen Köpfen.

«Man fühlt sich hier so klein, aber mir gefällt es trotzdem besser», sagt ein Junge ruhig. Der Lehrer schweigt und staunt. Hatte er zuvor nicht ausführlich über den Nationalpark gesprochen, den Schutzgedanken erklärt und die Ziele der mutigen Gründer mit der heutigen Entwicklung verglichen? Anscheinend mußte die echte Natur zuerst selbst auf die Gemüter einwirken.

Ein großer Schwarm Bergdohlen fliegt krächzend heran, kreist empor und zerflattert vor dem blauen Himmel. Die Klasse bedankt sich bei dem Mann und zieht ruhig die steilen Kehren des Talweges hinab. Der Mann bleibt allein und lächelt zufrieden. Er hat eine ganze Anzahl geflüsterter Bemerkungen vernommen, und er hat auch gesehen, wie ein Jüngling sich verstohlen nach einem Papierchen gebückt hat.

Vorhergehende Seite: Die Wiedereinbürgerung des Steinbocks darf mit Recht als gelungenes Beispiel für die Wiederherstellung unserer ursprünglichen Fauna bezeichnet werden. Es gibt heute in der Schweiz über 10 000 dieser prächtigen Tiere.

Oben links: Unser Bestand an großem Raubwild ist arg zusammengeschmolzen. Die Initiative, den Luchs wieder heimisch zu machen, darf deshalb begrüßt werden. Bereits in zwölf Kantonen wurden Luchse festgestellt.

Unten links: Alle wesentlichen Kennzeichen des Luchses sind schön zu erkennen: Pinselohren, Backenbart, Fleckenmuster, gedrungene Gestalt und kurzer, dicker Schwanz mit schwarzem Ende. Der Luchs ist fürwahr eine herrliche Erscheinung!

Rechts: Hauskätzchen können bunt sein oder – als Tigerli – verblüffend getreu die Merkmale der Wildkatze aufzeigen. Verwilderte Hauskatzen vermischen sich nicht selten mit der Wildform und sind dann schwer zu unterscheiden.

Unten: Die echte Wildkatze ist ein Bewohner dichter Laub- und Mischwälder. Als Eigenart gilt der lange, buschige Schwanz. Wildkatzen sind äußerst ausdauernde und geschickte Mäusejäger.

Eine soeben veröffentlichte Studie über den Fischotter und seine Ansprüche an den Lebensraum zeigt, wie sehr diese hochspezialisierte Tierart an intakte Gewässer und an sie angrenzende Landschaften gebunden ist. In der Nahrungskette nimmt der Fischotter als Fleischfresser eine hohe Stellung ein. Auf der Suche nach Möglichkeiten, seine letzten, beschämend geringen Bestände zu vergrößern, mußten ganze Landesteile als untauglich taxiert werden, da die typischen Lebensräume fast völlig zerstört wurden.

Links: Auch der Biber konnte in unser Land zurückkehren. In verschiedenen Kolonien treibt er nun sein urtümliches Wesen als Holzfäller, Burgenbauer und Dammkonstrukteur.

Oben: Man sollte niemals fragen, ob uns der Biber irgendwelchen Nutzen bringt, sondern nur, ob er noch da ist! Meldungen über Schäden sind oft nur kurzsichtige Stellungnahmen.

Unten links: Weichhölzer wie Weide, Pappel, Espe, Traubenkirsche und Erle sind die bevorzugten Pflanzen der Biber – alles Baumarten aus der Fluß- und Seeauenregion.

Unten: Biber fällen kleinere Bäume in der bekannten «Sanduhr»-Manier. Sie trachten nach feinen Zweigen, zarter Rinde und frischen Knospen in den hohen Baumkronen.

Muß der gute alte Fuchs bei uns aussterben? Seit dem Einbruch der Tollwut in die Schweiz geht es Reineken leider stark an den Kragen, da er Hauptüberträger dieser schlimmen Seuche ist. Dank seiner sprichwörtlichen Fähigkeit, sich auch den unwahrscheinlichsten Situationen anzupassen, dürfte er sich trotzdem behaupten. – Die Beobachtung von spielenden Jungfüchsen am Bau gehört zu den reizvollsten Erlebnissen, die uns die heimische Tierwelt überhaupt noch bietet. Nach groben Störungen zieht die Mutter mitsamt ihren Jungen sofort aus.

Oben: Die Federzeichnungen alter und junger Uhus passen sich dem Farbenspiel des felsigen Hintergrundes erstaunlich gut an.

Links: König der Nacht – Seine Majestät der Uhu fliegt so weich und lautlos daher, daß ihn niemand hören kann; seine Flügelfedern sind auch anders gebaut als die der Taggreifvögel.

Rechts: Hunger! Hunger! Uhueltern – besonders solche von Drillingen – müssen jede Nacht hart arbeiten, um genügend Kleingetier für die kleinen Nimmersatte herbeizuschaffen.

Rechts: Es gilt als ungewöhnlich schwierig, einen Uhu beim Brüten zu entdecken, so perfekt ist der mächtige Vogel in seine Umgebung eingefügt – Ehrensache, ihn dabei nicht zu stören!

Nächste Doppelseite:
Links: In modernen Kirchtürmen und Scheunen findet die schmucke Schleiereule keine passenden Nistplätze mehr, wie dies in alten Gebäuden der Fall war.

Rechts: Zu den prächtigsten Vögeln unserer Heimat – aber leider auch zu den seltensten – gehört der kühne Wanderfalke. Wir dürfen solche Wesen niemals

Linke Seite: Storchenzentrale in Altreu. Viele Brutpaare überwintern freiwillig in der erfolgreichen Zucht- und Wiedereingliederungsstätte.

Oben: Diesem schönen Bild möchte man überall in der Schweiz wieder begegnen können. Ein paar ermutigende Erfolge sind bereits zu verzeichnen.

Links: Des Jagdfasans wegen wird viel über Raubzeug und Schädlinge geschimpft. Dabei gehörte er gar nicht zu unserer einheimischen Fauna.

Nächste Seite:
Oben: Achtung, der Waschbär kommt! Er ist wirklich ein hübscher Geselle, aber – er paßt nicht ins Gefüge unserer heutigen eingesessenen Tierwelt!

Unten: Das gleiche gilt für den eigenartigen Marderhund; neu einwandernde Arten der Gruppe Kleintierfresser könnten manchen einheimischen Formen zum Verhängnis werden.

Wildtiere – nahe gesehen

Zoo — Paradies oder Gefängnis?

Eine Begegnung mit Zooinsassen läßt bei manchen Menschen die besorgte Frage offen, ob sich die Tiere in Gefangenschaft wirklich wohl fühlen. Von freudiger Bejahung bis zur schroffen Ablehnung schwanken die Urteile über den Zoo – wie oft aber ist es bloße Unkenntnis des wirklichen Tierlebens, welche zu beiden extremen Meinungen führt.

Früher kümmerte man sich weit weniger um das Wohl gefangener Tiere als um den Nutzen, den sie brachten. Von der brutalen Tierhaltung aus kultischen Gründen über kaltblütige Lustbarmachung bis zum wissenschaftlich studierten Zootier sind alle möglichen Phasen der Gefangenhaltung von Wildtieren bekannt, in welchen sich der Mensch mit dem Tier auseinandersetzte. Man ist heute viel kritischer geworden. Besucher und Fachleute erwägen jetzt gleichermaßen das erträgliche Maß an Zoobedingungen, denen heikle, bedrohte oder wirtschaftlich genutzte Tierarten ausgesetzt werden.

Die goldene Freiheit

Als einer der ersten hat Professor Heini Hediger die Frage geprüft, ob das freilebende Tier tatsächlich im Genusse einer uneingeschränkten räumlichen und persönlichen Freiheit stehe. Seine Erwägungen führten zum Schluß: das freilebende Tier lebt nicht frei – weder in räumlicher Hinsicht noch in bezug auf sein Verhalten gegenüber anderen Tieren. Es ist vielmehr an einen begrenzten Lebensraum, oft auch an einen persönlichen Wohnraum – Territorium benannt – gebunden und in ein Raum-Zeit-System eingepaßt.

Eine vollwertige Nachbildung des natürlichen Lebensraumes ist im Zoo für keine Tierart möglich. Es fehlt ihnen zunächst an Raum, aber auch an Möglichkeiten, arteigene Nahrung zu finden, sich zu verbergen, Sozialkontakt zu pflegen, aber auch vor Artgenossen auszuweichen, und schließlich bedeutet Gefangenschaft meist auch einen gewissen Mangel an Beschäftigung.

Wildtiere sind streunende Selbstversorger. Gewiß, im Zoo entfällt die Sorge um das tägliche Futter, denn ein Mensch bringt den Napf oder das Heu, und die Tiere merken sich bald einmal die Zeit seines Erscheinens. Wir haben den rastlos am Gitter auf und ab schreitenden Löwen und den am Guckloch wartenden Schimpansen in bester Erinnerung. Die Schaulust des Besuchers wird mit der Fütterung – besonders seit dem Wegfall der durch ihn gereichten Erdnüßchen und der mitgebrachten Küchenabfälle, die den Tieren nicht selten Magenverstimmungen verursachten – zusätzlich befriedigt.

Keine Kerker

Gefangenhaltung ist zur modernen Tiergartenbiologie geworden. Aus den dunklen Verliesen und eisenstangenstarrenden Käfigen, in denen bösartige Bestien kauerten oder dumpf blickende Geschöpfe auf den Tod warteten, sind künstliche, aber oft recht naturnahe Gehege für gesunde Tierfamilien geworden, denen kaum mehr Wesentliches fehlt. Professor Hediger schreibt 1973 darüber:

«Der heutige Zoobesucher sieht nicht mehr bedauernswerte Tiere, welche der Museumsreife entgegenvegetieren, sondern – ich wage diese Bezeichnung – zufriedene, glückliche soziale Einheiten, die sich nicht mehr als Gefangene, sondern nachweisbar als Grundbesitzer, also Territoriumsbesitzer fühlen.»

Nicht nur dem Tier wird mit der modernen Gehegegestaltung mit weiten Räumen, gitterfreien Abschrankungen, Pflanzenbewuchs und zusätzlichen Einrichtungen eine gewisse Illusion vermittelt, auch dem Betrachter wird etwas Erfreuliches geboten. Dem Zoo kommt ja auch die Aufgabe eines Erholungsraumes für den Menschen zu. Hediger sagte es folgendermaßen: «Ein Zoo bildet einen psychohygienisch höchst wichtigen Bestandteil des menschlichen Großstadtbiotops.»

Klassenzimmer Zoo

Erholung, Belehrung, Forschung und zuweilen auch Artenschutz dürfen als die wichtigsten Funktionen eines modernen Zoos bezeichnet werden. Viele Besucher ahnen nicht einmal, wieviel sie an Erkenntnissen und Wissenswertem mit nach Hause nehmen, obgleich sie zunächst nur die pure Erholung suchten. Über die Tiere zu lachen, sie zu necken oder zu ärgern, sich am roten Hinterteil des Pavians zu weiden oder eine gelungene Seelöwendressur zu beklatschen gehören zur banalen Befriedigung vieler Zoobesucher. Es wird aber weit mehr geboten. Geschickte Hinweise der Zooverwaltung, Ideen findiger Schulmeister oder das Bedürfnis interessierter Leute selbst, die Freude mit dem Erwerb echten Wissens zu verknüpfen, ermöglichen einen ungleich höheren Grad an Gewinn und persönlicher Bereicherung.

Jede moderne Tierhaltung erlaubt heute beschauliches Beobachten und Kennenlernen von Tierarten aus aller Herren Ländern, die in freier Wildbahn nicht einmal gefunden, geschweige denn in Muße gesehen werden könnten. Das Verhältnis zum Tier im allgemeinen und zu seinen Bedürfnissen, zu seinem bestmöglichen Schutz und zu seiner klaren Daseinsberechtigung wird durch die nach bestem Wissen und Können gepflegten Zoogeschöpfe besonders günstig gefördert.

Im Zürcher Zoo

Am 22. September 1976 morgens um sechs Uhr trottete eine müde Elefantendame namens Thaia durch die Straßen Zürichs in ihren Zoo zurück. Viele Zürcher nahmen regen Anteil am aufregenden Schicksal der Weitgereisten und fragten sich: «Wann ist es denn nun soweit?» Prominente Elefanten kommen heute nicht mehr darum herum, mit Publizität in Wort und Bild und Film auf die Hochzeitsreise nach Kopenhagen zu gehen, besonders wenn diese über eineinhalb Jahre dauert und der Dame jede Fahrt etwa 200 Kilogramm Elefantenspeck kostet.

Ein Elefant lebt heute nicht mehr anonym hinter dicken Gitterstäben und klaubt hingeworfene Erdnüßchen zusammen. Immer weniger Zootiere haben ein solch unwürdiges Dasein zu beklagen, mehr und mehr rücken Tierpersönlichkeiten, ihre Wartung und ihre Betreuer ins Rampenlicht, dringt der Glanz tiergärtnerischer Leistungen über den Bildschirm ins hinterste Dörfchen. Auch der Zürcher Zoo versteht es ausgezeichnet, die Bevölkerung am zoologischen Geschehen am Zürichberg teilhaben zu lassen und Werbung mit lehrreichen Einzelheiten über interessante Tiere auf ansprechende Weise zu verbinden.

Gewaltiger könnte der Unterschied zwischen der ersten, bescheidenen Anlage des Zürcher Zoos und dem gegenwärtigen, großzügigen Ausbau kaum sein. Im Jahre 1928 übernahm die Zoo-Genossenschaft am Zürichberg die weitflächige Liegenschaft «Säntisblick», nachdem man längere Zeit vergeblich nach einem günstigen Standort für das geplante Projekt gesucht hatte. Mit vollem Recht darf sich der Garten somit Berg-Zoo nennen, da er auf einer Höhe von 630 Metern über Meer liegt und der Ausblick von der Allmend Fluntern auf das Säntisgebiet und die Kette der Churfirsten überaus reizvoll ist.

Von allem Anfang an wurde im Zürcher Zoo großer Wert darauf gelegt, die Tiere nach den Grundsätzen moderner Tiergartenbiologie zu pflegen. Dank des günstigen Geländes konnte man die – zu Beginn der Zooära beinahe selbstverständliche – Käfighaltung mit großflächigen Freianlagen verbinden, und zwar so, daß den großen Raubkatzen, den Bären und den Huftieren neben einem Innenraum ein möglichst weites Außengehege für den Tagesaufenthalt zur Verfügung steht. Ferner sind in den letzten Jahren nicht wenige imposante Tierhäuser entstanden. In dem 1965 eröffneten Afrikahaus zum Beispiel gibt es weder störende Gitter noch kubische Räume, weder flache Böden noch rechteckige Türen; vielmehr ist das Ganze bis ins letzte Detail in angenehmer Weise natürlich und damit tiergemäß eingerichtet.

Im Vogeltrakt des Hauptgebäudes wandelt der Besucher durch einen eigenartigen Raum mit völlig frei fliegenden Vögeln aus aller Welt. Da steckt natürlich ein raffinierter Trick dahinter: das überaus einfache Prinzip besteht nämlich darin, daß der Publikumsraum für die Gefiederten zu kahl und völlig unattraktiv wirkt, während sie auf der andern Seite der symbolischen Glasschranke alles finden, was sie schätzen, wie Futter, Deckung, Bade- und Trinkstellen, günstige Schlaf- und Sitzplätzchen und so fort. Es gefällt ihnen darin so gut, daß sie sich dort seit der Einrichtung seit vielen Jahren munter fortpflanzen.

Zuchterfolge sind ebenfalls eine Spezialität des Zürcher Zoos. Außer Bibern, Flußpferden, Eisbären, Baumkänguruhs, Katzenmakis und Orang-Utans haben neuerdings auch die seltenen Schneeleoparden zur Freude des zahlreichen Publikums für Nachwuchs gesorgt.

Man geht am Zürichberg auch in Fragen der Ernährung eigene, mutige Wege. So bekommen die Großkatzen neben anderem Futter zum Beispiel regelmäßig frischgeschlachtete Kaninchen im Fell – vor den Augen der teils entsetzten, teils verständnisvollen Zuschauer. Die Zooleitung versucht, durch naturnahe Fütterung viele falsche Vorstellungen über Tiere aus der Welt zu schaffen und den Pfleglingen gleichzeitig natürlich benötigte Stoffe wie Fell und Innereien unverheimlicht zuzuführen. Es ist auch an der Zeit, vom verlogenen Bild der Daktari-Löwen und andern Leidensgenossen Abstand zu gewinnen und sich eine realistische Vorstellung vom natürlichen Verhalten unserer Tiere zu verschaffen.

Für kurze Zeit sorgte der Zürcher Zoo im Jahre 1933 – unfreiwillig – für eine Bereicherung der Schweizer Fauna: ein schwarzer Panther war ausgebrochen! Alle Suchaktionen in den Stadtwaldungen blieben ergebnislos. Erst 10 Wochen später wurde das Tier, ohne daß es bemerkt worden wäre oder Unheil angerichtet hätte, an der Grenze zum Sanktgallischen von einem Wilderer getötet und verzehrt. Ich entsinne mich noch der Basler Fasnacht von 1934... Man verfolgt am Rhein unten natürlich sehr genau, was sich im Zoo der Limmatstadt alles tut.

In Zürich werden beide afrikanischen Nashornarten nebeneinander gezeigt: das Weiße und das Schwarze. Genau wie in ihrer Heimat werden sie auch hier von eleganten Kuhreihern und den starenartigen Madenhackern umschwirrt. An solchen Details spürt man deutlich die treffende Absicht der Zooleute, uns ganze Lebensgemeinschaften vor Augen zu führen und uns teilhaben zu lassen an fremden Schicksalen, die in einer so erstaunlichen Verflechtung miteinander verhaftet sind.

*Wer in dieses Leben der Tiere
Einblick haben will,
dem stehen viele Wege offen!*
Adolf Portmann

Basel und sein Zolli

Als ich als Drittkläßler vor 40 Jahren dem Stachelschwein einige von seinen schönen schwarzweißen Stacheln klaute, hatte ich meine eigene Beziehung zum Zolli. Wir besaßen ein Abonnement und verbrachten dort mindestens einen Nachmittag pro Woche. Außerdem kam ich mir wie ein Tierwärter vor, denn ich kannte den hintersten Schlupfwinkel und fast jedes Tier. 15 Jahre später war ich Assistent des Direktors, ein Wunschtraum war – für zwei Jahre nur – in Erfüllung gegangen. Meine Arbeit wurde mehr naturwissenschaftlicher Art, doch lernte ich rasch weitere Beziehungsmöglichkeiten zum Zolli kennen, vorab bei der Beobachtung des Publikums.

Viele beneiden Basel um seinen Zolli und den Zolli um seine Basler. Man spricht in Basel vielleicht etwas viel vom lieben Geld. Aber ein guter Zoo verschlingt Unsummen – allein die Tiere für fast eine halbe Million Franken Futter jährlich –, und der Zolli wäre ohne die vielen großzügigen Legate und Geschenke längst nicht dort, wo er heute steht: in der Spitzengruppe. Wie keine andere Stadt setzt sich Basel für seinen Zolli ein; überall finden seine Anliegen offene Türen, Herzen und Hände, denn jedermann weiß, daß man die Mittel dort seit über 100 Jahren gut verwendet.

Bei der Eröffnung des Zoologischen Gartens Basel am 3. Juli 1874 erwartete die «stattliche» Zahl von 94 Säugetieren in 35 Arten und 416 Vögeln in 83 Arten die ersten Besucher. Bescheiden ausgedrückt sind es heute 3961 Tiere in 585 verschiedenen Arten. Damals allerdings wollte man den Besucher vorerst nur mit Vertretern der schweizerischen Alpentierwelt und allmählich mit verschiedenen andern europäischen Tiersorten bekannt machen. Diese Beschränkung ist seitdem längst weggefallen, da ja im ersten Viertel dieses Jahrhunderts Tierimporte aus fernen Ländern einfacher wurden. Außerdem sind die Haltungsmöglichkeiten – nicht zuletzt in Basel selbst – derart verfeinert worden, daß heute auch heikelste Problemtiere gepflegt und sogar gezüchtet werden können.

Basels Zolli liegt im Herzen der Stadt, inmitten prächtiger Parkanlagen. Modernste Tierhäuser liegen neben verträumten alten Weihern, wo die Störche klappern und die Wasservögel still ihre Kreise ziehen. Riesige alte Bäume spenden Schatten und Kühle. Im gedämpften Licht der Schauhäuser reiht sich Kleinod an Kostbarkeit aus der ganzen weiten Fülle des Tierlebens im Wasser, am Boden und in der Luft. Nicht wenige der Schauhäuser sind weit über die Grenzen unseres Landes hinaus bekannt geworden.

Seit vielen Jahrzehnten züchtet man in Basel mit Erfolg die drolligen dicken Zwergflußpferde, von denen über vier Dutzend im Zoo geboren wurden. Geradezu Weltberühmtheit erlangte der Zolli aber durch die erstmalige Zucht in Gefangenschaft des bedrohlich selten gewordenen indischen Panzernashorns. Die aus dem Kaziranga-Reservat (Assam) stammenden Riesen zogen 1951/52 in Basel ein und begründeten 1956 durch den ersten Nachkommen jene weltbekannte Zucht, die längst in der zweiten Generation weitergeführt wird. Schon hat die faltige Nashornkuh eine stattliche Zahl der hübschen kleinen Publikumslieblinge großgezogen, und ihre Tochter steht ihr nicht nach.

In Ausnahmefällen kommt dem Zoo die wichtige Aufgabe zu, aus gefährdeten Tierarten gut harmonierende Zuchtgruppen aufzubauen und solche in andern Gärten anzuregen. Wir alle wissen, wie selten die großen Menschenaffen geworden sind. Zugleich gibt es kaum etwas Anziehenderes für die Zuschauer als das bald würdevolle, bald ausgelassene Treiben von Gorillas, Orangs oder Schimpansen, besonders wenn sie – wie in Basel – in den richtigen Räumlichkeiten gezeigt werden können. Großeltern, Eltern und Kinder Gorilla – die beiden letzteren aus der eigenen berühmten Zucht – leben im Zolli unter einem Dach. Vor allem bestaunt werden natürlich die beiden gewaltigen Silberrücken-Männer Stefi und Pepe. Auch der lässige Orang-Utan-Riese erheischt größte Bewunderung.

Vor 40 Jahren noch saßen die Schimpansen manierlich bei Tisch, hatten einen bunten Eßlatz umgebunden und löffelten behende eine Suppe – zum großen Gaudi des Publikums selbstverständlich. Zuerst mußten sie ihr Essen mit Velo- und Trottinettfahren verdienen. Heute hat man viel natürlichere, der Tierart angepaßte Eßgewohnheiten eingeführt, und den Tieren und Zuschauern ist es wohler dabei. All die zoologischen Seltenheiten wie Kudus, Bongos, Somali-Wildesel, Gibbons, Korallenfische, Echsen, Servale und wie sie alle heißen, die man im Basler Zolli in Muße bewundern und studieren kann, werden nach den modernsten Methoden gefüttert und gepflegt, außerdem in guten Texten bekannt gemacht. Kürzlich wurde auch ein reichhaltiger Kinderzolli eröffnet, wo sich die Jugend mit dem Tier hautnah vertraut machen kann.

Aber was nützen hier Listen über die große Mannigfaltigkeit der gezeigten Zootiere! Gehen Sie doch am besten selbst wieder einmal in den Zolli oder in einen andern zoologischen Garten, und genießen Sie die schönsten Tiere aus aller Welt in ihrer eindrucksvollen Umgebung.

Seit 1962 besitzt der Zolli eine richtige Arena, in welcher nach den Prinzipien der Beschäftigungstherapie fast täglich Elefantendressuren gezeigt werden. Und die Kinder haben natürlich ihre besondere Freude am lustigen Elefantenreiten.

Wildpark Langenberg

«Von der Überzeugung beseelt, daß meine Mitbürger damit einverstanden sind, daß unsere Waldungen an intensivem Werthe gewinnen müssen, wünsche ich eine längst gehegte Lieblingsidee durch Bevölkerung des unvergeßlich schönen Stadtwalddistrictes Langenberg mit passendem Gewild ins Leben treten zu lassen.»

Dieser Leitgedanke steht an der Spitze der von Stadtforstmeister C. A. L. von Orelli im Jahre 1869 auf dem Notariat IV. Wachten in Zürich eröffneten und unterzeichneten Stiftungsurkunde. Mit dieser Stiftung hat von Orelli vor über 100 Jahren den Grundstein zur Schaffung des beliebten Wildparks Langenberg gelegt. Sein Vorhaben wurde noch im selben Jahr durch den Großen Stadtrat «unter Bezeugung des Dankes an den Stifter» gutgeheißen.

Es spricht für den besorgten und klug vorausblickenden Forstmeister, wenn er sich dazu bekannte, «... daß die Stiftung nicht allein den Zweck habe, den Stifter und andere gleichgesinnte Naturfreunde zu erfreuen, sondern weil hauptsächlich auch damit der Jugend die Gelegenheit verschafft werden soll, den ganzen Werth eines schönen und belebten Waldes kennen und schätzen zu lernen».

Ursprünglich hatte von Orelli ein einziges, den ganzen Langenberg umfassendes Gehege einrichten lassen, wo ein Kunterbunt von Rotwild, Damhirschen, Rehen und Gemsen gehalten wurde. Spaziergänger und Tierfreunde konnten sich frei unter den Tieren bewegen. Als jedoch schon in den achtziger Jahren die Wildschäden an den Waldbäumen beängstigend zunahmen, mußte das Großgehege stark verkleinert und unterteilt werden. Mit der Unterstützung zahlreicher Gönner konnte der Park fortan weiter ausgebaut und mit neuen Tierarten besiedelt werden. Bald glich der Langenberg mit seinen asiatischen Hirscharten, seinen Antilopen, Lamas und Zebras eher einem zoologischen Garten denn einem Wildpark. Da wurde 1929 auf der Allmend Fluntern der Zürcher Zoo gegründet, und man besann sich wieder der ursprünglichen Devise von Orellis, wonach am Langenberg nur Wild gehalten werden soll, das bei uns heute noch vorkommt oder mindestens in früheren Zeiten unsere Wildbahnen belebt hat.

Im Gegensatz zum Zoo mit seinem Artenreichtum an fremdländischen Tieren in verhältnismäßig kleinen Gehegen sollen am Langenberg einheimische Wildarten über einen möglichst großen und naturgetreuen Lebensraum verfügen können, der namentlich der städtischen Bevölkerung das Beobachten der schweizerischen Wildfauna ermöglichen soll. Die Artenzahl beschränkt sich somit auf acht (etwa 250 bis 300 Tiere). Die beliebtesten seien hier kurz vorgestellt.

Steinbock

Die Wiedereinbürgerung des herrlichen Steinwildes in der Schweiz ist das große Verdienst des Tierparks Peter und Paul (St. Gallen) – ebenfalls einer der sehenswertesten Parks des Landes. Am Langenberg wurde das Alpenwild im Jahre 1948 als Wildfänge aus den großen Kolonien Piz Albris und Augstmatthorn eingeführt. Seither sind in der auf einem schönen Kunstfelsen lebenden Gruppe viele Dutzend Steinkitze gesetzt und aufgezogen worden. Das jährliche Hornwachstum bei den Böcken ist dort verblüffend: bis zu fünf Knoten konnten gezählt werden. In Freikolonien sind es nur einer bis drei pro Jahr.

Braunbär

Seit 1914 brummt der Bär am Langenberg. Über drei Dutzend Jungbären wurden hier geboren. Allein die legendäre Bärin «Babi», welche das respektable Alter von 28 Jahren erreichte, brachte 19 Junge zur Welt. Um die Neujahrszeit wirft die Bärin nach einer Tragzeit von acht bis neun Monaten in einer verdunkelten, mit Tannästen ausgepolsterten Wurfboxe meist ein bis drei Junge. Die nur rattengroßen Neugeborenen sind in den ersten fünf Wochen blind; sie werden von der Mutter während rund sieben Monaten gesäugt – und zwar sitzend. In der geräumigen Unterkunft des Langenbergs können bis zu acht Bären gehalten werden.

Wisent

Es hätte nicht viel gefehlt, so wäre außer dem Ur auch das zweite europäische Wildrind, der Wisent, als Art erloschen. Um das Jahr 1000 soll dieses größte wilde Tier Europas noch freilebend auf Schweizer Boden vorgekommen sein. Im Jahre 1949 gab es, nach Hediger, noch genau 119 Exemplare, die auf viele Zoos verteilt waren. Heute kann sich auch ein kleinerer Wildpark reinblütige Wisente beschaffen. Seit 1969 lebt das imposante Hochwild auch am Langenberg.

Elch

Aus alten Chroniken geht hervor, daß der Elch im Mittelalter bei uns noch existierte. Diese größte Hirschart bevorzugt als Lebensraum sumpfige Ebenen mit Weiden, Weichhölzern und großen Beständen an Wasserpflanzen – die bei uns verschwunden sind. In Gefangenschaft nimmt der Elch mit weniger vorlieb, gilt aber als sehr heikler Pflegling und ist nicht leicht zu züchten. Nach dem Tierpark Dählhölzli (1937) gelangen seit 1969 auch am Langenberg erfreuliche Zuchterfolge.

*Es gibt etwas im Menschen,
das spezifisch menschlich
und hochmoralisch ist:
die Begeisterung.*
Konrad Lorenz

Berns Tierpark Dählhölzli

Bern und Bären gehören so eng zusammen wie der Bauernhof und die Kuh. Seit 540 Jahren werden in der alten Stadt an der Aare Bären gehalten, zuerst im Stadtgraben beim Käfigturm, später bei der heutigen Hauptpost. Anno 1857 zogen die wackeren Wappentiere der Bundesstadt in den weit herum berühmt gewordenen Bärengraben – wo der Mensch übrigens so recht auf sie herabschaut, was den Bären nicht immer recht ist.

In Bern – wie eigentlich in jeder größeren Schweizer Stadt – regte sich aber der Wunsch nach vermehrtem Kontakt mit Wildtieren; er sollte jedenfalls besser sein als der mit den in Schanzengräben eingeschlossenen Hirschen und Rehen. Die ersten ernsthaften Bemühungen um die Schaffung eines Tierparks gehen auf das Jahr 1871 zurück. Aber noch mußten viele Jahre verstreichen, bevor die bedächtigen Berner ihren Tierpark bekamen, denn verschiedene Projekte im Kirchenfeld und in der märchenhaften Elfenau wurden verworfen. 1930 wurde ein städtischer Tierparkverein gegründet. Die Stadtbehörde legte auf Anregung dieses Vereins anno 1935 dem Volk eine Tiergartenvorlage zur Abstimmung vor, welche mit großem Mehr angenommen wurde und den Tierpark Dählhölzli zum Ergebnis hatte.

Mit überraschender Schnelligkeit wurde nun das Projekt verwirklicht: im Mai 1937 konnte bereits die Einweihung der am Aarewasser gelegenen Anlage gefeiert werden. Sie zeichnet sich vor allem durch einen wohltuenden Einklang zwischen der Landschaft, der Tierwelt und deren Behausungen aus. Der Betrachter behält bei jedem Schritt das angenehme Gefühl, er ergehe sich in einem abwechslungsreichen, freien Naturgebiet, belebt durch vorwiegend einheimische Tierwelt. Weder störende Abschlußmauern noch Eingangstore mit unbeliebten Kassenhäuschen sind im Dählhölzli vorhanden.

Einheimische Tiere und Berner

«Und wenn ich nach getaner Arbeit noch ein wenig Muße finde, um meine Pfleglinge zu beobachten oder nur, um sie zu bestaunen, dann empfinde ich es angenehm, daß ich eine Arbeit mache, welche man nicht mit Franken und Rappen messen kann...», schrieb einer der Tierwärter. Tiere und Menschen fühlen sich wohl in der beschaulichen Aarewaldlandschaft.

Mit Sorgfalt werden einheimische Kleinraubtiere, jedoch nicht nur Fuchs und Dachs, sondern auch Marder und Wiesel, Iltis und Otter sowie Luchs und Wildkatze, gepflegt und gezeigt. Selbst tiergärtnerische Problemtiere wie Feld- und Schneehase leben und lieben im Dählhölzli, und die Wildkaninchen, Murmeltiere, Biber und Eichhörnchen vervollständigen die Liste unserer Vertreter mit den großen Nagezähnen.

Der größte Teil des Tierparks wird von den zahlreichen Huftieren bewohnt. Eine Besonderheit stellt aber auch die Vogelsammlung dar: es werden fast alle Tag- und Nachtraubvögel gezeigt, die teilweise auch brüten, dann vor allem unsere verschiedenen Wildhuhnarten, deren kleinster Vertreter die Wachtel, deren größter der Auerhahn ist; sie alle sind von der Ausrottung bedroht. Schließlich sind allerlei einheimische Stelzvögel, zum Teil in selten gewordenen Arten, zu bewundern.

Wie lernt man mausen?

Die meisten Tag- und Nachtgreifvögel sind, wie erwähnt, bei uns leider bedroht. Deshalb versucht man in Tierparks, sie zu züchten und wieder auszusetzen. Berns Oberwärter Fred Sommer ist aber der Meinung, daß man diese Vögel erst das Mausen lernen lassen muß, bevor sie sich in der Freiheit natürlich zurecht finden können.

Zuerst füttert er seine Pfleglinge mit toten Mäusen. Dann werden die Vögel in besondere Flugräume versetzt, wo sich zusätzlich auch lebende Mäuse aufhalten, die von den Waldkäuzen, Schleier- und Waldohreulen und Turmfalken gejagt werden. Sitzt die Lektion, so errichtet der Wärter nun mit allerhand Zweigen gute Verstecke für die Mäuse, damit sich die Greife an schwierigeres Jagen gewöhnen. Im Spätsommer, wenn die Felder abgeerntet und die kleinen Nager gut zu sehen sind, werden die Absolventen der Mauseklassen bei Bern in einem günstigen Biotop freigelassen.

Tiere von damals

Neben einer stattlichen Zahl von fremdländischen Tierarten – die berühmteste: sibirische Tiger! – sind in Bern auch einige ungewöhnliche Huftiere zu sehen. Der Direktor hat sich vorgenommen, seinem Publikum auch die frühere Fauna Europas möglichst vollständig vor Augen zu führen. So finden wir Tiere wie das Ren, den Elch, den Moschusochsen, den Wisent, den Auerochsen und das Wildpferd – zu unserem Erstaunen also Tiere, die es zum Teil kaum oder gar nicht mehr gibt.

Ren und Elch leben unbestritten in Nordeuropa, der Wisent und das Wildpferd konnten gerade noch gerettet werden. Unseres Hausrindes Stammvater hingegen, der gewaltige Auerochs, vermochte nur bis ins 17. Jahrhundert zu überleben. Durch geschickte Kreuzungen primitiver Rinderrassen gelang es, die wesentlichen Merkmale des Urs wieder in einem Tier zu vereinigen. Ergebnis: ein Hausrind, das aussieht wie unser alter Ur. Die Berner waren schon immer sehr traditionsbewußt.

Zooleute und ihre Tiere

Gewisse Tiere entwickeln in Gefangenschaft oft merkwürdige, stereotype Bewegungsabläufe, welche eng mit den Ausmaßen des – eben nicht selten engen – Käfigs zusammenhängen. Ich erinnere mich zum Beispiel gut des Auf und Ab des ruhelosen Honigdachses, der wiegenden Kopfbewegungen der Braunbären und der gemessenen Schritte des Mähnenlöwen. In der Eisbärenanlage fiel auch einer der Insassen durch seinen eigentümlichen Rundgang in einer Ecke des weiträumigen Felsgeheges auf; man schenkte ihm aber keine weitere Beachtung. Nach einem kleinen Schneefall jedoch lag das Geheimnis des früheren Zirkustieres plötzlich wie geschrieben vor unsern Augen: der riesige Eisbär hatte sich in seinem engen Zirkuswagen einen auf wenige Schritte bemessenen Kreismarsch derart angewöhnt, daß er auch im großen Zooauslauf zeitlebens nicht mehr davon loskam. Jeder Schritt seiner mächtigen Pranken war im geschmolzenen Schnee genau erkennbar und zeichnete nach einigen Gängen präzis die Dimensionen seines ehemaligen, zu knapp bemessenen Wohnraumes auf.

Im früheren Affenhaus gab es noch Maschengitter und davor einen ziemlich engen Durchgang für das Personal. Die Zuschauer standen hinter einer starken Abschrankung. Wenn man diesen Durchgang zu benützen hatte, streifte man beinahe das Affengitter. Ein jüngeres, sich offenbar sehr langweilendes Tier machte sich nun einen Spaß daraus, am Gitter auf die durchgehenden Betreuer zu warten und die Überraschten blitzschnell zu kneifen und zu zerren, wobei sein langer Arm erstaunlich weit durch die Maschen reichte. Als mir dies mehrmals passiert war, kam ich – eingedenk des guten Gedächtnisses der Affen für Rangordnungsangelegenheiten – auf die Idee, mit dem Tier einmal deutlich die Affensprache zu reden: beim nächsten Überfall packte ich ebenso blitzartig seinen langen Arm und biß mit aller Kraft in die haarigen Muskeln. Mit einem lauten Aufschrei zog sich der also Bestrafte in seinen Winkel zurück, wohin er sich bei meinem Anblick auch fortan immer begab. Ich war der Ranghöhere, obwohl – man möge es mir verzeihen – ich meinen Triumph nur dem Gitter verdankte.

Im Zoo kann man in Muße Tiere und deren Verhaltensweisen beobachten, die in ihrer manchmal unwirtlichen Heimat kaum oder nur unter härtesten Bedingungen zu sehen wären. Ein augenfälliges Beispiel sind die einen Meter großen Königspinguine aus der antarktischen Inselwelt. Paul Steinemann erzählt aus der Wochenstube dieser befrackten Vögel im Basler Zoo, wo 1959 ein Weibchen erstmals ein Ei legte und es seinem Partner übergab. Das Männchen rollte es mit dem Schnabel vorsichtig auf seine Füße und stülpte seine warme Bauchhautfalte darüber, den Brutapparat dieser an eisiges Klima angepaßten, flugunfähigen Wesen. Pinguine brüten aufrecht stehend, unbeweglich vor sich hin. Der Partner muß förmlich um das Ei bitten, indem er den Brütenden mit kleinen Schnabelstößen, tiefen Verbeugungen und trompetenden Rufen bedrängt.

Leider zerbrach das Ei des Paares trotz aller Vorsicht während einer dieser rituellen Übergaben nach 42 langen Tagen der Bebrütung – nur etwa 10 Tage vor dem Schlüpfen. Erst zwei Jahre danach war wieder ein Ei da. Nun behielt das Weibchen das kostbare Ding jedoch bei sich, obgleich der Mann unermüdlich darum bettelte. Er bekam es erst nach einem vollen Monat und behandelte es danach so behutsam, daß nach 55 Tagen endlich das Küken zu schlüpfen begann. Der noch ungelernte Vater half ihm mit seinem spitzen Schnabel geduldig aus der harten Schale, ein Geschäft, das beinahe einen ganzen Tag dauerte. Es ist den Pinguinen eigen, sich dem wichtigen Brutgeschäft mit der größtmöglichen Hingabe zu widmen, denn schließlich legen sie jeweils nur ein Ei – und das nicht einmal alle Jahre.

Fürchten sich eigentlich Affen auch vor Schlangen wie manche Menschen? Diese Frage schien bei näherer Betrachtung gar nicht so ungewöhnlich, weshalb ich im Zoo eine Reihe kleiner Versuche unternahm. Mit Regenwürmern, Blindschleichen, Ringelnattern, Pythons und Spielzeugschlangen bewaffnet, begab ich mich zu verschiedenen Bodenaffenarten, um ihre Reaktionen zu prüfen.

Regenwürmer wurden offenbar als Beute betrachtet, doch nur mit größter Vorsicht entgegengenommen und zunächst ausgiebig mit den Handflächen auf der Unterlage hin- und hergerollt. Ein Affe kratzte sich vorher – wie bei einem plötzlichen Anfall von starkem Juckreiz – die Innenseiten der Hand. Zeigte man den Tieren aber größere Schlangen oder auch deren Nachbildungen vor, führten beinahe alle Arten überaus heftige Kratz- oder Rollbewegungen aus. Man konnte die Juckanfälle deutlich feststellen. Wenn die schlangenartige Erscheinung, die ich ihnen am Gitter plötzlich vorwies, eine gewisse Größe überschritt, wagten die Affen nicht mehr, diese zu berühren, kratzten und rieben sich dafür, aus sicherer Entfernung, um so ausgiebiger die Handflächen. Eine Angstreaktion war unverkennbar – aber auf Juckreize war ich nicht gefaßt gewesen. Noch heute beschäftigt mich diese Frage, denn auch Menschen reagieren auf Schlangen mitunter höchst eigentümlich.

*Ob er will oder nicht, der Mensch
ist das Instrument der Natur.
Wir können uns einige Freiheiten erlauben –
aber nur in Kleinigkeiten.*

Pablo Picasso

Zirkustiere

Zirkus – das ist Sägemehl mit Tiergeruch, Farbenpracht, Lachen und rauschender Applaus, Lichterwerk, Peitschenknall, rasselndes Fauchen und Musik, heimliches Herzklopfen und erlösendes Staunen. Das sind herrliche Tiere aus aller Welt, überwältigende Schönheit ihrer Bewegungen in der Manege, Höchstleistungen von Tieren und Menschen.

Vielleicht sind es nicht die fauchenden Tiger und die schwerfällig tanzenden Elefanten, welche uns schon früher an das Wesen der Tierdressur denken ließen, sondern eher die so leichtnasig balancierenden Seelöwen. Bälle, Kegel, Würfel und sogar brennende Lampen werden von ihnen geschickt auf der Nasenspitze gehalten und einander gekonnt zugespielt. Spielfreudigkeit und Eleganz der Bewegungen, verbunden mit einer verblüffenden Balancierfähigkeit, lassen sofort erkennen, daß diese Tiere ihre Kunststücke wirklich gerne ausführen. Und wenn man darüber hinaus noch vernimmt, wie freudig-verspielt Seelöwen auch in der Freiheit sind, wenn sie sich mit Vogelfedern und Holzstückchen amüsieren, dann darf man mit einiger Erleichterung feststellen, daß der Mensch in diesem Falle den natürlichen Neigungen seiner Tiere bestens entgegenkommt, sich diese wohl fühlen bei den Spielereien, die uns ergötzen.

Zirkusleben

Es geht uns hier natürlich nur um das Tier – das nackte Zirkustier sozusagen, ohne Flitterwerk und Straußenfedern. Den fahrenden Zirkus-Zootieren steht bekanntlich wenig Raum und Auslauf zur Verfügung, wenn man davon absieht, daß ein Eisbär beispielsweise im kalten St.-Moritzer-See ein Bad nehmen durfte oder die Kamele mit den Zirkusplakaten durch die Ortschaften ziehen. Konkret ausgedrückt, geht es uns um die Frage, ob die dressierten Schweine, Pudel, Löwen, Bären, Pferde und Elefanten ihre blendenden Kunststücke nur unter extrem hartem Zwang ausführen oder ob diese Geschöpfe dabei auch etwas Wohlbefinden kennen, im Sinne etwa von Professor Hedigers Aktivitätstherapie.

Die Zeit brutaler Tierbändigungen ist zum Glück vorbei. Man darf – so Professor Hediger – nicht übersehen, wie notwendig es ist, den im künstlichen Milieu gehaltenen Tieren einen bestimmten Lebensinhalt zu bieten und ferner die Dressur nur auf einer genauen Analyse arteigener Verhaltensmuster der Tiere aufzubauen. Ein weiteres Beispiel: Der Wildziege ist es von Natur aus eigen, auf winzigsten Felsvorsprüngen Fuß zu fassen. Folglich kann sie – für uns im ersten Moment verblüffend – mit allen vier Hufen auch auf einer Flasche stehen. Unser Eindruck, daß dieses Kunststück der Ziege einen gewissen natürlichen Spaß bereitet, ist also echt.

Der Dompteur als Künstler

Es brauchte 500 Tage harter Arbeit, bis die neunköpfige Tigergruppe von Louis Knie manegereif auftreten konnte. Nur dem Oberflächlichen erscheinen die Tiger noch als vom verletzlichen Menschen mit Gewalt überwundene Bestien und der Dompteur als todesmutiger Übermensch. Eisenstangen, Fackeln und Dressurgabeln sind aus der Hand des Dresseurs verschwunden; an ihre Stelle treten eine überlange, zierliche Peitsche und ein dünner Stock: die stark verlängerten Arme des Meisters in der Manege.

Die Kunst dieses Meisters äußert sich im Kennen und feinen Verstehen seiner Tiere weit mehr als im bloßen Beherrschen. Wenn einer der 200-Kilo-Tiger auf seine äußerst knappen Gesten und Worte hin Bewegungen oder schwierige Schritte ausführt, so sind diese das Ergebnis einer beinahe spielerischen Übertragung tierpsychologischer Gegebenheiten in die Beziehung Tier–Mensch. Exakte Kenntnis von Verhaltensformen wie Flucht, Angriff und vom Wirken der magischen Ruhetönung sind die geistigen Waffen, der Brocken Fleisch als Belohnung die realistische Münze, mit denen der Dompteur sein Ziel erreicht. Nicht der Geist allein meistert die Natur, sondern Geist, verbunden mit einfühlendem Wissen.

Geballte Schönheit des Tieres

Unsere Überlegungen – Sie haben es längst erraten – gehen darauf hinaus, den Mantel des Wissens über unsere nackte Schaulust am gebändigten Wildtier zu breiten und zu erkennen, daß Spielerisches dem Tier Freude bringt und wie schön es recht eigentlich durch diese Freude wird.

Der Zirkus gibt uns ein Konzentrat geballter tierischer Schönheit, dargeboten mit spielerisch anmutender Leichtigkeit. Die herrlichen Gangarten edler Pferde, die eleganten Bewegungen kraftvoll-geschmeidiger Raubtiere, das geheimnisvolle Wesen von Kamelen, Elefanten und Bären kommt nirgends so reich zum Ausdruck wie im Zauberkreis der Manege. Da fällt mit einem Schlage Unheimliches und Häßliches vom Tier ab, zerbrechen jahrtausendealte Schranken zwischen Tier und Mensch und erlischt für einen kurzen Augenblick die Urangst vor dem Bösen. Wir sind gebannt – und selbst der bunte Clown bleibt bloße Abwechslung vom geheimen Wunschgefühl, an die Stelle jenes zu treten, der so leicht die Tiere lenkt.

*Es ist zwar alles Tier im Menschen,
nicht aber alles Mensch im Tiere.*
Chinesische Weisheit

Gedanken über das Tierparadies

Neulich fiel mir auf der Bahnhoftreppe ein Plastiklöffelchen auf den Kopf. Ich schaute ihm nach und bemerkte, daß ich auf Dutzenden dieser billigen Speisewagendinger stand. Nun richtete ich meinen Blick ins Dachgestänge hinauf: da hantierte eine Taube emsig mit solchen Löffelchen, um sich daraus ihr Nest zu bauen. Wahrlich ein schlechter Ersatz für natürlich-geschmeidige Strohhalme! Die verzweifelte Kreatur unseres Plastikzeitalters bemühte sich vergebens, die glatten Stiele zu ordnen, bald fielen weitere herunter. Eilige Fußgänger drängten mich weiter. Niemand hatte die kleine Tragödie bemerkt, die sich da am Rande des täglichen Geschehens, aber mitten im technisierten Dschungel unserer Zeit abspielte.

Unsere Fauna soll leben!

In verdienstvoller Weise setzt sich der WWF mit dem Slogan «Das Meer soll leben!» für die Erhaltung unseres urtümlichsten – aber weit von uns Schweizern entfernten – Lebenselementes ein. Die vorerst optimistischen Buchtitel Bernhard Grzimeks wandelten sich allmählich in die bange Frage: «Haben wir keinen Platz mehr für wilde Tiere?», wobei man nicht sicher ist, ob dieser Satz nicht bereits eine traurige Feststellung ist. Unsere Besorgnis wechselt mit Hoffnungslosigkeit, vagem Optimismus und freudigem Tatendrang. Wo liegt das Rezept für die Erhaltung unserer eigenen Fauna verborgen?

Sternscher Sarkasmus geißelt das unwürdige Tun der modernen Menschheit, Lorenzsche Weisheit lehrt uns die wahre Beziehung zum Tier, und Portmannscher Ernst sucht behutsam das Lebendige im Menschen zu treffen. Die Worte verhallen im weltweiten chaotischen Lärm. Kann uns wirklich nur die Angst den Weg zum Tier weisen? Unsere Vorfahren lebten in ständiger Furcht vor einer feindlichen Tierwelt; unseren Zeitgenossen scheint nur die Angst vor ihrer unrettbaren Zerstörung die nötigen Impulse für ihre Rettung zu geben. Angst darf uns aber kein Rezept sein, denn sie kann Resignation zur Folge haben. Auch der Zorn ist nicht die richtige Waffe im Kampf gegen Trägheit und Uneinsichtigkeit. Nur das beglückende Wesen und die Schönheit der Tiere selbst vermögen den Menschen genügend zu beeindrucken. Auch die heimische Fauna soll leben!

Die Art Mensch

Unsere Stammesgeschichte gliedert sich in eine unendlich lange Zeit der natürlichen Entwicklung im Einklang und untrennbar verbunden mit derjenigen unserer Mitgeschöpfe sowie in eine kurze Spanne der Existenz in einem plötzlich sehr naturentfremdeten Lebensraum. Noch hallt in uns – mehr oder minder laut – der Schrei nach unverfälschter Natur, verklingt aber oft im vermessenen Drang nach Unerreichbarem, nach dem Paradies. Dort verblieb einst unser unschuldiger Bruder des sechsten Schöpfungstages: das Tier.

Es ist der Art Mensch eigen, ihre Maßstäbe anzulegen. Wir sehnen uns nach den ruhigen Orten voll erholsamer Natürlichkeit – und den wilden Tieren gönnen wir kaum das Fressen! Daß auch sie ebenso dringend wie wir ruhige Orte brauchen, wird von uns zu wenig berücksichtigt. Es ist nicht alles Paradies, was der Art Mensch als ruhig erscheint – ich meine, vom beunruhigten Tier aus gesehen. Der Eintritt des Menschen in eine letzte, bessere Phase seiner Evolution, einer Zeit der besinnlichen Erkenntnis und der realistischen Bemühungen aller zur Bewahrung des Natürlichen ist notwendig geworden.

Die Macht des einzelnen

Der Mensch möchte überwältigt werden, bevor er sich zum Tun entschließt: nicht vom Anblick der armen Bahnhoftaube oder andern, im Gewirr der Technik verirrten Mitwesen oder gar von der tristen Wirkung einer Serie von Umweltschändungen, sondern von der echten Schönheit der Tiere. Mir scheint, daß die Förderung der Betrachtungsweise alles tierlichen Lebens durch Bild und Ton und Schrift im Einzelmenschen mehr Verantwortungsgefühl für die Schöpfung weckt als unablässiges Schimpfen.

Früher sammelte man bunte Schmetterlinge und steckte sie auf Nadeln; heute freut man sich auf dem Felde an ihrem farbenprächtigen Geflatter und schmäht die räuberischen Hobby-Sammler. Doch das allein genügt noch nicht! Wir müssen uns auch für die Erhaltung ihres Lebensraumes einsetzen. Diese Aufgabe aber ruht auf den Schultern jedes einzelnen von uns. Nicht die Regierung, nicht der Naturschutz und nicht «die andern» tragen die Verantwortung, sondern jeder einzelne Mensch hat das Schicksal unserer Tierwelt in seiner Hand.

Der Traum vom Paradies der Tiere ist eine so schlechte Grundlage für unsere Einstellung zum Geschöpf nicht. Schönheit verleitet zum Träumen; sie soll uns aber auch zu unserem vollen Einsatz beflügeln. Unsere Tierwelt hat den Menschen heute nötiger denn je – oder, wie Joachim Illies sagt: «... so gewiß ist es, daß unsere Vernunft, unser Können und unsere liebende Zuneigung ausreichen würden, um der Tiere Hüter zu sein.»

Links: Königstiger sind verhältnismäßig leicht zu halten und zu züchten. In ihrer asiatischen Heimat ist ihr Fortbestand jedoch nach wie vor in großer Gefahr.

Ganz oben: Gefleckte Katzen haben es heute überall schwer; nur im Zoo kann sich der Leopard ganz sicher fühlen!
Oben: Die Zucht des seltenen Schneeleoparden ist eine Spezialität des Zürcher Zoos.

Vorhergehende Seite: Zu den niedlichsten Tieren gehört sicher der Kleine Panda. Sein größerer – aber viel seltenerer – Vetter wurde durch das Signet des WWF weltberühmt.

Rechts: Es ist kaum zu fassen, welche Attribute ein Orang-Utan-Mann braucht, um seiner Gattin zu gefallen und den übrigen Artgenossen zu imponieren!

Rechte Seite: Orang-Weibchen mit Jungem. Diese Menschenaffenart ist in Gefangenschaft nicht sehr zuchtfreudig. Auf Borneo und Sumatra schwindet ihr waldiger Lebensraum mehr und mehr dahin.

Oben: Die langhaarigen Dscheladas – auch Nacktbrust-Paviane genannt – stammen aus den weiten Gebirgsketten Abessiniens. Wie lange wohl werden sie dort noch frei existieren können?

Oben rechts: Wie alle Vertreter der sogenannten Halbaffen lebt auch der weiß-schwarze Katta oder Zebra-Maki in Madagaskar. In dieser Stellung sonnen sich die Tiere besonders gern.

Rechts: Einer von Basels berühmten Gorilla-Männern. Diese mächtigen Kerle können ein Gewicht von 300 Kilogramm erreichen! In Afrika ist ihre Heimat – der dichte Urwald – von allen Seiten bedrängt.

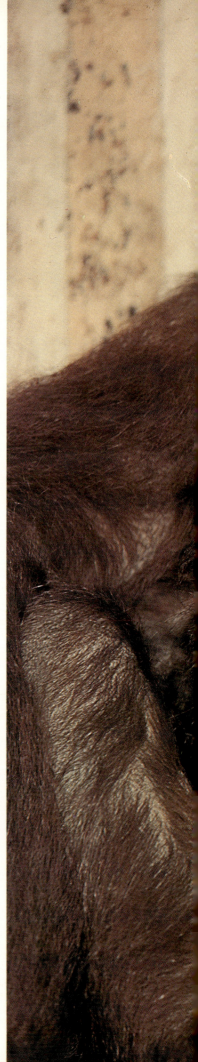

Oben: Rothalsgänse; sie gehören einer nordasiatischen Art der Meergänse an.

Unten: Mit wackeren Schritten stapfen die würdigen Königspinguine durch die Basler Zooanlagen. Bei diesem Wetter gefällt es ihnen sicher am besten!

Links: Der eigenartige Schuhschnabel der ausgedehnten Papyrussümpfe zwischen dem Nil und dem Kongo konnte bisher noch in keinem Zoo der Welt zur Fortpflanzung gebracht werden.

Rechts: Auf solchen Erdnestern brüten Flamingos auch in Freiheit. Das einzige Küken erhält einen Nahrungssaft, der vom Schnabel des Altvogels in jenen des Jungen tropft. Dieser Saft gleicht der Säugermilch, wird aber von der Schleimhaut der Speiseröhre produziert (Zoo Basel).

Oben: Python. Die schön gemusterte Riesenschlange kann bis zu neun Meter lang werden und Beutestücke von weit über 50 Kilogramm hinunterschlingen.

Links: Man könnte sich von einer solchen Riesenschildkröte bequem umhertragen lassen.

Rechts: Zu den schönsten Tieren unserer Meere dürfen die Korallenfische gezählt werden. Die signalartige Färbung dient der Verteidigung des Reviers im Riff. Hier ein Kaiserfisch im Zürcher Aquarium.

Unten: Komodowarane sind die größten nichtkrokodilartigen Echsen; sie können über drei Meter lang werden.

Links: Eigentlich gehört der seltene Bongo in den dichten Wald ostafrikanischer Hügelzonen. Die ganze Gestalt dieser Waldantilope zeigt den gedrungenen Schlüpfertypus.

Rechts: Welch herrliches Erlebnis für mutige Kinder! Deutlich sind die riesigen Ohren und die flache Stirn des Afrikanischen Elefanten zu erkennen.

Unten: Mit ihren überlangen Beinen verkörpert die Giraffe das Geschöpf der offenen Baumsteppe. Sie sucht ihre Nahrung quasi im «dritten Stock»: in den hohen Baumkronen der Schirmakazien.

Oben: Das Prunkstück aus dem Zolli: das indische Panzernashorn. Es gibt nur noch wenige hundert dieser Zweitonner. In Basel sind bereits über ein Dutzend Jungtiere zur Welt gekommen!
Die zoologischen Gärten können bei der Erhaltung stark bedrohter Tierarten in einzelnen Fällen eine wichtige Rollen spielen – Beispiele: Wisent, Oryx-Antilope, asiatische Nashörner usw.

Rechts: In den Tierparks Dählhölzli (Bern) und Langenberg (Zürich) wird der heikle Pflegling Elch nicht nur gezeigt, sondern auch mit gutem Erfolg gezüchtet.

Ganz oben: Rote Baumkänguruhs aus Neuguinea sind echte Beuteltiere, wie der Liebling des Zürcher Publikums hier stolz demonstriert. Selbst größere Jungen können mit einem Satz im Beutel verschwinden.

Oben: Man bekommt die fetten See-Elefanten in zoologischen Gärten des Binnenlandes nicht oft zu sehen; ihr Konsum an frischem Meerfisch ist vermutlich zu hoch.

Links: Junge Afrikanische Elefanten im Bad. Die Tiere brauchen für ihre empfindliche Haut viel Wasser, benützen dieses aber nur zu gerne für allerhand ausgelassene Spiele.

Oben: Bei einer schwungvollen Pferdedressur kommen die schönen Bewegungen gut zur Geltung. Sichaufrichten würde unter Pferden eigentlich eine Kampfansage bedeuten.

Unten: Selbst behäbige Kolosse wie die Elefanten sind zu vielen außergewöhnlichen Bewegungen und Stellungen fähig. Ihr Gedächtnis für verschiedenartigste Kommandos ist phänomenal.

Rechts: Ein Höhepunkt von Knies Raubtiernummer ist der aufrechte Gang des riesigen Königstigers – erst jetzt zeigt sich die starke Körpermasse unserer größten Katze so richtig.

Nächste Seite: Mensch und Tier – sie sind in einer Schicksalsgemeinschaft verflochten, deren Zukunft für uns alle in jeder Hinsicht von größter Bedeutung ist!

Ausklang

Wenn Sie zu den Leuten gehören, die zuerst die Bilder betrachten und dann den Ausklang lesen, verstehen wir uns ausgezeichnet. In diesem Falle würde ich Ihnen nämlich vorschlagen, auch einige Texte anzuschauen. Das Buch gliedert sich in den Bildteil mit informativen Legenden über das Tier sowie in den Textteil über Erlebnisse, Berichte und Probleme besonderer Art. Wenn Sie also etwas mehr über die wahre Bedeutung des Begriffs Tierparadies Schweiz erfahren wollen, sollten Sie sich etwas in das Geschriebene vertiefen.

Vielleicht werden Sie mich fragen wollen, ob viele der Tierbilder nicht beinahe unwirklich, einfach zu schön seien. Es sind in der Tat Rosinen der Tierfotografie, Bilder unserer Tiere von ihrer allerbesten und schönsten Seite. Natürlich hat dies seinen Grund: ich vertrete in diesem Buch die Ansicht, daß die Schönheit der Tiere uns dazu anspornen soll, etwas für unsere Fauna zu leisten. Die Lektüre dieses Buches darf wohl ein Schwelgen im Farben- und Formenreichtum unserer Tierwelt sein, ein kurzes Verweilen im Paradies, wenn Sie wollen; gleichzeitig gehen Sie für die Tierwelt aber auch ideelle Verpflichtungen ein.

Einer meiner Freunde meinte zum Manuskript, es gingen – gemessen an der manchmal brutalen Realität – zu viele Kapitel zu gut aus; mit andern Worten, ich sei ein zu begeisterter Optimist. Ich meine, daß Begeisterung nie fehl am Platze ist, besonders dann, wenn sie sich am Tier entfacht – trägt sie uns doch aus den Bindungen der alltäglichen Welt empor und befähigt uns zu willigem Tun. Die Schönheit der Tiere, der wir hier in konzentrierter Form, draußen in der Natur nach sorgfältigem Suchen begegnen können, soll diese Begeisterung in uns wachhalten – denn nichts erlischt so rasch wie sie! Das Büchlein «Wandern – Tierbeobachtungen in der freien Natur» weist Ihnen die schönsten Wege zum Tier.

Ein anderer Kritiker fand manche Schlüsse zu hart, ja abstoßend. In bin der erste, der es bedauert, daß man zu diesem Thema viele besinnliche oder gar harte Worte verwenden muß und es nicht bei der bloßen Beschreibung der ganzen Pracht des Tierreiches belassen kann. Die Gründe für ernsthafte Sorgen über das Schicksal unserer Tierwelt mußten an manchen Stellen dieses Buches unverhüllt erwähnt werden. Es scheint nicht nur so, als befänden sich viele unserer schönsten Tierarten in unmittelbarer Gefahr, sie sind es tatsächlich.

Wenn die Sonne am herrlichen Engadiner Himmel aufgeht und ihre warmen Strahlen auf die weiten Bergketten treffen, wenn das Vogelkonzert einsetzt, die kleinen Zirper im Grase ihre Beinchen zu streichen beginnen, wenn der geheimnisvolle Ruf des Schwarzspechts aus dem Dickicht dringt und der rauhe Schrei des Kolkraben zu uns hernieder tönt, dann möchte man sich wahrhaftig im Paradiese wähnen. Man darf es so lange, als man sich mit Ehrfurcht darum kümmert und den tiefen Sinn dieser Lebenserscheinungen zu erfassen sucht.

«Es ist unrichtig», sagte Albert Schweitzer, «das Ethische nur im Verhalten des Menschen zum Menschen zu suchen. Es gilt für jede Beziehung zu jedem Geschöpf, auch zum freilebenden Tier.»

Literaturverzeichnis

Augusta, J., und Burian, Z.: Das Buch von den Mammuten. Artia, Prag, 1962.
Bächler, E.: Die Wiedereinbürgerung des Steinwildes in den Schweizer Alpen. St. Gallen, 1919.
Bähr, H. W.: Die Verantwortung für die Natur im Denken Albert Schweitzers; in: Albert Schweitzer, sein Denken und sein Weg. Tübingen, 1962.
Baumann, F.: Die freilebenden Säugetiere der Schweiz. Bern, 1949.
Bloesch, M.: 20 Jahre Storchenansiedlungsversuch Altreu, 1948–1968. Schweizerische Vogelwarte Sempach.
Brehm, A. E.: Tierleben. Leipzig, 1876.
Burckhardt, D.: Säugetiere Europas, Bände I und II. Silva-Verlag, Zürich, 1970.
Carson, R. L.: Der stumme Frühling. München, 1965.
Dorst, J.: Natur in Gefahr. Zürich, 1966.
Eiberle, K.: Lebensweise und Bedeutung des Luchses in der Kulturlandschaft. Mammalia depicta, Parey-Verlag, Hamburg und Berlin, 1972.
Göldi, E. A.: Die Tierwelt der Schweiz in der Gegenwart und in der Vergangenheit. Bern, 1914.
Hainard, R.: Mammifères sauvages d'Europe. Neuchâtel, 1961.
Hediger, H.: Wildtiere in Gefangenschaft. Basel, 1942.
Hediger, H.: Jagdzoologie auch für Nichtjäger. Basel, 1966.
Hediger, H.: Bedeutung und Aufgaben der Zoologischen Gärten. Vierteljahresschrift der Naturforschenden Gesellschaft Zürich 118. Zürich, 1973.
Illies, J.: Anthropologie des Tieres; Entwurf einer andern Zoologie. DTV, München, 1977.
Kescheler, K., und Kulm, E.: Die Tierwelt der prähistorischen Siedlungen der Schweiz. Frauenfeld, 1949.
Krebs, A., und Wildermuth, H.: Kiesgruben als schützenswerte Lebensräume seltener Pflanzen und Tiere. Naturforschende Gesellschaft Winterthur 35, 1975.
Kurt, F.: Das Sozialleben des Rehs. Mammalia depicta, Parey-Verlag, Hamburg und Berlin, 1968.
Leuenberger, H.: Eidgenössisches Gestüt Avenches. 1976.
Lohmann, M.: Kiesgrubenfibel. Deutscher Naturschutzring, 1975.
Lohmann, M.: Ökofibel. Deutscher Naturschutzring, 1974.
Lorenz, K.: Das sogenannte Böse. Wien, 1964.
Nievergelt, B.: Der Alpensteinbock in seinem Lebensraum. Mammalia depicta, Parey-Verlag, Hamburg/Berlin, 1966.

Peyer, B.: Geschichte der Tierwelt. Gutenberg, Zürich, 1950.
Portmann, A.: Aus meinem Tierbuch. Basel, 1942.
Portmann, A.: Die Tiergestalt. Basel, 1949.
Rahm, U.: Die Säugetiere der Schweiz. Naturhistorisches Museum. Basel, 1976.
Schifferli, A.: 50 Jahre Schweizerische Vogelwarte Sempach. 1973.
Schloeth, R.: Das Sozialleben des Camargue-Rindes. Zeitschrift für Tierpsychologie 18, 1961.
Schloeth, R.: Der Schweizerische Nationalpark. Ringier-Verlag, Zürich, 1976.
Schmid, E.: Zum Besuch der Wildkirchli-Höhlen. Mitteilungsblatt der Schweizerischen Gesellschaft für Ur- und Frühgeschichte 8, Basel, 1977.
Schmidt, Ph.: Das Wild der Schweiz. Bern, 1976.
Schweizerischer Bund für Naturschutz: Schweizer Naturschutz am Werk. Bern, 1960.
Simmen, R.: Die Schweiz im Winter. Ringier-Verlag, Zürich, 1977.
Steinbach, G.: Wunderwelt der Tiere. Ringier-Verlag, Zürich, 1977.
Steinemann, P.: Geheimnisvolle Zoo-Kinderstube. Zürich, 1963.
Stern, H.: Mut zum Widerspruch. München, 1974.
Sternfeld, R.: Reptilien und Amphibien. Leipzig, 1913.
Tschudi, F. von: Das Tierleben der Alpenwelt. Leipzig, 1890.
Volmar, F. A.: Das Bärenbuch. Bern, 1940.
Wackernagel, H.: Das Tier im Zoo. Katalog 2. Fachmesse und Informationsschau «Das Tier und wir». Basel, 1977.
Weitnauer, E.: Übernachtet der Mauersegler, Apus apus (L.), in der Luft? Ornithologischer Beobachter 49, 1952.
Das große WWF-Jugendbuch '75. Ringier-Verlag, Zürich, 1975.
Zeller, W.: Naturwunder Schweiz. Ringier-Verlag, Zürich, 1974.
Zoologischer Garten Basel: 100 Jahre. Basel 1974; diverse Festschriften und Zooführer; Jahresberichte.
Zoologischer Garten Zürich: 25 Jahre. Zürich, 1954; diverse Publikationen und Zooführer; Jahresberichte.
Tierpark Dählhölzli, Bern: diverse Jahresberichte und Führer; ferner: M. Meyer-Holzapfel: Tierpark Dählhölzli. Bern, 1962.
Tierpark Langenberg: diverse Führer und Berichte.
Zirkus Knie: Zirkus- und Zooführer; diverse Berichte.

Verdankungen

Meinen Freunden, Mitarbeitern und Helfern, die mit Hinweisen, Ratschlägen und Bildern zum Gelingen dieses Werkes beigetragen haben, sei an dieser Stelle herzlich gedankt.

Mein besonderer Dank gilt auch meinem verehrten Lehrer Professor Adolf Portmann für die einleitenden Worte.

Ferner danke ich meinem Freund Dr. Bernhard Nievergelt für die kritische Durchsicht des gesamten Manuskripts und für seine wertvollen Ergänzungen sowie Frau Professor Elisabeth Schmid für ihre freundliche Mitarbeit.

Louis Jäger, dem unsere Natur ebenfalls ein großes Anliegen ist, verfertigte mit viel Liebe die Zeichnungen und Vorsätze.

Fotos:
F. Alinari
M. Blahout
M. Bloesch
P. Brodmann
M. Broggi
O. Danesch
E. Darbellay
G. Denoth
W. Eglin
H. Eisl
J. Feuerstein
Foto Hans Reinhard, Eiterbach.
    Vermittelt durch Engadin-Press AG, Samedan
P. Frei
L. Gensetter
H. Haller
L. Jäger
Jungfrau-Bahnen (S. Eigstler)
J. Kankel
J. Klages
C. Krenger (Circus Knie)
W. Layer
Naturhistorisches Museum Basel
B. Nievergelt
Paläontologisches Institut Zürich
R. Porret
R. Schloeth
J. Schneider
P. Schneller
W. Schröder
P. Steinemann
R. Strub
E. Stüber
Swissair-Foto
A. Trösch
U. Wotschikowsky
W. Wunderlin
E. Zbären
K. Zeimentz

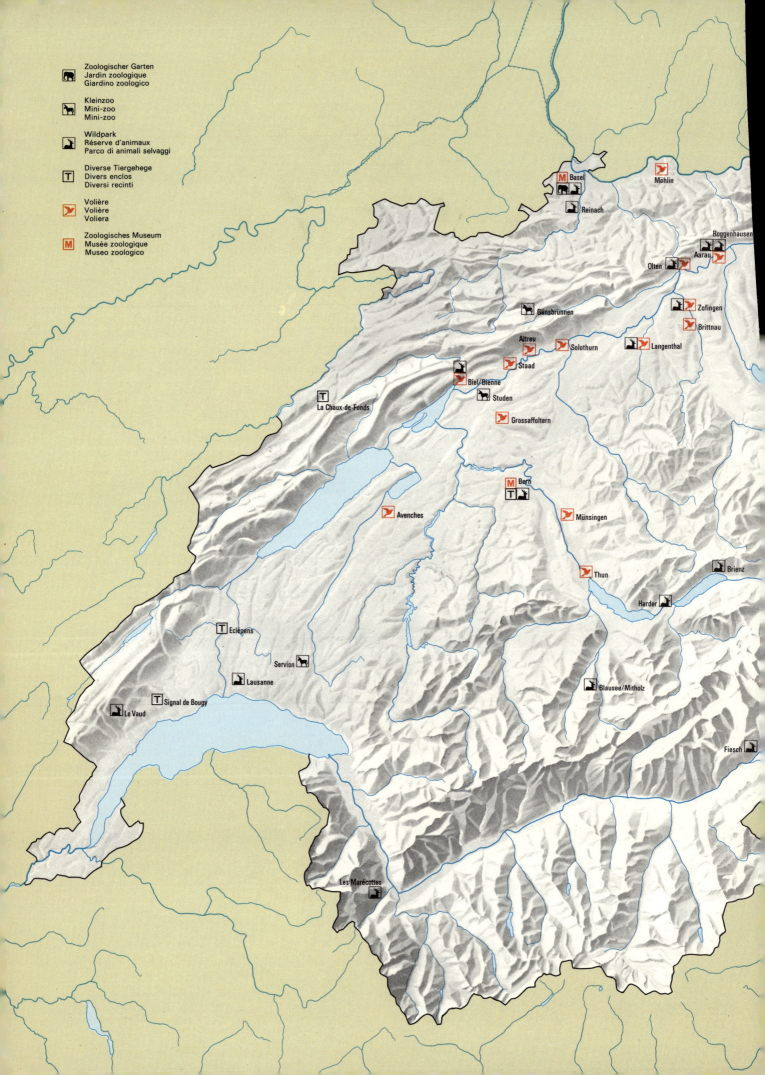